国学新读本

潜 夫 论

王 符 著
王 健 注说

河南大学出版社

国学新读本编辑委员会

总策划　马小泉

主　编　李振宏

编　委　(以姓氏笔画为序)

　　　　马小泉　王　健　朱绍侯　刘小敏
　　　　李中华　李振宏　苏凤捷　何晓明
　　　　张云鹏　张富祥　宋会群　杨天宇
　　　　杨寄林　杨朝明　赵国华　郑慧生
　　　　姜建设　袁喜生　曹　峰　曹础基
　　　　曾振宇　戚良德　龚留柱　熊铁基

目　录

序 …………………………… 李振宏（1）
《潜夫论》通说 …………………………………（1）

赞学第一 ………………………………………（94）
务本第二 ………………………………………（100）
遏利第三 ………………………………………（104）
论荣第四 ………………………………………（108）
贤难第五 ………………………………………（112）
明暗第六 ………………………………………（118）
考绩第七 ………………………………………（122）
思贤第八 ………………………………………（126）
本政第九 ………………………………………（131）
潜叹第十 ………………………………………（135）
忠贵第十一 ……………………………………（140）
浮侈第十二 ……………………………………（145）
慎微第十三 ……………………………………（152）
实贡第十四 ……………………………………（156）

班禄第十五 …………………………………（160）

述赦第十六 …………………………………（164）

三式第十七 …………………………………（172）

爱日第十八 …………………………………（178）

断讼第十九 …………………………………（183）

衰制第二十 …………………………………（188）

劝将第二十一 ………………………………（191）

救边第二十二 ………………………………（196）

边议第二十三 ………………………………（201）

实边第二十四 ………………………………（205）

卜列第二十五 ………………………………（209）

巫列第二十六 ………………………………（214）

相列第二十七 ………………………………（217）

梦列第二十八 ………………………………（221）

释难第二十九 ………………………………（226）

交际第三十 …………………………………（231）

明忠第三十一 ………………………………（240）

本训第三十二 ………………………………（244）

德化第三十三 ………………………………（247）

五德志第三十四 ……………………………（251）

志氏姓第三十五 ……………………………（260）

叙录第三十六 ………………………………（276）

参考文献 ……………………………………（283）

序

最近一些年来,一股"国学热"的思潮强劲涌动,在文化学界以至于整个社会上,引起了强烈反响。为什么在这样一个社会的大变革时代,在从传统社会向现代社会的转型期,最为传统的国学,却能引起国人的极大兴趣,这的确是一个值得思考和研究的问题。

"国学"作为一个学术文化概念,产生于近代。从渊源上讲,"国学"概念的产生,与"国粹"有些关联,并且是从对抗西学侵入的角度提出来的。今天,中华民族早已是一个独立于世界民族之林的自立自强的民族,全球经济一体化所带来的世界文化的汇合与交融,也早已是历史发展的必然趋势,而在这样的历史大势中,却会有"国学热"的产生,乍一看来,确有不可思议之处。但实际上,国学的当代走红,则与我们今天所处的历史时代有着一定的关系。

随着改革开放的迅速推进,随着市场经济的强劲发展,传统道德受到了强烈冲击,传统文化与现代文化观念的碰撞也日益强烈。于是,如何看待传统文化的问题,就严峻地提到了国人的面前。传统文化的出路何在,它从何而来,要走向何方,如何对之进行价值重估,一切关心文化问题,有着强烈历史责任感的人们,无不把关注的目光投向中国的传统学术。当然,也不排除一些对改革开放和市场经济所带来的冲击无法理解和接受,对现代经济发展对传统道德的亵渎强烈抗议的人们,自然而然地发出向传统文化复归而倡导国学的呼声。总之,不论是出于积极的思考,还是抱着一种向后看的心态,对国学的重视则成了最近十多年来一种普遍的文化选择。

于是,对待"国学热"就需要有一个分析的态度。对于任何一个民族的发展来说,传统文化都是其牢固的根基,是其一切历史的出发点,摒弃传统、甚至全盘否定传统文化,都是幼稚可笑的,不可取的。但一遇到问题就求助于传统,甚至一味狂热地提倡向传统复归,也是走不通的,过去那句常说的"倒退是没有出路的"话,虽说不是什么至理名言,却也还是有些道理的。这些年来,一些地方出现的中小学生、甚至幼儿园小朋友的读经热,就是一种值得注意的倾向。国学,毕竟是一种学术,需要有一定的文化基础,有一定的分析批判能力,才能对之进行识读、鉴别而决定其取舍。所以,严格地说,对于国学,尤其是经学,在当代中国,需要的是研究以及在此基础上的批判继承,而不是再像传统社会中那样采取唱诗班的方式,对青少年一代进行无分析地灌输。因此,如何弘扬传统文化,就是一个需要思考的问题。

正是基于以上考虑,为着弘扬优秀传统文化的需要,也为着对社会上盲目崇尚读经的风气有所引导,我们组织了这套"国学新读本"丛书,选择一些在中国传统文化中影响较大的国学典籍,对之进行简明扼要的注释,然后在读本前边,用较大篇幅解读该典籍的基本思想文化内涵,评述其在中国文化史上的地位和影响,并对如何阅读该典籍做出读书方法上的引导。通过这样一个较为翔实的导读内容,以批判分析的态度,给青年人的国学典籍阅读提供一个健康的思想导向。根据这样的宗旨,这套丛书,在大的结构上,每本都分为通说和简注两个部分,通说是导读的性质,简注在于疏通文字,希望这样的安排,能够为青年朋友和一般社会读者提供一个国学入门的向导。果能如此,也就实现了撰著者和出版者的愿望。

国学所以是国学,就在于它是我们祖国优秀民族文化和民族精神的载体。在这些国学典籍中,包含着民族文化的基因,蕴藏着民族精神的范型。衷心期待这套丛书能够成为广大读者学习国学精华,体认民族精神,继承祖国优秀文化遗产的良师益友。

李振宏
2008年2月28日

《潜夫论》通说

　　王符是汉代历史上享有盛名的思想家,所著《潜夫论》视野开阔,志意蕴愤,充满了阅识卓见,在思想文化史上具有非常重要的价值。他远承诸子之学的优良传统,以儒家立场为出发点,对东汉中期的政治、经济和社会现象进行真实剖析与深刻批判。他在书中"指讦时短,讨谪物情",纵论治国之术、君臣伦理、选贤任官、断讼慎赦、劝将实边等政治命题,探讨世风民俗、为学修德、交际明忠等教化问题,叩问气运感化、含嘉生民的物源之谜,追溯帝系递嬗、氏姓源流等历史话题,品评卜筮巫列、骨相占梦等信仰世象,为我们展现了一幅广阔真实的东汉社会画卷,表达了一位隐居"潜夫"对于时代、人生的忧患意识,提出了改革时弊的真知灼见。与同时代的学界巨子相比,他的现实关注取向超过了王充,他的批判锋芒比肩于仲长统、荀悦。因此,《潜夫论》被学人誉为"真实反映当时社会的镜子","一座包罗万象的学术宝库"。阅读这样一部东汉批判思潮的代表作,走近这样一位布衣哲人,聆听其独白并与之进行心灵对话,无论是治史学人,抑或欲了解中国文化的读者,都将启迪神智,获益良多。

一 王符其人其书

（一）王符的家乡和生平

王符,字节信,东汉凉州安定郡临泾县(今甘肃省镇原县)人。

安定郡,汉武帝置,相当于今甘肃平凉地区及宁夏西南部(今甘肃的景泰、靖远、会宁、平凉、泾川、镇原及宁夏中宁、中卫、同心、固原等地)。这里地处黄河上游,北属清水、南属泾水流域,人文历史悠久,石器时代与关中地区的渭河中游发展水平基本一致,文化遗存丰富①。东周时期,"逐水草而居"的戎族从漠北迁徙到六盘山区、清水河畔,土著农耕民族与草原民族在这里交汇融合,开创了这一地区的早期文明。秦始皇统一后,曾专程来六盘山地区巡视边防。汉武帝元鼎三年(前114年),为加强对北方少数民族防御,设置安定郡,使之成为中原在北部边地的重镇。

两汉时安定郡属凉州,凉州治陇(故治即今张家川回族自治县),辖区约有今甘肃大部和宁夏的西南部。东汉凉州共辖10郡、2属国、99县。10郡与西汉时的建置相同,即:武都、陇西、金城,汉阳(原为天水郡,东汉明帝永平十七年更名)、武威、张掖、酒泉、敦煌、安定、北地等郡,只是辖县有所调整②。安定郡设郡后,朝廷曾大规模移民,汉武帝刘彻曾6次行幸安定郡,可见朝廷对边郡的

---

① 据报道,2003年4月,考古调查队在固原市彭阳县茹河流域发现旧石器遗址4处和湖泊遗址1处,距今2.7万年—3.2万年,填补了宁南旧石器时代考古的空白。同时也对这一地区古环境与气候的研究提供了重要的科学信息,见杨宁国:《宁夏彭阳发现旧石器时代遗址》《中国文物报》2003年6月13日,第1版。

② 见《续汉书·郡国志二》。

重视。这里先后兴修了汉渠、汉延渠等,灌溉农业进一步发展,农耕与畜牧经济均相当繁荣。新汉之际,邓禹曾说"上郡、北地、安定三郡,土广人稀,饶谷多畜"(《后汉书·邓禹传》),可知那时地方经济景况。

安定郡西汉时的治所在高平(今宁夏固原),东汉移治临泾(今甘肃镇原东南),领8县:临泾、高平、朝那、乌氏、三水、阴盘、彭阳、鹑觚。① 东汉初,光武帝刘秀在扫平割据、统一全国的战争中,于建武八年(公元32年)亲征隗嚣,进军至高平。这时河西的窦融率数万兵马前来会合,光武帝大会群臣,制定战略计划,取得征讨隗嚣的决定性胜利。天下平定后,光武帝专门下诏,解放凉州战乱中沦落为奴婢的百姓为庶人,改善了当地人民的生活状况。

西汉是我国历史上第一次人口大发展的时期,也是有准确户口统计数字的时期。《汉书·地理志》记载汉平帝元始二年(公元2年),安定郡有42000户,14万人口。到王符生活的年代,这里人口规模应该更大些。然而,汉羌战争爆发后,特别是朝廷内迁当地民众后,人口急剧下降。到了王符晚年的永和五年(140年),根据《续汉书·郡国志》所记,仅有6094户,29000口人。

作为西部边城,安定郡的文化土壤何以能够孕育出一位思想大家?从地理环境看,整个安定郡坐落在泾河、渭河之间,地形平敞,正当西塞之口,历来是兵家必争之地,这里汉羌杂处,民风尚武。班固曾说"陇西、安定、北地处势迫近羌胡,民俗修习战备,高上勇力鞍马骑射"(《汉书·辛庆忌传》)。边郡的特殊环境,塑造了王符关注军事和边政的思想取向,这是他迥异于同时代其他思想家的地方。另一方面,儒家作为官方教化的主体学说,依托教育事业的发展和选官制度的推动,自西汉以来长期广泛传播,当地的

---

① 见《续汉书·郡国志二》。

文化教育已经具有相当的规模。"但事弦歌乐,谁道山川远",这里虽距洛阳千里之遥,但南距长安不过百余华里,西北则比邻河西走廊,因此得以长期接受关中京畿文化和河西区域文化的辐射涵化。

王符生活在安定郡治所临泾。切莫小看郡治之地,东汉时天下有郡国110个左右,这百余处郡级治所正是朝廷经营天下的中层枢纽。临泾县是全郡的政治文化中心,郡守主管地方的兵刑钱谷,传达朝廷诏令,征辟属官,察举孝廉,兴办教育,推行教化;作为边郡,其防卫外侵的军事职能也格外突出。郡治是全郡人才的荟萃之地,世俗士人麕集在城市中谋求仕途发展,经营功名利禄,上演着一幕幕人生和官场的活剧。临泾城中官府行迹和政治生态,其实是东汉时代大朝廷的一个缩影。置身这座城市之中,近距离地感受郡县政治,才孕育了王符那些充满感性的抨击时弊之作。

东汉开国皇帝刘秀是热衷倡导儒学的帝王楷模,随后的汉明帝、汉章帝也都是有名的儒学皇帝。在他们的扶持和倡导下,儒家教育获得进一步发展,那时"四海之内,学校如林,庠序盈门",士人"称先王,游庠序,聚横塾者","布之于邦域"(《后汉书·儒林列传》)。如果说西汉时凉州的文化还是比较落后的话,那么,在《后汉书》中,则显示出东汉的凉州文化已有了长足的发展。据统计,进入列传的地方士人已达16人,公卿有11人,凉州人士著书见于记载的多达16种。安定郡梁氏是其中最显赫的士人家族,自东汉初年的梁统以来,其世代多有子弟专攻儒家经典,他的儿子梁松"博通经书",梁竦"少习《孟氏易》,弱冠能教授",著述甚丰。梁松之子也喜爱诗书(《后汉书·梁统传》)。又如与王符同时代的李恂,世居临泾县,自幼专攻《韩诗》,教授学生多达数百人(《后汉书·李恂传》)。

追溯起来,早在新朝末年隗嚣、窦融割据陇右河西时,就曾接纳来自三辅的流亡士人,带来地方文化的改观。东汉地方官也有意识地兴办教育。即便是在东汉民族矛盾和冲突日益尖锐的年代里,仍有不少地方知名人士兼修儒业,研习经文,其中的代表人物就是将军皇甫规。当年他曾在家乡教授《诗》、《易》十余年,他的侄子皇甫嵩也是"好《诗》、《书》,习弓马"(《后汉书·皇甫规传》)。当地亦文亦武的大族所倡导的学风,塑造了凉州乃至安定郡的文化氛围。因此,从这里走出王符这样一位大学者,也是合乎情理的。

范晔说王符出身"庶孽",自幼受到乡里的鄙视。为什么呢?按照古代宗法社会的传统,强调嫡庶之别。嫡子就是指正妻所生的儿子,"庶孽"是非正妻的妾所生的儿子。嫡子有继承权,嫡长子可以继承父亲的爵位财产,但庶子则没有这些权利。在古代文献里可以看到,"庶孽"是与臣仆、萌隶(奴仆或奴隶)相提并论的。在汉代,这种情况虽然有所改变,但歧视"庶孽"的现象仍很严重。例如西汉时淮南王刘长有个孽子名叫不害,是诸王子里年龄最长的,但淮南王"不爱",王后、太子"皆不以为子兄数",即不把他列入儿子、兄弟的秩数之中。按照推恩令规定,诸侯皆得分封子弟为侯,但不害就得不到这种待遇(《汉书·淮南衡山济北王传》)。再比如武帝时的卫青,当年因为是庶出子,便被安排随家奴去牧羊,"先母之子皆奴畜之",被弟兄们看成家奴,也是"不以为兄弟数"(《汉书·卫青霍去病传》)。可以想见,在全社会从上层到民间弥漫着宗法等级观念的氛围中,王符早年的成长道路充满了屈辱和艰辛。

"艰难困苦,玉汝于成"。王符从小就志节过人,勤奋好学,成年后遂以学问而知名。《潜夫论》的大量引文表明,他不但谙熟儒家经典《周易》、《尚书》、《诗经》、《仪礼》、《论语》、《孝经》、《左传》、《孟子》、《荀子》等,而且也通晓诸子、史书,如《老子》、《孙子》《商君书》《韩非子》《国语》《周书》《世本》《战国策》、《史记》等,还精通各种方术杂占之书,并能将各家著作融会贯通,结合自己的深邃思考,熔铸为一家之言。从书中可看到,他精通哲学、历史、政治、经济、军事等各门学问,的确是一位百科全书式的学者。

说到王符的求学,他很可能有去洛阳游学的经历,因而获得与名流马融、窦章、张衡、崔瑗等人交往的机会。何以见得呢?内证其实就在书中。细读《潜夫论》不难发现,作者笔下所描述的洛阳,社会情景跃然纸上,行文是这般真切、细致、感性,未曾亲临并耳闻目睹者是不可能做到的。再者,马融、张衡和崔瑗的传记中都没有他们去凉州安定的记录,王符又何以能与他们为友?笔者赞成关于王符很可能去洛阳游学的这一推断①。东汉一代的游学风气是如此之盛,很难想象,一位心忧天下、学贯古今的学者会终老于桑梓,从未曾游学求知,广结同好。《潜夫论》书中恢宏阔大的思想视野、神驰八方的论议,其实便是作者游历天下的有力证明。

然而,高尚的节操,卑微的出身,贫困的境遇,注定了王符对仕途的淡视和毅然隐居的抉择。如所周知,从东汉中期以来,朝廷察举制度渐趋败坏,官场日益黑暗。豪门贵族和当权者垄断仕途,士大夫朋比用私,结党相助,利用职权互开后门,推举的都是双方亲戚子弟。连当时号称为官清廉的太尉李固,推举的也全都是自己的门生故交。至于地方高官所征辟的吏员,不是先前的旧交,就是富室财赂,或是子婿婚属。普通士人为了求得仕进,就得卑躬屈节,请谒权贵,甚至要不惜重金贿赂当权者。王符秉性正直,不愿阿谀逢迎,同流合污。他恪守孔门"邦有道则见,无道则隐"的圣训,一直没有做官,布衣终生。

---

① 刘文英:《王符评传》,南京大学出版社1993年版,第21页。

尽管放弃了仕进追求，但王符并没有忘情政治。他慨叹道：处士虽有颜回、闵子骞那样的德行，伊尹、吕尚的才干，胸怀救民之道，也不会见用于当世！为了实现抱负而不朽于世，在与"立功"无缘的境遇下，他便发愤"立言"，写下指斥时弊、研讨学术的传世著述。

书名怎么定呢？他自号"潜夫"，在《潜叹》、《释难》篇目中反复用"潜夫"以自称，于是将著作定名《潜夫论》。范晔说，王符"隐居著书"，"不欲章显其名"，如此顾名思义，说"潜夫"便是隐士，解释可能失于肤浅。其实，作者这样命名自己一生心血的结晶，还包含了更深的内涵。须知，王符对易学深造自得，书中援引《周易》29次之多。在其个人语境里的"潜"，首先应当到《周易》里寻求解答。《周易·乾卦·文言》说："潜龙勿用"，"潜之为言也，隐而未见，行而未成"。该篇还引用孔子的话称，所谓潜龙，比喻有德而隐世的君子。他们不为世俗所转移，不求成名，遁世隐居而没有苦闷，乐则行之，忧则违之，坚定而不可改变。可见王符自视很高，隐世是面对政局昏乱和仕进艰难的无奈选择，书名也寄托了作者对世俗社会的愤懑、与黑暗官场的决裂态度。

虽然王符终生布衣，但其高风亮节的情操和深厚的学术造诣使他赢得了名望。当时的度辽将军皇甫规，年逾六十，因为得罪宦官，被免官返还安定郡家乡。恰巧有个靠行贿获任雁门太守的同乡也去职还家，此人先递进书刺（名片）求见，他躺在床上不屑出迎。过一会儿，听说王符登门来访，他素知王符的盛名，"乃惊遽而起，衣不及带，屣履出迎"，携手进屋促膝而叙，相谈甚欢。时人议论道："徒见二千石，不如一缝掖。"（《后汉书·王符传》）①王符所

---

① 二千石是当时郡守的薪俸等级，地位显赫；缝掖是儒生穿的宽大衣袍。

受到的不寻常礼遇,固然缘于皇甫规对名节饱学之士的尊重,也反映出王符享有的崇高声誉。

至于王符的生卒年,史籍上没有明确记载,只能根据《后汉书》的模糊记载做一些间接的推测。有用的材料有这样几条:一是传记中说他与马融、张衡、崔瑗友善,这三人的生年均有记载,马融生于公元79年,张、崔均生于公元78年。按照同龄人相关年差的逻辑,王符生年的区间在78到86年之间,出生时间再晚则与这种交往事实矛盾。据此取中定为公元82年,比他们小三四岁。

另一条材料是皇甫规在公元162年解官回乡时,王符曾经登门拜访过他。皇甫规卒于公元174年。假定王符与亚圣孟子寿命相当,享年84岁左右,则可将其卒年定在公元165年。这样,王符约生于公元82年而卒于165年,[1]也就是从汉章帝建初七年到汉桓帝延熹八年。

(二) 东汉历史的转折时代

在王符漫长的一生中,他亲身经历了东汉社会从前期繁荣走向中后期衰落的历史转折,一部《潜夫论》成为作者见证历史和社会变迁的真实记录。

根据东汉政治兴衰跌宕的历程,可以将其划分为前、中、晚三期。具体说来,汉光武帝、明帝、章帝、和帝统治时期(公元25年—105年)为前期;安帝、顺帝为中期(公元106年—144年),桓帝、灵帝、献帝为晚期(公元145年—220年)。王符出生在汉章帝末年,青年时代是在和帝到安帝前期度过的,中年时代相当于安帝后

---

[1] 关于王符生卒年的看法,有人认为他约生于公元85年而卒于公元163年,有人认为他约生于和、安之际而卒于桓、灵之际,有人认为他约生于公元108年而卒于公元174年,还有人认为他约生于汉章帝建初七年(公元82年)而卒于桓帝、灵帝之际(公元167年左右)。

期到顺帝时期,老年则进入桓帝时期。

东汉是经历了农民战争洗礼后建立起来的帝国。刘秀以汉宗室的身份,高擎复汉旗帜,在新朝废墟之上建立起延祚200年之久的新皇朝。前期的东汉政治,改革新莽弊政,标榜以"柔道"理天下,洋溢着"民本"和进取精神。在治国方略方面,光武帝建国后,精兵简政,裁减了郡县四百多处;先后下达六七道诏令,解放战乱中卖身的奴婢,改善奴婢的待遇;轻徭薄赋,恢复了西汉时期三十税一的田赋制度;在全国范围内推行度田之制,重新掌握国家和民间的垦田数量,增强了国家财力。明帝、章帝时,继续加强对农业的扶持,屡次把郡国公田和长安上林苑荒地借给贫民开垦耕种,甚至贷给他们种子、粮食和农具。东汉前期涌现了许多治理郡国卓见成效的循吏,他们重视农业,兴修水利,推行铁制农具和牛耕,促进了地方经济的发展。与此同时,城市手工业和商业也日益繁荣。汉明帝时"吏称其官,民安其业,远近肃服,户口滋殖"(《后汉书·明帝纪》),章帝时"平徭减赋"、"宪平人富"(《后汉书·章帝纪》),经济的恢复带来人口迅速发展。东汉初年承动乱之后,全国人口只有原来的三分之一,约2000万人。到建武末年,经过30年的恢复,人口有所回升。明帝时连年丰收,粮价降到三十钱一石。永平十八年(公元75年),人口增加到3400多万。到和帝元兴元年(公元105年),全国人口达到5300多万,是东汉一代的最高数字,不过还未能恢复到西汉极盛时的水平。汉和帝利用强大的国力,又恰逢匈奴地区连年旱灾,派遣外戚窦宪率军出击,大败北匈奴,解决了长达数百年之久的匈奴侵扰问题。经过四代帝王的经营,东汉帝国如日中天,进入了它的盛世。

然而,在前期的繁荣表象之下,潜伏着衰变的危机。当中年的王符身居陋室,奋笔疾书,指斥时弊之际,东汉社会已经悄然走上由盛转衰的路途。

东汉中期的转折,主要体现在戚宦政治登场和朝政的腐败趋势上。读过《后汉书》的人,无不为戚宦交替专权导致政治衰败的史实而扼腕。

公元105年,汉和帝死,邓太后主持拥立了年龄仅百余日的殇帝,太后临朝听政长达16年,开启了东汉太后外戚专权的序幕。随着邓太后的登场,其兄邓骘成为车骑将军,仪同三司,外戚控制朝政的特殊局面形成。次年殇帝死,安帝即位时仅13岁,仍由邓太后临朝。公元121年,邓太后死,安帝亲政,铲除诸邓,诸宦官及安帝乳母王圣母女用事,他们狼狈为奸,作恶多端,气势凌人。安帝下诏派遣使者为其乳母大修豪宅,杨震上疏切谏。宦官中常侍樊丰等发现安帝无意纳谏,就无所顾忌地诈作诏书,调发国库中的钱谷、材木,调遣刑徒,为自己建造豪舍、园池、庐观等,役费无数。假借皇帝的命令诈作诏书,在皇权至上的封建社会可谓弥天大罪,宦官竟可如此随意妄行,这是宦官势力大盛的一个重要标志。

顺帝上台后,也扶植外戚势力,相继拜后父梁商和商子冀为大将军。顺帝死后,外戚梁氏掌权。梁太后和梁冀先后选立冲帝刘炳(两岁,公元144年立)、质帝刘缵(公元145年立)、桓帝刘志(公元146年立)继立,梁太后临朝,成为外戚执政的极盛时期。公元144年冲帝死,质帝即位,年仅8岁,大将军梁冀更为骄横,质帝因称他为"跋扈将军",便被其毒死。公元146年,桓帝即位时15岁,仍由梁太后临朝,梁冀更为横行跋扈。他"妻略妇女",乱杀无辜;大起豪宅,广拓园林,建兔苑数十里,伤其兔者罪至死。公元159年,桓帝与宦官定谋铲除了梁冀势力。

梁氏被灭门之后,宦官独揽政权。中常侍单超、徐璜、具瑗及小黄门左悺、唐衡,因参与谋诛梁冀有功,五人同日封侯,人称"五侯","自是权归宦官,朝廷日乱"。他们执政之后,骄横跋扈,"手握王爵,口含天宪",权势达于顶点。单超死后,其他四侯,专横更甚,气焰嚣张,时人称呼是"左回天,具独坐,徐卧虎,唐两堕"(《后汉书·宦者列传》)。

总之,从和帝死后开始,太子多年幼即位,太后临朝,外戚自恃亲贵,骄横擅权,无视幼主,朝中大臣均仰承其鼻息行事。他们为所欲为,根本不把小皇帝放在眼里。及至皇帝成年懂事,不甘被外戚胁持,为夺回大权,就依靠在身边的心腹宦官,发动政变,除掉外戚。皇帝亲政后,自然重用夺权有功的宦官,于是又演成宦官专权的局面。皇帝死后,新皇帝继立,接着又有新的外戚上台。围绕皇权的争夺而出现外戚宦官的交替专政,导致了君权旁落和奸臣当道局面,正直的大臣或被挤下台,或是被清除,造成吏治败坏和政局的混乱。

汉顺帝时的尚书令左雄,是位直言敢谏的清廉官员,他专门给皇帝上书说:"汉初至今三百余载,俗浸凋敝,巧伪滋萌,下饰其诈,上肆其残。"(《后汉书·左雄传》)他历数其具体表现,一是酷吏政治越来越严重,这些官员"谓杀害不辜为威风,聚敛整辨为贤能;以理己安民为劣弱,以奉法循理为不化。髡钳之戮,生于睚眦;覆尸之祸,成于喜怒。视民如寇仇,税之如豺虎"。二是各级监察官员对此纵容放任,"监司项背相望,与同疾疢,见非不举,闻恶不察",以至于不法官吏照样能提拔高升,"虚诞者获誉,拘检者离毁。或因罪而引高,或色斯以求名。州宰不覆,竞共辟召,踊跃升腾,超等逾匹"。三是基层官吏刻剥民众,"乡官部吏,职斯禄薄,车马衣服,一出于民,廉者取足,贪者充家,特选横调,纷纷不绝,送迎烦费,损政伤民"。结果非但"和气未洽",而且"灾眚不消"(《后汉书·左雄传》)。

其实问题尚不止此。朝廷选举制度的腐败,集中表现在举荐权被豪族贵戚之家所把持,造成了选非其人的局面。安帝时河南尹田歆举荐孝廉的经历便是显例。田歆有个外甥叫王谌,以知人著称。田歆跟王谌说:"今当举六孝廉,多得贵戚书命,不宜相违,欲自用一名士以报国家,尔助我求之。"次日,王谌送客途中遇见担任县门下史卑职的贤士种暠,发现其与众不同,遂推荐给田歆,说:"为尹得孝廉矣,近洛阳门下史也。"(《后汉书·种嵩传》)可知,在河南郡的六个举荐名额中,有五个名额被贵戚控制,即便如清官田歆,也只能推举一个贤士。可见豪门贵戚把持选举到何等程度。

从州部到郡县,贪官污吏横行无忌。顺帝时有个贪官任嘉,担任邵陵令在职贪秽,反而升官任凉州的武威太守。后来被有关部门举奏贪污达千万钱,结果"征考廷尉,其所牵染将相大臣百有余人"(《后汉书·儒林列传》)。在王符家乡,顺帝时的凉州刺史郭闳、汉阳太守赵熹都是依仗朝中权贵,有恃无恐,不遵守国家法度,已经老弱不堪任职了,仍旧贪权固位。安定郡太守孙儁则大肆收取贿赂,无所顾忌(《后汉书·皇甫规传》)。由此可见当时从朝廷到边郡蔓延的官场腐败,直到王符去世,这种局面仍在恶化中,成为封建政治的一大痼疾。

东汉政治转折的另一个征象,就是官逼民反。从中期开始,从内地到边郡各族人民起兵反抗的事件,延绵不绝,安定的统治局面一去不返。

公元101年,南郡巫县(今四川巫山县北)许圣等因为地方官员收税不公而聚众反叛。公元138年,九江郡蔡伯流攻至广陵,杀江都长;此后扬州、徐州等地起义不断,如张婴、范容、周生、徐凤、马勉、黄虎等。桓帝时则有陈留人李坚起兵,而泰山、琅琊一带起义军公孙举等攻及青州、兖州、徐州,规模更大。其后泰山郡劳丙、叔孙无忌等又相继起事,长沙郡、零陵郡的起义军也攻占桂阳、苍梧、南海等地。就在皇权旁落、吏治腐败和朝野动乱中,东汉皇朝无可挽回地衰微了。

与此同时,民族矛盾激化,导致了羌人反抗民族压迫斗争的尖锐化。朝廷镇压羌人的战争烽火连年，人民死伤无数，不仅带来国家财力和人力的耗费，更给百姓带来无限的苦难。

羌人本来是青藏高原和陇西一带的少数民族。东汉初年，羌人内迁定居，光武帝设置护羌校尉驻凉州。其后，先零羌首领率众攻掠，东汉击降后，将其徙置天水、陇西和扶风三郡，与汉族杂居。其后又有多批羌人内迁。但东汉官吏、豪族对他们歧视欺压，任意驱使服役，强征兵徭，促成了羌人的仇怨情绪。一些桀骜不驯的羌族首领也煽动民族仇杀情绪，屡屡聚众寇掠。汉官吏武力征讨和文德绥抚均不奏效，反而激起了羌人三次大规模的反抗斗争。

公元107年，东汉官员强征金城、陇西、汉阳羌人数千骑兵出征西域，群羌害怕远屯不还，行到酒泉，多有散叛。各郡发兵堵击，并捣毁沿途羌人庐落，激起羌人相聚反抗。由于缺乏武器，这些羌人"或持竹竿木枝以代戈矛，或负板案以为楯，或执铜镜以象兵"（《后汉书·西羌传》），屡败官军。武都、北地、上郡、西河等地羌人纷纷响应，势力遂大盛。他们东犯赵、魏，南入益州，杀汉中太守董炳，抢掠三辅，切断陇道，多次击败进剿的官军。公元110年，起义羌人深入河东，至河内，迫近首都洛阳，给东汉皇朝以沉重打击。直至118年，东汉政权终于以武力讨伐为主，佐以招降、刺杀首叛等手段平息了羌乱。这场战争持续12年，朝廷支出军费240亿钱。

公元139年，新任并州刺史来机、凉州刺史刘秉对待羌人虐刻，多所扰发，又激起羌人反抗。次年夏，各部羌人联合，大举进攻三辅。羌族起义者分兵攻武都，烧陇关（今陕西陇西）。公元141年，在射姑山（今甘肃庆阳附近）击杀东汉征西将军马贤，于是东西羌遂大汇合，焚烧皇家园陵，杀伤官吏。直到公元145年，这次羌变在护羌校尉赵冲的进攻和利诱之下才被镇压下去。东汉朝廷又花费军费80亿钱。

羌族第三次大起义,发生于公元159年。起因还是郡县官吏贪残暴虐,引起羌人反抗。羌人进兵陇西、金城塞,扩展到三辅及并、凉二州许多地方,凉州差一点就被攻下。公元167年,西羌各部先后被镇压下去。公元169年,东羌诸部亦被征服。

这场延续半个多世纪的战乱,导致了整个西北地区的残破。许多边地郡县的官员皆奏议内徙,以避寇难。公元111年,东汉朝廷令边郡安定、北地、陇西三郡内迁,至129年始还旧地。第二次是141年,顺帝诏令安定、北地二郡分别内迁三辅地区的扶风郡和冯翊郡。凉州在西汉时人口有150万,羌战后只有十余万,所存仅十几分之一。安定郡西汉时人口14万多,东汉后期仅4万人。羌族在战乱中的死伤更严重。段颎为护羌校尉,率兵征讨,力主灭绝羌人,说羌人"狼子野心,难以恩纳,势穷虽服,兵去复动。唯当长矛挟胁,白刃加颈耳"。段颎征讨羌人,"凡百八十战,斩三万八千六百余级"(《后汉书·段颎列传》)。

遗憾的是,史籍未详载王符当时的遭遇。但不难推想,在西部诸郡的羌乱中,在安定郡的两次迁徙中,王符必定饱受流离颠沛之苦。但也正是这些切身遭遇,在他的思想上激起了连绵波澜,奠定了他关注民生疾苦、直笔针砭时政的现实主义取向。

(三)《潜夫论》的写作时间

《潜夫论》写于何时呢?

由于史无明文,以往的学者看法不一。影响较大的有清人撰写的《四库全书总目提要》,该书认为,王符著书在桓帝之世。经过20世纪后半期的探讨,目前已经澄清了这种误解。

上世纪后期,台湾金发根先生考证,《潜夫论》书中,《救边》、《劝将》、《边议》、《实边》四篇,系针对羌乱而作,认为此四篇为王符于永初元年凉州羌乱后五至十年间写定。①

　　刘树勋先生运用内证方式,也从《救边》和《边议》两篇中发现重要证据。② 他根据《救边》"若此以来,出入九载"和《边议》"若此已积十岁矣"的说法,以羌战起点为时间坐标,进而确定两篇分别写于公元 115 和 116 年。同时,注意到《叙录》中"驱民内徙"、"今又丘荒"说法,确定《叙录》写作下限在公元 129 年之前。

　　刘文英先生在 90 年代进一步提出了补证。③《考绩》篇中说:"圣汉践祚,载祀四八"。高祖开国为公元前 206 年,经过"四八"320 年,应是公元 114 年。《劝将》篇说:"军起以来,暴师五年",此篇写于公元 111 年。《实边》篇说:"太后崩后,群奸相参"。从上文可知,太后指邓太后,史载她去世时间为公元 121 年,可知此篇写于 121 年之后。

　　据此,研究者主要根据对羌乱线索的考辨,明确了《潜夫论》的大体写作时间。该书最早篇章约写于公元 111 年,最晚的《叙录》写于公元 129 年。④

　　值得强调的是写作时间所昭示的意义。王符早年抱负不凡,追求建立当世"大功"的理想。面对这种衰世,"中心时有感"。然而,由于他未能"出仕"而"无所效其勋",所以他就效法古代圣贤,总结历史教训,针对时弊,研讨学术,将自己的满腔热血和激愤熔铸成了光耀千古的不朽篇章,以寄托他的"愚情"。正如学人所感慨的那样,王符的"愚情",实是一番救国救民的苦心与痴情。他

---

　　① 金发根:《王符生卒年岁的考证及潜夫论写定时间的推论》,台湾《历史语言研究所集刊》第 40 本第 2 分册(1969 年)。
　　② 刘树勋等:《中国古代著名哲学家评传》续编一,人民出版社 1983 年版。
　　③ 刘文英:《王符评传》,南京大学出版社,1993 年。
　　④ 另外,刘纪华著《王符与潜夫论》(台湾世纪书局,1977 年版)对王符著书年代进行考证,得出与大陆同行近似的结论。

在《潜夫论》中对各种社会弊端的分析与批判,无非是想拯救衰微的时势、为民祈求福祉。试想一下,从111年到129年,时间跨度近20年之久,恰值汉安帝到汉顺帝时期,也几乎与羌战相始终。从三十而立、风华正茂的学人意气,到五十而知天命之年的沧桑心境,王符在充满烽火战乱、流离奔波和艰难困苦的生活状态下,满怀忧国忧民的崇高信念,以惊人的毅力,二十年如一日凝思书写,遍论时代政治、民生、军事、文化,留下了洋溢着宏论深思的子学新著。"高山仰止,景行行止",这是多么崇高的学术献身精神和忧患天下的文化使命感!

(四)《潜夫论》的流传、版本及今注

南朝宋代范晔撰《后汉书·王符传》,节录了《潜夫论》的《贵忠篇》(今本作《忠贵》)、《浮侈篇》、《实贡篇》、《爱日篇》、《述赦篇》的一些片段,经过范晔删改润色,很多文字与今之传本不同,与王著原貌有一定距离。

《隋书·经籍志三》、《旧唐书·经籍志下》、《新唐书·艺文志三》均在儒家类著录了王符撰《潜夫论》十卷;而唐代撰辑的《意林》、《群书治要》所引《潜夫论》之文也有些不见于明、清传世本,《群书治要》所引《德化》篇也无他篇文字窜入。由此可以想见,隋、唐时该书较为完好,尚无窜乱。

《郡斋读书志·子部·儒家类》、《宋史·艺文志四》均著录《潜夫论》十卷,可见该书在宋代也有流传,但宋版《潜夫论》今已不传,现在仅存有的宋版翻刻本的影抄本(详下文提到的明刻本)。据此本来看,《潜夫论》在宋代已有脱误与错乱。不过,从宋代类书《太平御览》的引文来看,有些误字显然在宋代尚未讹误。

清代嘉庆年间,汪继培曾使用过元代大德年间的刊本,今已不传。幸好汪继培为《潜夫论》作笺时将它作为底本,所以我们还可以间接地了解到它的大致面貌。从中我们可以看到,元刻本的错乱大体与明刻本相同,可知它出自宋本而承袭了宋本的错误。

现传最早的《潜夫论》版本是明刻本。北京图书馆藏有黄丕烈所跋的明刻本《潜夫论》十卷,据黄丕烈的跋,可知这是现存最早的《潜夫论》刻本。据清人冯舒说法,这个刻本的底本为宋版翻刻本。

除上述这种明刻本外,明代还有一些刻本均被人们视为善本。一是胡维新万历十年(公元1582年)辑刊的《两京遗编》本;二是程荣于万历年间校刊的《汉魏丛书》本,该本每卷均标明"明新安程荣校",故习称程荣本。《汉魏丛书》的序是屠隆于万历壬辰(万历二十年,公元1592年)写的。但《明史·艺文志三·类书类》著录了"屠隆《汉魏丛书》六十卷",程荣刊本当即源于屠氏辑本,故载其序,则其校刊年代,可能要稍后于屠序之时。1925年上海涵芬楼影印了程荣校刊的《汉魏丛书》,1992年吉林大学出版社又出版《汉魏丛书》影印本的缩印本,流传甚广。

清代版本有:一,顺治年间冯舒抄写的明代宋版翻刻本。冯舒叫人影抄的写本即黄丕烈所跋的明刻本《潜夫论》十卷。据冯舒的跋,可知其影抄本的底本为宋版翻刻本。由此推知,这种明刻本是一种仿宋刻本,值得珍视。1919年上海涵芬楼辑印的《四部丛刊》本。该本依据的就是冯舒这个抄本。程荣《汉魏丛书》本有很多误字与冯舒影抄本一致,可知该本也出自明代仿宋刻本,但其版式已完全不同了。

二,乾隆时期的《文渊阁四库全书》写本。台湾商务印书馆1986年影印了《文渊阁四库全书》。

三,嘉庆年间汪继培完成的《潜夫论汪氏笺》。该书依据元代刻本,参校《汉魏丛书》本。汪本注释精博,深得旨趣,是历史上第一个笺注本,后收入《湖海楼丛书》。1978年,上海古籍出版社以汪继培笺注本为底本,标点出版。

此外,清代俞樾(1821—1907)《春在堂全集》中的《读潜夫论》及《诸子平议补录》,收入了作者对《潜夫论》的校注文字及有关解说。孙诒让(1848—1908)著《札迻》第八,收入对《潜夫论》的考释。清人王仁俊(1866—1913)辑录《经籍佚文》,其中有《潜夫论佚文》。①

现代版本主要有:

彭铎的《潜夫论笺校正》,中华书局1985年出版。其中增设题解,并对汪注进行了补充阐释工作。

张觉的《潜夫论全译》,1999年贵州人民出版社出版。该书在版本追溯、史事考证和释词训诂等方面都有重要补充。

张广保注释的《潜夫论》全文注释本,2002年华夏出版社出版。该书采用简注方式帮助阅读,但注释不精,多有讹误。

本书以汪继培笺注、彭铎校正的本子为基础,折中众说,兼采众长,力求提供较为合理的文本,并附加简明实用的注释。

二 《潜夫论》的思想成就

(一) 民本思想

民本是王符思想体系的核心内容。据笔者不完全统计,《潜夫论》一书中"民"字使用频率很高,共出现317次。② 这个语言事

---

① 以上版本的介绍,参考了张觉《潜夫论全译》的前言。
② 在东汉诸子著述中,从正文总字数与"民"字频度之比来看,《论衡》26万字正文,"民"字使用330次;《潜夫论》6万字篇幅中,"民"字就出现317次,使用密度是相当高的。在两汉诸子著作中,贾谊的《新书》5万字中,"民"字使用357次,是频度和密度最高的。《潜夫论》的使用密度居第二位。

实,有力凸现了王符鲜明的民本立场。概括地说,王符在书中各篇所论,谈到了民的地位、价值等政治哲学问题,提出爱民恤民的治国方略和理性对策,关注民众的苦难现实,发出解救民众于水火的激愤呼吁,大胆抨击实行残民政治的黑暗势力,不愧是东汉史上最为重视民本的思想家。

1."政道"层面上的民本之论

民本论是一个多层面的理论体系,可以分为三个层次来考察。首先看王符在"政道"层面上进行的具有政治哲学意义的讨论。

自先秦以来,有识之士就提出了"重民"、"亲民"的意识。殷代统治者讲"重我民"、"罔不唯民之承"(《尚书·盘庚》)。周公提出"保民"这一新概念,《尚书·康诰》反复讲"用保乂民"、"用康保民"以及"裕民"、"民宁"等。孟子提出"民贵君轻论",认为,"民为贵,社稷次之,君为轻"(《孟子·尽心下》),在君主、国家和民众这三者之间,民众最为重要。只有得到民众的拥护才能当上诸侯君主。西汉时贾谊提出"民为国本"的观点,他说:"闻之于政也,民无不为本也。国以为本,君以为本,吏以为本。"民众是国政的根本,无论君主也好,官吏也好,凡事必须首先考虑民众,因为"民者,至贱而不可简也;至愚而不可欺也"(《新书·大政下》)。

王符继承上述传统,在剖析东汉日益加深的边陲危机时,为强化自己治边救民主张的说服力,来启迪当权者的政治理性,遂以一位布衣思想家的特殊视角,提出"民为国基"的政治哲学观点:"国以民为基,贵以贱为本。"(《救边》)民是国家的基础,贫贱者是富贵者的根本。书中类似的说法还有"民为国基"(《叙录》)、"质良盖(善)民,惟国之基也"(《述赦》)等。这些无疑是全书中带有提纲挈领意义的论述,是王符高度提炼其民本思想后形成的重要命题。

所谓"基",本义即筑墙的基础。东汉许慎《说文解字》:"基,墙始也。"有的研究者曾注意到,王符的表述与先秦道家说法有内在渊源关系,《道德经》说"贵以贱为本,高以下为基"(第三十九章),这应该是有道理的。① 其实,西汉《淮南子·原道训》也说过:"贵者必以贱为号,而高者必以下为基。"《淮南子·轻重》说"礼义者,国之基也"。《荀子》说为政者要"布基"和"牧基"。《新语》专门设有《道基》篇,称"殖不固本而立高基者后必崩"。《盐铁论·非鞅》篇说:"善基者致高而不蹶。伊尹以尧、舜之道为殷国基",又说"筑城者先厚其基而后求其高,畜民者先厚其业而后求其赡"。《盐铁论·诏圣》篇说:"故高墙狭基,不可立也。严刑峻法,不可久也。"上揭话语表明,筑城墙是古代社会习见的现象,所以当时人形成以墙基为喻的语言习惯。

至于以基为喻来表述民众价值的思路,可以追溯到战国的《管子·小匡篇》:"士农工商四民者,国之石民也。"这是以磐石、基石来比喻四民对国家的基本价值。《淮南子·泰族篇》:"国主之有民者,犹城之有基,木之有根。根深则本固,基美则上宁。"正是在前人的启发下,王符提出"国基论",充分肯定了民众对于国家存亡兴衰的重要作用。

平实而论,王符对"民为国基"说并没有展开过专门、集中的论证,但在书中很多地方都有涉及性论述,将这些分散的材料整合起来,其内在的理论逻辑大约有下面几点:

第一,民对于国家存在是至关重要的。"国之所以为国者,以有民也"(《爱日》)。民众是国家统治的先决条件,没有民就没有国家的存在,君主也就失去存在的价值,这也是历代儒家呼吁重民的基本道理。国因民而产生,国因民而存在,得民以生,失民以亡,民对国、对君都有一种制约关系。

---

① 参见刘文英:《王符评传》,南京大学出版社1996年版,第3页。

第二，民安是国家安宁和君主尊荣的基础。王符说，自从天地开辟有了国家以来，有哪个君主能够做到民危而国安呢？凡是民生多艰、不得安宁的时候，国家必然出现危机。"夫以小民受天永命"，君主是依靠民众来接受上天赐予的长久运数的。他希望帝王"深惟国基之伤病，远虑祸福之所生"，即深切思考民众的创伤，长远考虑祸福的根源。为政者只有保证民众的安居乐业，国家才能有真正的长治久安。在这句话里，民与国基两个概念，是可以互换的。只有君主自身修养道德，推行好的法令，严明赏罚，才能国治而民安，"民安乐则天心慰"，"社稷安，而君尊荣"（《本政》），朝廷方能历久不衰。

第三，民富是国家富足的前提。王符认为，民众贫困而君主富裕的能有谁呢？所以说，治国的君主是依赖于民众财富境况的，一旦民众陷入了贫困，君主哪能丰厚？这里，他将统治集团对民众贫富丰瘠的依赖关系讲得十分清楚。在先秦思想史上，孔子是民富论最早的倡导者，他的"富庶而教"论影响深远。① 后来的《荀子》则进一步展开论述，认为"不富，无以养民情；不教，无以理民性"（《荀子·大略》）。这些无疑是王符主张的理论渊源。

第四，民心是国家治理的依据。王符认为，"帝以天为制，天以民为心"（《遏利》），皇帝把天的意愿当作制度，而上天把民众的意愿当作意愿，民众的愿望，上天一定会顺从。儒家历来都主张，君主治国必须循天意而行。天意是透过民众的愿望传达的，所以民心便是天意，是君主治国必须遵从的方向。其论证策略在于，把天抬出来作为君主政治的最高制约者，最后再把天心归结为民意。王符从天人之学高度，将民心民欲对于国家政治的制约意义揭示出来。用天作为限制君权的法宝，用天的力量来制约君主，维护民

---

① 参阅匡亚明：《孔子评传》，南京大学出版社1991年版，第33页。

众的利益。这样便从治国的本体论高度,肯定了民众的国基地位。

他又说:"夫天者,国之基也"(《本政》),似乎是双重国基论,但通过民心与天心同一的说法,又回归到民基说上来。此外,书中还曾提出了劳动为国基的说法:"力者乃民之本也,而国之基"(《爱日》),但前提是力为民本,所以还是归结到民为国基论上。

"民为国基"说的核心价值在于,它是全书分析社会政治、经济、边疆和风俗问题的立论基础,是作者批判社会政治文化之弊端的出发点和归宿。它统领了全书的现实主义批判思路和人文关怀的思想,紧紧围绕民的地位、状况和疾苦来思考问题,并进而在治国措施上致思求解。

2. 从"治道"的层面论民本

除了上文"政道"层面的政治哲学讨论外,民本思想当中还包括"治道"层面即治国方针、方法的理论观点和"民权"层次即民众权利的观点。① 循此考察,王符以国基论为依托,在"治道"层面也有杰出的理论建树。他继承民本传统,使用"爱民"、"养民"、"泽民"、"恤民"、"得民"、"利民"、"安民"、"效于民"、"自托于民"、"自附于民"等系列化提法,丰富和拓展了既往的民本观念的表达方式和思想内涵。

从全书主要的篇目内容来看,《务本》明富民为本;《遏利》抨击为政者好利征怨;《考绩》揭露各级官员侵冤民众;《思贤》指责君主将高爵厚禄奉养无功于民的外戚;《本政》论君臣伦理中爱民利民的合法性;《浮侈》批评弃农经商、奢侈过度的民间风气;《实贡》赞扬忧君哀民之治国人才;《班禄》阐释立君利民的道理;《述赦》批判赦免泛滥对守法民众的危害;《三式》论述三类以爱民为

---

① 周桂钿主编:《中国传统政治哲学》第六章,河北人民出版社2001年版。

中心的统治者角色伦理;《爱日》、《断讼》痛责乱讼状况造成欺枉民众和民力不暇的恶果;《劝将》、《救边》、《边议》、《实边》四篇申明要驱除寇虏救助边民;《交际》痛惜那些怀救民之道的贤人"不见资于斯世";《明忠》讲功业效于民的政治标准;《德化》阐明以德化民。以上近二十篇所论,均与民本有直接的联系,足以揭示出《潜夫论》中贯穿全书的思想主线。

归纳起来,这些"治道"理论既包含了情感性、态度性的政策意向和立场,也包括了紧随其后的具体措施与谋划。

从"治道"的层面看,他的民本主张有何内涵和特色呢?

首先,王符依托传统政治的敬天思想,来赋予"爱民"主张以崇高地位:"帝王之所尊敬者,天也;天之所甚爱者,民也。"①这是借助于天的权威来论证爱民主张的言论。君主敬天,在那个时代是不言而喻的公理。既然如此,君主就必须爱民,因为天是爱民的。可以看出,王符的论证目的,就在于为"爱民"寻找合法性依据,这种言论传承了董仲舒"屈君伸天"的进步传统。至于为何说天心等同于民心,书中并没有予以论证。对于人臣来说,"受君之重位,牧天之所甚爱"(《忠贵》),作为人臣,怎么能不从天之志,爱民、安民、养民并且周济民众呢?

君主的使命就是除暴安良,使百姓获益。他认为,"天之立君,非私此人也以役民,盖以诛暴除害利黎元也"(《班禄》)。天之立君并非是对个人的私爱,并非是让其奴役人民,而是要君主为民众谋利益。

这无疑是两汉时期带有民本色彩君主观的最强音。西汉时,

---

① 《忠贵》。由于版本的差异,有的研究者引用时,"尊敬者"后面漏掉"天也"两字(见《后汉书·王符列传》),使文意大变,就有了近世晚出的"尊民"意义,不妥。

名臣谷永曾说过:"臣闻天生蒸民,不能相治,为立王者以统理之,方制海内非为天子,列土封疆非为诸侯,皆以为民也。垂三统,列三正,去无道,开有德,不私一姓,明天下乃天下之天下,非一人之天下也。"(《汉书·谷永传》)。不难看出,王符所论与之遥相呼应,充分体现了汉代儒家君主观的进步价值。

王符进一步指出,君主爱民,要顺从天心民意,因为"天以民为心,民安乐则天心顺,民愁苦则天心逆。民以君为统,君政善则民和治,君政恶则民冤乱"(《本政》)。如果能做到"君以恤民为本","复德而崇化",则"下悦其政,各乐竭己奉戴其上","然后乃能协和气而致太平也"(《班禄》)。显然,作者所描绘的是一幅君明、民和、国安的理想政治画卷。然而,历观三代以来,"衰国危君,继踵不绝",无一不是后继者"袭其败迹"、"自绝于民"(《明暗》)的结果。

其次,为君者要情系于民。在传统政治中,君民关系模式是模拟宗法伦理的,所谓"君父"、"子民",治民决不仅仅是单纯的行政过程,而且要实践道德政治和情感政治。王符提出,圣王养民,要爱之如子,忧之如家。危者使安之,亡者使存之,"视民如赤子"。因此,当民众遭遇边疆羌战危难时,君主应如关心子女那样,真正把民众安危忧患放在心上,采取切实有效的治边措施,做到吉凶祸福,与民共之(《劝将》)。

爱民必先富民。所谓富民,君主要首先让民众有饭吃,有衣穿,使其老有所终,幼有所养。要做到这一点,就要务农桑,省赋役,爱惜人力民时,使农、工、商各为其本,为社会创造更多的物质财富。具体说,经济部门要以农桑为本,以游业为末;手工业各个部门中,以致用为本,以巧饰为末;商贾者,以流通货物为本,以贩卖罕见商品为末。这"三者守本离末则民富,离本守末则民贫"(《务本》)。

他认为要发展生产,就必须解决农民的土地问题,保证农民有足够维持生计的基本土地。他说:"夫土地者,民之本也"(《实边》),"苟有土地,百姓可富也"(《劝将》)。他针对内地土地集中而边郡土地荒芜的状况,指责统治者在边郡用人不当,致使民族矛盾激化,战乱不断,造成民众"夺土失业"。而边民大量内迁,又造成内郡"人众地狭,无所容足",引发了许多社会矛盾。他据此提出"土地人民必相称"的原则,要求统治者处理好边疆事务,缓和民族矛盾,鼓励民众赴边郡垦殖,并在经济上政治上给予他们一定优惠条件。

富民与教民是并行不悖、相辅相成的,贫则忘善,富则乐而可教。民众富裕,正是实施教化的物质基础,只有民众富裕了,才能向善学义(《务本》)。由此推行教化,方能臻于善政。所以高明的君主"不务治事而务治民心"(《德化》),要把教化百姓作为治国的要务。首先君主自身要"明礼义以为教","敦德化而薄威刑",进而"化变民心",国家治乱与否的关键在这里。具体做法是要"忧之劳之,教之诲之,慎微防萌,以断其邪"(《慎微》)。只有这样,才能变风易俗,以致太平。

民本思想的另一个重要层面,是涉及到民权意义上的观念。与前人相比,王符论民本的出新之处,还在于他论及民众参与政治过程及其决定意义。这有几点值得引起注意:

一是论取士时,主张君主要"参听民氓"(《潜叹》),希望最高统治者吸取民众的评价,接受民众对选官的舆论倾向,这是强调民众舆论对察举制度下选拔士人的参考作用。

二是奉劝贵戚要"立功自托于民",而不能"结怨于民"(《思贤》)。托是依赖、依托的意思,贵戚要巩固自身的政治地位,不能光靠君主的赏识,也要依托民众的评价舆论,获得好的口碑,才能避免政治上的颠覆之祸。

王符还提出人臣要"下自附于民氓,上承顺于天心"(《忠贵》)。据《辞源》解释,附是归附、顺从的意思。《淮南子》讲"群臣亲,百姓附",是说百姓归附于人君。王符把民附于臣的关系颠倒过来,而要人臣自附于民众,深相结纳百姓之心。① 在他看来,从贵戚到官吏的政治命运,并非仅仅取决于人君的好恶,也需要依托民众的褒贬。

三是要求圣人"功业效于民"(《明忠》);又要求"君臣法令之功,必效于民"(《本政》);人臣"效功百姓"(《忠贵》)、"效能以报百姓"(《思贤》)。按照《辞源》解释,所谓"效"是"呈献"、"献出"的意思;"效功"是"献纳功绩"之意。《韩非子·用人》讲"治国之臣,效功于国",要把功业呈献给专制国家。但截然不同的是,王符却一反传统观念,赫然将百姓作为接受"呈献"的对象。转换为现代语言,就是要求君臣在政治实践中以服务民众、奉献民众为目的,民的地位豁然凸显出来。反之,"无功庸于民而求盈者,未尝不力颠也"(《遏利》)。笔者在披览两汉诸子过程中,感受到这种富有创意的提法,的确是罕见的。

不难看出,王符笔下的民众地位,与前人相比,的确有很大的提升,个别提法是发前人所未发,突破了传统观念中民只能被动效功于统治者的卑下地位,赋予民以民权意义上的主体地位,充分体现了他对民众舆论和民心向背的高度重视。这一提法,在中古思想史上,堪称空谷足音,是具有重要标志性意义的民本思想里程碑。

3. 在政治批判中深化和捍卫民本思想

除了正面立论外,在更多情况下,王符从体恤民众的苦难现实

---

① 据《史记·田敬仲世家》记载,田忌曾经说过"自附于万民"的话,当为王符所本。

立场出发,直面专制政治势力,上自天子三公、王侯贵戚,下至守相令长、乡吏豪右,"指评时短,谪讨物情",展开正面、强烈的抨击,在政治批判中深化和捍卫民本立场,展现了疾恶如仇的民本态度。

王符的批评锋芒,首先直指帝王权威,表现了思想异端者的理论勇气。他从批判三代昏君、秦二世开始,一直到迂回地批评当朝君主政治。他指斥当朝皇帝治边昏政,为政者出于苟且心态,害怕烦劳民众,却不在乎使民众遭受灭顶之祸。这种人不是民众的君主,不是百姓的将领,不是君主的辅佐,不是克敌制胜的主帅(《边议》)。

他批评当朝君主大赦频繁,把那些不当得赦之人都免除刑罚。他说,上天之所以要立帝王,是要通过他来诛除邪恶者而保护正直善良之人。现在让他去放任奸邪、罪恶、叛逆之人,荒谬没有比这更厉害的了(《述赦》)。

他无情讽刺朝廷的官样文章。东汉皇帝在诏书里反复声称将与士大夫"洒心更始"。然而,虽然"岁岁洒之",但未尝看到那些奸人冗吏有肯变心易辙来配合诏书的。就是说,皇帝诏书中那些冠冕堂皇之言,其实是无法相信的(《述赦》)。王符所言洒心更始云云,《后汉书·顺帝纪》载阳嘉三年诏书,正与此契合。这番话直接斥责顺帝,应该是没有疑问的。

朝廷和官僚不应与民争利。他主张官吏大臣要专心为公,不考虑私家;其子弟应致力于儒学,不去谋求财利。为官者都应坚持官德操守,远离经济行业,"不与民争利"(《班禄》)。如所周知,东汉延续了秦汉以来的官营经济体制,官僚私营经济也相当活跃,这些均阻遏了民间经济的正常发展。所以,上述主张无疑是针对汉代社会问题有感而发的。

其次,他揭露各级官吏渎职失职,侵冤百姓。从刺史、守相到县令长各级官吏,既不思立功,又违背法律,贪残专恣,侵冤小民

(《考绩》),还无视皇帝的诏令,专心追逐财利,不顾公家事务。由于"下土边远",细民即便冤案在身,能到朝廷上诉的,"万无数人"(《三式》)。更严重的是,"凶恶弊吏,掠杀不辜,侵冤小民"(《述赦》),草菅人命。王符认为,"其官益大者罪益重,位益高者罪益深"(《本政》)。

再次,他谴责列侯贵戚欺枉民众的行径。当时的诸侯贵戚,"贪权冒宠,蓄积无极","残掠官民"、"重赋殚民",纵欲女色,成为祸乱之源,败坏了社会的风化,"其诬罔慢易,罪莫大焉"(《三式》)。那些封君王侯和贵戚豪富,还发明一种正史中罕见记载的举债方式来压榨百姓,"高负千万,不肯偿责"。他们纠聚酒徒无赖,痛饮作乐,昼夜不息。而小民守门,号哭啼呼,他们"曾无怵惕惭怍哀矜之意"(《断讼》)。

东汉中期以来外戚权倾朝廷,盘剥百姓。对此,王符加以激烈的批判。他嘲讽那些外戚人物,率皆"依女妹之宠以骄士,藉亢龙之势以陵贤"(《本政》),得位之徒依靠裙带关系平步青云,权势炙手可热;"崇财货而行骄僭,虐百姓而失民心"(《忠贵》),使得贤良贞士,伏死岩穴之中。对于朝中的那些将相权臣之高位,君主必用妻舅、女婿和外孙充任。即使年龄幼小,甚至还没有脱离襁褓,但仍可"取封侯,多受茅土","虚食重禄,素餐尸位,而但事淫侈,坐作骄奢"(《思贤》)。京师贵戚极其奢华,"竞为华观","作烦搅扰,伤害吏民"(《浮侈》)。

他直言不讳地指责当朝皇帝对待这些贵戚的纵容态度。皇帝往往喜欢贵戚们阿谀奉承的神色,不衡量其才能而授予官职,不去促使他们建功立业来使自己依托于民众,而只是苟且致力于为其提供爵位,增加赏赐,导致他们与民众结下了怨恨,犯下昭著天下的罪恶(《思贤》)。王符所言外戚的奢华,也有文献可征。《后汉书·章帝纪》载建初二年诏:"贵戚近亲,奢纵无度,嫁娶送终,尤为僭侈,有司废典,莫肯察举。"这些外戚势力随着皇帝的更替,如同走马灯一样,盛极而衰,"岂有不颠陨者哉"?

上述批判,是有充分依据的。顺帝死后,外戚梁冀控权二十余年,"穷极满盛,威行内外,百僚侧目,莫敢违命","天子恭己而不得有所亲豫"(《后汉书·梁冀传》)。后来王符又亲历了梁氏的覆灭。

我们知道,王符"耿介不同于俗",对各种黑暗势力多有斥及。史书说"西京自外戚失祚,东都缘阉尹倾国"(《后汉书·宦者列传》),那时宦官为祸之烈绝不亚于控权乱政的王侯外戚。然而令人奇怪的是,《潜夫论》中却不见直接的讥评言论,这怎样解释呢?是因为王符没有遭受到宦官势力压迫的切肤之痛么?据史料所载,他的至友张衡,尝为宦官所谮;王符曾与度辽将军皇甫规结交,皇甫规平素就恶绝宦官,不与交往,后来又被中常侍徐璜、左悺所陷害,对这些王符又岂能视若无睹?按照正统史家的说法,宦官之流,"刑余之丑,理谢全生,声荣无晖于门阀,肌肤莫传于来体"(《后汉书·宦者列传》),本为正人君子所不齿。《潜夫论》各篇当中,有所谓"宠人"(《明暗》)、"得位之徒"(《本政》)、"窃位之人"(《忠贵》)、"骄妒之臣"(《潜叹》)、"贵臣"(《明暗》)之称,应当兼指宦官。他之所以没有直斥宦官,除了与士人鄙视宦官的心态有关外,笔者认为,还需要考虑的因素,是当时宦官集团采用高压手段迫害士人,制造恐怖氛围,这应该是造成《潜夫论》在批评宦官专政问题上采取隐晦风格的根本原因。

此外,民间的迷信巫祝同样也危害民众生活,王符在书中揭露了巫祝之士"鼓舞事神,以欺诬细民,荧惑百姓"。他指出,各种迷信的风俗禁忌,同样也"萦悖小民","无有益于世","皆宜禁者也"(《浮侈》)。

总之,王符论民本有其独到特点,一是身为布衣处士,其体察入微,感同身受,关注现实程度高,联系民众境况紧密;二是有的地方突破了传统民本论的藩篱,揭示了民众在国家兴衰存亡中的决定作用,凸现出民的主体地位;三是对策较为全面,紧扣现实政治弊端,切中要害。他设计了富民养民、解决土地问题等一系列主张,使"民为国基"观念落实到实处;四是激情溢于言表,批判富有力度,表现了他对人民的关心和同情,同时提醒君主切不可忽略民众的力量,对限制专制权力的贪得无厌起到了一定的警示作用。

(二)人才选举思想

人才选举是王符使用篇幅最多、见解非常丰富的话题。全书三十五篇中,有《贤难》、《思贤》、《忠贵》、《实贡》、《班禄》、《明忠》、《考绩》等七篇,集中批判东汉政策之弊和正面谈论人才主张,在规模上超过了专门探讨边疆问题的《边议》等四篇,也超越了同时代的东汉诸子。

王符为什么对人才选举问题如此关切?既往的研究多少忽略了这个问题,其实这本身就很值得探讨。从客观层面看,东汉中期政治的衰败,与选士制度的败坏有直接关系,的确是引人注意的大弊端;从主观层面看,王符身为边郡地位卑微的布衣处士,被排斥于选举制度之外,这种特殊境遇对其人才问题的聚焦有着直接的决定关系。他向往理想中圣君明主尊才用才的时代,批判东汉社会畸形的选举政策和弃才不用的严酷现实,充满了自况心态和激愤之情,感情色彩远远超过了其他篇章。清代汪继培评云:"王氏精习经术,而达于当世之务。其言用人行政诸大端,皆按切时势,令今可行,不为卓绝诡激之论。"①

围绕人才这个社会政治的焦点,王符提出哪些重要观点呢?

---

① 《潜夫论笺校正》序言,中华书局1985年版,第487页。

以往研究往往打乱原著的思路，按照诠释者的逻辑来重组主人公的思想系统，其实在原著思路集中、论证严谨的情况下，并非必要。以下尝试以核心篇为纲，并参酌其他章节中的论述，来考察原书的思路。

1. 以《思贤》篇为纲，论贤才重要性及招贤、用贤之道

《思贤》，顾名思义，就是思慕贤人，王符的主旨是强调贤人在政治中的决定性作用。他首先回顾了历史上的经验教训，提出近古以来动乱灭国的根本原因，就是君主"不嗜贤"（《思贤》）。所谓乱国的官吏非无贤人，而是其君不能真正任用，所以导致了亡国。那些"暗君"排斥人才，认为他们不如无能但长于谀谄的奸佞者，"此其将亡之征也"。他以治病为比喻，"夫治世不得真贤，譬犹治病不待良医也"（《思贤》）。这就从反面提出了人才政策的重要性。

王符也从正面论述了人才与国家治乱的关系，认为："国之治乱，待贤而治。"《实贡》篇提出"国以贤兴"，这是世所共知的"古今之常论"。另外在《贤难》、《潜叹》、《实贡》诸篇中，一直强调贤人助君理国的重要性，"国以贤兴"应是明君治国的基本理念。

如何得到贤臣呢？他援引《尚书·洪范》的说法："人之有能，使循其行，国乃其昌。"他归纳先王的历史经验，说："是故先王为官择人，必得其材，功加于民，德称其位，'人谋鬼谋，百姓与能'，务顺以动天地如此。"这正是三代开国，传嗣百世，历载千数的根本原因。

《明暗》篇提出招纳贤人的策略和态度，主张明君莅临众人时，务必用谦恭的语言来体现对贤人的尊敬。从策略上来说，可以先招纳卑贱之士，以广泛听取言论的姿态来吸引贤人，"是故圣王责小以厉大，赏鄙以招贤"，这样就能够做到"良士集于朝，下情达于君也。故上无遗失之策，官无乱法之臣"。

《本政》篇强调了明选的重要性。他说:"将致太平必先调阴阳,调阴阳者,必先顺天心;顺天心者,必先安其人;安其人者,必先审择其人。是故国家存亡之本,治乱之机,在于明选而已矣。"这是把"明选"提高到国家存亡治乱的高度。选举的务实很重要,他说:"(臣)以选为本,选举实则忠贤进,选虚伪则邪党贡。选以法令为本,法令正则选举实,法令诈则选虚伪。"

2. 以《忠贵》、《明忠》篇为纲,论说人才标准

在《忠贵》、《明忠》篇中,王符集中讨论了贤臣应具备的道德标准。

首先是民本准则。他从民本论出发,以"利民"、"恤民"、"效功百姓"为准则。《忠贵》篇说,如今人臣受君主的重位,牧养天之所甚爱(即百姓),怎么可以"不安而利之,养而济之"?是以君子"任职则思利民"。

其次,是传统臣道的核心伦理,即"忠"的问题。《明忠》篇提出:"人君之称,莫大于明;人臣之誉,莫美于忠"。"功业效于民,美誉传于世,然后君乃得称明,臣乃得称忠"。"夫明据下起,忠依上成。二人同心,则利断金"。《务本》篇说:"人臣者,以忠正为本。"

值得注意的是,王符论"忠"的道德尺度,未必像有的论者所批评的那样,全是保守的纲常意义。实际上,他对"忠"道德又颇赋以新义。一方面,他认为,"忠"不仅仅是忠于君,而更应是忠于民,所谓"效功百姓,下自附于民氓,上承顺于天心";"忠"在"上下同心",君臣交互性的对等信任中方能真正做到。"爱君,忧主,敢言",并事事以能"效民"为准则。王符还提出了两种不同风格的"忠"道德:"夫修身慎行,敦方正直,清廉洁白,恬淡无为,化之本也;忧君哀民,独睹乱原,好善嫉恶,赏罚严明,治之材也。明君兼善而两纳之"(《实贡》)。前者具有儒、道风范,适合于担任教化民众的职责；后者则颇有法家气质，适合于执法治民的角色。另一方面，王符还认为，臣之忠还意味着不应该无条件地奉承君主，不庸俗地迎合众人等："夫贤者之为人臣，不损君以奉佞，不阿众以取容，不堕公以听私，不挠法以吐刚"(《潜叹》)。这些规范，实际上继承了先秦儒家带有民主取向的臣道传统，体现了王符政治伦理的进步价值。

从汉代人才政策的历史状况看，上述标准也直接呼应了朝廷的选官标准，这集中反映在光武帝的诏书中："方今选举，贤佞朱紫错用。丞相故事，四科取士。一曰德行高妙，志节清白；二曰学通行修，经中博士；三曰明达法令，足以决疑，能按章覆问，文中御史；四曰刚毅多略，遭事不惑，明足以决，才任三辅令；皆有孝悌廉公之行。自今以后，审四科辟召。"①

这些官方标准可概括为德行、经术、法律、政事四项。依照中古"官僚政治的理性行政"要求，它集中反映了儒生与文吏合流的整合原则：儒生的长处是经术，他们崇尚"德政"，主张"以德取人"；文吏的长处是法律，务于"法治"，主张"以能取人"。儒生与文吏的分野与合流，也折射出德才兼纳的选官任人标准，典型地反映了汉代政治"霸王道杂之"的基本精神。察举贡士制度，就是在此精神指导下建立起来的。②

3. 以《实贡》篇为纲，抨击察举制度的败坏

对选官制度败坏趋势的批判，是王符论人才问题的重要主题，是对选贡现实状况有感而发。"察举"(亦称"选贡")制度在西汉后期就颇见弊端，至东汉前期，政治清明，"察举"制度也得以拨乱

----

① 《续汉书·百官志》注引应劭《汉官仪》。
② 参见方军等《论王符的人才观与汉代儒学选贡制度化》，《华南理工大学学报》2006年第1期。

反正,然而至中期以后再度出现败坏趋势。外戚、宦官擅权,吏治腐败,阀阅取士,察举不实,选贡非贤,考绩制度名存实废。作为生活在社会下层的布衣文士,王符对东汉后期的政治昏暗深恶痛绝。他在《实贡》篇中对选举不实的弊端作了猛烈的抨击,痛心地揭露了察举制的各种弊端,并剖判其根源。

东汉察举制度,存在背离实际、虚伪浮夸的问题。王符指出,那些举荐人才的官员,不是依据士人的资质才干,衡量其才能品行,而只是"虚造空美"、"扫地洞说",每年从公卿到地方官员推荐的茂才孝廉多达二百员,从推荐文书上看。个个都与孔门贤哲颜渊、卜商、冉耕不相上下,但追究他们的实际品行和才能,多半不及中等之人!这是所谓虚伪浮夸、不务实际之弊,"苟务作异以求名,诈静以惑众",其后果是泥沙俱下、鱼目混珠、良莠不分,必然伤风败俗。

虚伪浮夸的极端,则是选举的颠倒黑白、名实相反。《考绩》篇中集中罗列了群僚举士中出现的十一种丑恶现象:"或以顽鲁应茂才,以桀逆应至孝,以贪饕应廉吏,以狡猾应方正,以谀谄应直言,以轻薄应敦厚,以空虚应有道,以嚚暗应明经,以残酷应宽博,以怯弱应武猛,以愚顽应治剧。"这里将贡士制度中的黑暗现象揭露得淋漓尽致。

察举制败坏的根源,在于统治集团的营私舞弊。《本政》篇指出,现在当权之人,既不能"昭练贤鄙"、明辨贤庸之分,又被贵族官僚的意志所控制,胁于权势者的嘱咐请托,"请谒阗门,礼赘辐辏",优先举荐那些急于为官的有钱有势的钻营者。"此正士之所独蔽,而群邪之所党进也"。

"求贡不相称"的另一个重要原因,与当时"浮华交会"之风有关。东汉选官注重社会舆论,无论察举或征辟,其才学品行须先得到"乡曲"舆论的肯定,方可有机会步入仕途。至东汉中后期,相互品题标榜的"浮华交会"风尚,已到积重难返的程度,士人"志道者少与,逐俗者多畴,是以朋党用私,背实趋华"(《后汉书·王符传》)。这种情形,最终酿成"以族举德,以位命贤"(《论荣》)即按族姓阀阅取士的世风。

王符尖锐地指出,以汉之广博,士民之众多,朝廷之清明,上下之修治,"而官无直吏,位无良臣","此非今世之无贤也,乃贤者废锢而不得达于圣主之朝尔"。前面说的清明、修治是虚,后面"贤者废锢"是真。他痛心指出,"太平之世,而云无士,数开横选,而不得真,甚可愤也"!激愤之情,溢于言表,真实体现了王符的自况心态。

基于上述现实,王符才着力提出"明选"的要求,并将选贡"法令"化,进而使察举制度化。"奉法选贤"(《叙录》)是王符论述选贡的最高原则,是纠偏时弊的良剂,特别是选拔重臣更应如此:"牧守大臣者,诚盛衰之本原也,不可不选练也"(《三式》)。在东汉中后期政事废弛,乱势难戢之际,这一理论的阐发尤其有着重大意义。

4. 以《考绩》篇为纲,论说人才考绩制度

考核制度是人才鉴别和管理的重要环节,是督促官吏忠于职守的有效措施,是知人善任的基本途径。王符非常关注职官的考核,所论既是吏治问题,也是广义的人才鉴别和管理问题,具有两重性质。

王符明确提出知贤"莫急于考功"的观点,阐明考核意义在于知贤用贤。在《考绩》篇中,他开宗明义地说:人君治理天下,最重要的事情是"知贤",人才是为政之本。"知贤之近途,莫急于考功",而要得到真正的人才,最有效和最简便的方法是实行考核。假如能够推行,"则治乱暴而明,善恶信,则直贤不得见障蔽,而佞巧不得窜其奸矣"。王符把考绩看成是发现人才、识别官吏善恶的重要途径。

他认为,由于考功废弛,造成为官者不奉职守,虚食重禄,素餐尸位,是当时的一大弊政。王符指责那些郡县封国的官长,"不思立功,贪残专恣,不奉法令,侵冤小民"。百姓只好来到朝廷上书讼诉。但结果是"尚书不以责三公,三公不以让州郡,州郡不以讨县邑"。这样造成官员们失职、渎职,使之成为尸位素餐的寄生虫。

王符论述了考核的督责激励功能。假如说一家人有五子十孙,父母不察精懦,"则勤力者懈弛,而惰慢者遂非",无疑是"耗业破家之道"。所以,"大人不考功,则子孙惰而家破穷;官长不考功,则吏怠傲而奸宄兴;帝王不考功,则直贤抑而诈伪胜"。考核的功能在于"昭贤愚而劝能否"。

考绩的意义还在于,朝廷普遍地采纳群臣言论,明白无误地考核他们的功劳,推行相应的奖惩制度,这样群臣"谁能不让,谁能不敬",这就是尧舜养育黎民、实现太平之世的奥秘。王符进而明确指出:"科察考功,以遗贤俊,太平之基,必自此始,无为之化,必自此来也。"

怎样进行考功呢?"名理者必效于实"是王符的宗旨。何谓名理,"名",名称、概念;"理",事物的条理、准则。王符指的是选官考核要名实相符,具体而言,即考核官吏职守必须依据岗位职责(名)与实际工作效绩(实)比照分析。对于群臣宰相,要使他们各有职掌,根据他们的职责"以责其效"。对于天下百郡千县官员,要对照各自治理之前的状况来审查治理之后的状况,"各缘其文,以核其实",依据其文字承诺来考核实际成效。

王符还针对官吏的不同层次,提出了相应的职责体系与考核重点。他认为,郡守、国相、县令县长"效在治民",州牧刺史绩效在于聪敏明察,九卿分管职事"以佐三公",三公总管朝政,"典和阴阳",对他们"皆当考治以效"。而那些侍中、大夫、博士、议郎,

"以言语为职","谏诤为官"。这些官员完成了自己的职责,就是名实相符,否则就是失职。

他以孔子的话"众好之,必察焉,众恶之,必察焉"为根据,提出"不必任众,亦不必专己"的看法,"必察彼己之为,而度之以义"(《潜叹》)。就是说,考察官吏时既不能只盲目听从多数人的意见,也不能自己独断专行,必须考察他究竟做得怎么样,分析哪些做法是符合义的,哪些是不义的,这样才能比较正确地判断一个人的善恶功过。

通过对历史和现实的深入考察,王符提出"毁誉必参于效验,名理必效于实"的精辟观点,反映了难能可贵的注重事实的精神。具体说,即通过用人来检验和考察人才:"夫剑不试则利钝暗,弓不试则劲挠诬,鹰不试则巧拙惑,马不试则良驽疑。"这与《韩非子·定法》中所说的"循名而责实"有共同之处,符合实践检验真理的一般规律。

考核之后,必须实施赏罚。赏罚严明是巩固和推行官吏考核制度的前提条件。东汉后期政治衰败,赏罚迟滞而赦赎频繁,有功不赏,过失不罚,导致吏治黑暗,良莠不分。有鉴于此,他专门论述了黜陟幽明、劝善惩恶的必要性和重要性。

王符论述了赏罚的意义,认为法令赏罚"诚治乱之枢机"(《三式》),不可不严格执行。他赞赏汉初的赏罚制度,当时朝廷明察其治,加重刑赏力度。对于那些通过治理,使地方奸宄之人减少和户口增加的官员,"迁位益土","赏赐金帛,爵至封侯"。而那些违法乱纪、治理无状者,"皆衔刀沥血于市",受到了严惩。只有"赏重而信,罚痛而必",群臣才能"畏劝","竞思其职",才能"致治安而世升平"(《三式》)。但到东汉衰乱之世,这一赏罚制度遭到了破坏和遗弃,"有功不赏,无德不削"。王符激愤地批判道:"甚非劝善惩恶、诱进忠贤、移风易俗之法术也。"可见,王符的赏罚思想,是建立在总结历史和剖析现实的基础之上的。

怎样实施赏罚呢？王符提出了公平、严格和守信三大原则。他在《德化》篇中说:"赏罚之实,不以虚名","平赏罚而无阿私"。在《断讼》篇中说"隆赏重罚",使"善人劝其德而乐其政,邪人痛其祸而悔其行"。《劝将》篇中说,赏罚制度要兑现,立竿见影,不能"言赏则不与,言罚则不行",只有"赏罚必则士尽力"。

刑罚要严厉,这是王符特别强调的。《三式》篇中说,奖赏而不丰厚,那么好人就不能受到激励;刑法不严厉,恶人就不能畏惧。所以凡是打算"变风改俗"的君主,实行赏罚时,一定要使它能够"惊心破胆",然后民众才会改变看法。他激烈指责当今列侯,都是承袭先人之爵和祖考之位,其身"无功于汉,无德于民",但却盘踞于专断之高位,享受着美食重禄,危害百姓,侵渔国家,"此素餐之甚者也"。从这些主张当中,可以明显看到法家思想的影响。

总之,王符的考绩思想具有强烈的针对性和时代感,始终围绕着"国以贤兴"这个中心开展论述,目的在于通过完善考核黜陟制度,来实现贤能掌权,扭转东汉政治的颓势。

(三) 经济思想

"农工商各有本末"论是王符在经济领域提出的一种重要观点,这种具有理论改良色彩的主张,是他融会并推进战国以来儒、道两家经济思想传统的理论思考,同时也是对当时蓬勃发展的商品经济的能动反映。

我们知道,商品经济思想,是战国以来经济思想中相当活跃的一个领域,它与商品经济在战国时代的长足发展有着密切关系。儒、法、道等学派对此都有独到的主张。两汉时期,由于朝廷在工商业领域的从宽商到抑商,再到限商的几次政策变动,结果不仅直接影响到社会经济状况,而且使当时的社会经济思想本身产生了较大幅度的变动。特别是东汉建立后,商品经济政策多有调整,为经济思想带来了演变契机。正是在这种历史背景推动下,王符形成了商品经济的新思想。

1. "农工商各有本末论"的社会背景

东汉初年,统治者"解王莽之繁密,还汉世之轻法"(《后汉书·循吏传》),对沿袭西汉的许多经济制度和政策都进行了调整,推行较为宽松的工商管理政策。均输制度、市籍制度、盐铁管理等政策均发生了重大变化,呈现出放松趋势。

首先是工商管理政策发生重大变化,均输制度正式废除,但委输制度终东汉一代一直保留。东汉已见不到关于市籍的记载,可知市籍制度消亡。与此对应,谪发商贾、禁商仕宦也逐渐成为历史的陈迹,商贾的地位有所提高,为吏已成为合法之事。王充在《论衡·自纪》中,便直言不讳地记叙其祖父"以贾贩为事"的家世,他自己则照样仕郡任功曹。而五原太守崔寔,曾以贩酒为生;至于历仕州郡的名士王丹,更是经营工商,并以缣帛"出自机杼"为荣。尤其到东汉后期,鬻官卖爵盛行,商贾更得以源源涌入官场。

盐铁业的管理方式有所变化,除官营以外,民间一般是允许私营的,实行的是两制并行。据《后汉书·百官志》载:"郡国盐官、铁官本属司农,中兴皆属郡县。""凡郡县出盐多者置盐官,主盐税。出铁多者置铁官,主鼓铸。"这表明东汉时期对盐铁的管理已由中央下放到了郡县。至和帝时,便以"吏多不良,动失其便"为由,遂"罢盐铁之禁,纵民煮铸,入税县官如故事"(《后汉书·和帝纪》)。

对西汉其他相关政策,东汉也是既有继承,又有发展。东汉的铸币一直由政府经营,严禁私人铸币,违者处以重刑。东汉朝廷重视对物价的管理,特别是对于关系到国计民生的粮价。对市价以时贵贱，按月评定。另外，官府对市场的度量衡也加强管理。第五伦曾领长安市，"平铨衡，正斗斛，市无阿枉，百姓悦服"（《后汉书·第五伦传》）。东汉承袭西汉抑商政策，仍有"商人不得乘马车"的法律规定（《后汉书·舆服志》），但从实际情况来看，差不多已成为一纸具文。东汉时期商人的人头税同西汉一样，仍加倍征收。

随着地域观念的拓展与对外交通的开通，东汉的对外贸易和周边民族贸易较西汉又有所发展。朝廷与南匈奴保持赐、献形式的经济往来，与北匈奴则通过"合市"进行贸易。与乌桓在上谷宁城设有"胡市"定期交易，与西羌则在河西姑臧开展互市。东汉时期还开始了与天竺、罗马等远方国家的交往，出现了域外贸易与周边民族贸易空前繁荣的局面。

在抑商政策的执行力度上，东汉时期进一步弱化，这对当时商品经济的发展起到了一定的积极作用。但工商政策倾向于放任，管理不力，也带来了一系列社会问题，主要表现为城市奢侈品行业的畸形发展和局部地区大量非农业人口的出现。

例如，洛阳的富贵人家，其衣服、饮食、车舆、装饰、庐舍等无不淫侈，甚至"从奴仆妾，皆服葛子升越，筩中女布，细致绮縠，冰纨锦绣。犀象珠玉，虎魄玳瑁，石山隐饰，金银错镂，獐麂履舄，文组彩褋，骄奢僭主，转相夸诧"（《浮侈》）。商人为赚取更多的利润，也乐意经营奢侈商品，这样就使大量的奢侈品充斥城市市场，使商业各行业之间出现严重的比例失调。因生活必需品的经营相对滞后，既给城市普通居民的日常生活带来诸多不便，又不利于城市商业正常、协调地发展。

同时，都市日益崇尚淫侈，诱使大量农民纷纷涌入城市，以"巧饰"、"鬻奇"谋生，弃农经商、舍本逐末之风愈盛。《浮侈》说："今举俗舍本农，趋商贾，牛马车舆，填塞道路。游手为巧，充盈都邑。"

"今察洛阳,浮末者什于农夫,虚伪游手什于浮末","天下百郡千县,市邑万数,类皆如此"。由此便造成局部地区农工商人口的比例失调,不利于社会经济正常发展。

东汉后期,吏治败坏,扰商之政层出。除重税以外,尚有辜较、空市、募工不予工钱、以弊物易民物等变相劫夺方式。如荀悦在《申鉴·政体》中斥责为"偷窃"、"掠夺"的"与民空市",就屡有发生。这样的社会环境,使普通私营工商业难以生存,中小商人濒临破产。东汉学者揭露说:"今牧守长者,上下交竞,封豕长蛇,蚕食天下;货殖者为穷冤之魂,穷馁者为饥寒之鬼。"(《后汉书·刘陶传》)

同时工商豪强、官僚私营商业等则依势不断扩张。如仲长统记载:"豪人之室,连栋数百,膏田满野,奴婢千群,徒附万计。船车贾贩周于四方,废居积贮满于都城。"(《昌言·理乱》)晋人葛洪追述东汉禁酒情况说,牧伯辄有酒禁,"沽卖之家,废业则困,遂修饰赂遗,依凭权右,所属吏不敢问。无力者独止,而有势者擅市"(《抱朴子·外篇·酒诫》)。由此,这些人积聚起大量的商业资本,成为兼并土地的主要角色。

2. 农工商各有本末论

如上所述,东汉工商业有了较大发展,成为社会经济中一个十分重要的部门,原来那种单纯强调以农为本、工商皆末的思想渐已失去了立论的社会基础。在这种社会条件下,王符提出"农工商各有本末"的多元本末观点,扩展了战国以来的传统经济观,赋予了新的内涵。

他说:"夫富民者,以农桑为本,以游业为末;百工者,以致用为本,以巧饰为末;商贾者,以通货为本,以鬻奇为末。三者守本离末则民富,离本守末则民贫。"(《务本》)

这段论述,总结了农工商各经济职能部门的功能,是新本末论的理论核心。

首先,王符以重新诠释"本末"范畴为基点,对"本末"的传统内容进行改造,并对其概念界定进行新的划分,即不是在农业和工商业之间划分"本末",而是认为在农工商各自的内部均有"本末"之分。他从富民视角出发,提出手工业和商业也都有所谓本的一面,即"农桑"、"致用"、"通货"为三部门之本;并非农本之外,凡工商皆末,这无疑拓展了传统经济之本的概念范围。其次,他提出,"三者守本离末则民富",这就意味着三者皆可"富民",而打破了传统的农业富民论。王符认为,富民道路有三条,缺一不可。农业、手工业、商业各有其"富民"之道,即"农桑"、"致用"、"通货"之道;亦有其"贫民"之理,即"游业"、"巧饰"、"鬻奇"之理。"守本"即为"富民"之道,"守末"则为"贫民"之理,农桑、百工、商贾在国家经济中的地位是以能否"富民"的标准来衡量的,能富民即是"本",贫民则为"末"。这无疑是王符在思想史上提供的新概念,新本末论可以称为"农工商俱重论"。

然后,他进一步解说了三大经济部门的本末内涵:"故力田所以富国也。今民去农桑,赴游业,披采众利,聚之一门,虽于私家有富,然公计愈贫矣。百工者,所使备器也。器以便事为善,以胶固为上。今工好造雕琢之器,巧伪饰之,以欺民取贿,虽于奸工有利,而国界愈病矣。商贾者,所以通物也。物以任用为要,以坚牢为资。今商竞鬻无用之货,淫侈之币,以惑民取产,虽于淫商有得,然国计愈失矣。"

在农业领域,王符将"力田"与"游业"相对而论之,认为"游业末事,以收民利,此贫邦之原也",把"游业末事"置于仅能富民而不能富国乃至贫邦的地位。

什么是王符笔下的"游业"呢?这是如何评价其本末论的要害。以往研究者理解上颇有差异:或解释为工商业,或解释为游手好闲的"虚伪游手之徒"。① 两者孰是？其实,这在以下行文中已经揭明,"明督工商,勿使淫伪。困辱游业,勿使擅利。"文中工商与游业对称,政策上前者是明督,后者是困辱,措施是有差别的,可见两者不是一回事。研究者曾依据《潜夫论》书中所提到的有关现象,指出"虚伪游手之徒"包括专门"事口舌"的说客、"习调欺,以相诈绐"的骗子、为人所用的打手、"鼓舞事神"的巫祝、"博弈为事"的赌棍、玩弹弓的无业之民等,这种对"游业"的解释符合历史真实。

在手工业领域,王符认为,该行业就是要为人们提供生产、生活所必需的劳动工具或产品,所以手工业产品就应该使用起来方便而坚固,反之,则是雕琢巧伪之器,则有欺民取贿之嫌。

在商业领域,王符认为,商贾的作用在于互通有无,虽不生产物质财富,但对于人们的生产、生活也是不可缺少的,并着重强调流通货物的实用性,即要"任用"与"坚牢"。而从事"无用之货、淫侈之币"的奢侈品贩运和贸易,则是商业的末流。

当然,在本末问题上,王符并没有完全脱离传统思想。要匡正"一夫耕,百人食之;一妇桑,百人衣之"(《浮侈》)、"本末不足相供"的社会时弊,就要使农工商得以协调发展,要使国家富强得到可靠保证,才能"成太平之基,致休征之祥"(《务本》)。这种说法承袭了传统的"崇本抑末"主张,仍把农桑视为本中之本。他又说:"夫用天之道,分地之利,六畜生于时,百物聚于野,此富国之本也。"他还区分了富民和富国的差异,把农桑视为富国之本,这与前面讲的工商业富民论是有区别的。商鞅说过"商贾之可以富家"(《商君书·农战篇》)的话,可见在富国问题上王符与传统法家的

---

① 参见叶世昌:《中国经济思想简史》中册,上海人民出版社1986年版,第77页;上揭刘文英:《王符评传》,第79页。

看法是暗合的。

上述论断,是在古代把农业作为封建国家经济根本命脉的特定背景下提出来,所以它反映了作者的理论勇气和创新意识。当然,王符农工商俱重的论述亦是继承前人思想资料为基础而推陈出新的。如司马迁曾认为,"富无经业","用贫求富,农不如工,工不如商"(《史记·货殖列传》)。同时代的桑弘羊也认为,"本末俱利,上下俱足"(《盐铁论·轻重》)、"开本末之途,通有无之用"(《盐铁论·本议》)、"农商交易,以利本末"(《盐铁论·通有》)。王符的"守本"、"富民"思想显然渊源于此。

王符提出了维护经济秩序的原则。为政者的出发点,就是要务本黜末。所谓务本,就是务农工商各部门各行业均可富民、进而富国之本;所谓黜末,就是黜淫伪巧诈、游业擅利之末。

针对东汉中后期城市工商业中的奢侈品行业的畸形发展,王符一方面要求统治者节制消费,"节以制度";另一方面要求工商业者放弃从事于国无利的末业,即奢侈品的生产经营,鼓励从事于国有利、讲求实效的本业,即"便事"、"胶固"等商品的生产经营。

同时,他又主张政府对经济采取"督导"的办法:"故为政者,明督工商,勿使淫伪。困辱游业,勿使擅利。宽假本农,而宠遂学士,则民富而国平矣。"这种重本抑末观念,看上去与传统意义上的"抑商"相似,实际上它是在将工商与游业有所区分的前提下,力求使必要的干预与相对的放任相统一,从而取得"通物"、"备器","宽假本农","以遏乱危之萌"的良好成效。

总之,王符的农工商各有本末观,是对传统"工商为末"观念的重要突破。其重农思想、抑奢观念、"督导"之法,都是针对当时社会经济的现状设计的,其中多有真知灼见,决非仅是传统工商思想的简单重复。这标志着古代经济思想认识上的深化,是两汉经济思想中新的重要成果。

(四) 边疆治理思想

秦汉时期西北地区是羌人的主要活动区。东汉安帝永初元年(107年),由于地方官吏的暴虐,民族矛盾激化,导致了羌人反抗民族压迫的斗争。羌人起兵反叛,战火蔓延凉州各地,殃及三辅。随之而来的,是朝廷镇压羌人的战争连年不断,人民死伤无数,不仅带来国家财力和人力的耗费,更给百姓带来无限的苦难。这场延续半个多世纪的羌战,导致了整个西北地区的残破。

针对东汉中后期这场重大的边疆危机,王符先后撰写了四篇专论:《劝将》《救边》《边议》《实边》,揭露朝廷高官、守边将帅和州郡边吏的昏庸、腐败和无能,批判朝廷弃边内迁的荒唐做法,力陈救边、实边和安边的正确策略,论述了以推重民本、维护统一为核心的边疆治理思想。

1. 总结羌乱,抨击将帅误国

王符论边事,其致思焦点,在于探寻羌战失利的深层原因,总结朝廷平定羌乱的教训,抨击昏庸将帅的误国误民,提出正确提拔和使用将帅的原则。

他说,五年来朝廷大举用兵,将帅"以定令之群,藉富厚之蓄,据列城而气利势,权十万之众","暴师五年,典兵之吏、将以千数,大小之战,岁十百合",结果如何呢?朝廷出师却总是劳而无功,屡战屡败,而羌人照样"东寇赵、魏,西钞蜀、汉,五州残破,六郡削迹",这是为什么呢?

首先他提出君主应承担的责任:"明君先尽人情,不独委夫良将,修己之备,无恃于人。"也就是说,君主应能够及早了解敌情,不单纯依赖将帅韬略;应及早整军经武,不把希望寄托在敌人的退却上。这里事实上是将批评矛头指向最高统治者,显示了他穷究问题根源的胆识。

其次,他批评公卿大臣误国:"前羌始反,公卿师尹咸欲捐弃凉州,却保三辅,朝廷不听。后羌遂侵,而论者多恨不从惑议。余窃笑之。所谓媾亦悔,不媾亦有悔者尔,未始识变之理。"(《救边》)

那些朝廷高官"会坐朝堂",但全无"忧国哀民"的"恳恻之诚","转相顾望",苟且偷安,莫肯阻止错误的意见,结果是"日晏时移,议无所定,已且须后"。局势稍有安定,就把问题全然忘到脑后。等到"虏复为害","军书交驰,羽檄狎至"(《救边》),就又恐慌惧怕如前。这些议政者畏敌如虎,怎能不贻误战机呢?

再次,羌战失利,是朝廷和将帅治军不严明、赏罚不兑现的恶果。英勇杀敌的将士,为国家战事而死,但是从朝廷方面听不到"吊唁嗟叹之荣名",又得不到"禄赏之厚实",结果必然造成战斗中军士"临阵亡战,而竞思奔北"(《劝将》)的局面。

最后,将帅的军事素质低劣,更是平羌之战难有作为的关键原因。一方面,将帅"无断敌合变之奇",没有能够判断敌情、应付事变的奇才。另一方面,他们平时对吏士又缺乏严格训练,以至于"器械不简习",结果到了战场上,出现将吏"驱怨以御雠"、士卒"缚手以待寇"的荒唐局面,吃败仗那是"理数也然"。有些人"怯劣软弱,不敢讨击",尚未敢交手就搪塞了事,"但坐调文书,以欺朝廷"(《实边》)。更有甚者,那些懦弱无能的将帅残害边民,强行借贷,劫夺财产,造成的灾祸甚至超过了羌人。王符激愤地揭露,遇羌人之抄略,未必使所有的人都死伤;一旦遭官吏搜刮抢夺,边民则家破人亡。

面对以上触目惊心的事实,王符认为,"折冲安民,要在任贤",特别提出"选材以全境"的主张,呼吁朝廷要提拔并重用深藏未露而韬略异常、德行敦厚又通达权变的将帅之才,而不能再因循传统,依照官阶高低循序提拔甚至是任人唯亲。否则,那等于"以其国与敌者也"(《劝将》)。

2. 痛斥弃边徙民的昏招

早在羌人刚起兵时,永初年间,谒者庞参就曾以兼西督三辅诸军屯身份上书朝廷,消极主张"宜弃西州"。数年后,羌人势焰转盛,战火愈燃愈烈,在朝廷屡屡征讨失利情形下,庞参旧话重提:"三辅山原旷远,民庶稀疏,故县丘城,可居者多。今宜徙边郡不能自存者,入居诸陵,田戍故县。孤城绝郡,以权徙之;转运远费,聚而近之;徭役烦数,休而息之。此善之善者也。"(《后汉书·庞参传》)

其大意是说西北边地实为无用之地,不必为此劳民伤财,三辅地广民稀,应放弃凉州,将其郡治所和百姓迁至三辅。他以为救边举措是贪不毛之地,恤不使之民,只能给内地带来困难。只有弃边徙民,才是解决问题的最好办法。外戚大将军邓骘也以费用不足为由,表示赞成放弃凉州。

如此荒唐主张,必然遭到众多大臣的坚决反对。太尉府郎中虞诩进说于太尉李脩,认为放弃凉州,必定以三辅为边地,以三辅为边,则先帝的陵园就没有屏障,这是绝对不能允许的。现在羌人之所以不敢进犯三辅地区,是因为有凉州为三辅屏障。凉州人所以义无反顾地抗击羌人,是因为他们还是大汉的臣民。倘若弃其境,徙其民,边民安土重迁,恐发生不测之变。太尉李脩为其说所动,重新召集四府官员议政,改用固守凉州的策略。

以上,就是在朝廷决策当中的弃边与固守之争。

作为密切关注边事并饱受战乱之苦的边郡布衣之士,王符的治边主张极为鲜明。他在议边的四篇专论中,全面斥责了弃边派的谬论,与朝廷固守派的主张遥相呼应。

首先,从"君道"伦理的高度,他提出爱民为政的原则,来论证守边高于一切的政见依据:"圣王之政,普覆兼爱,不私近密,不忽疏远,吉凶祸福,与民共之。哀乐之情,恕以及人。视民如赤子,救祸如引手烂。是以四海欢悦,俱相得用。""是以圣王养民,爱之如子,忧之如家。危者安之,亡者存之,救其灾患,除其祸乱。"(《救边》)"《书》曰'天子作民父母'。父母之于子也,岂可坐观其为寇贼之所屠剥,立视其为狗豕之所食乎?"(《边议》)儒家历来都是主张君主为民父母的,那么,羌人反叛,百万子民惨遭祸害,痛苦哭泣,日夜盼望朝廷救助,朝廷岂能坐视不管!

其次,他还从纯粹利害关系论证应该救边。退一步说,即使朝廷和大臣以兴师动众、靡财繁役为借口,不愿出兵平羌乱,也应该在边疆地区严防死守,保护边民的安全,使羌人不敢来犯。就是来犯,也一无所获,让边民无生命财产之忧,岂能弃之不顾!

他指出,有国必有边,只有亡国之时,才无边地。事实上,一味的忍辱退让是没有终点的。"是故,失凉州,则三辅为边,三辅内入,则弘农为边,弘农内入,则洛阳为边。推此以相况,虽尽东海,犹有边也"(《救边》)。边疆地区是国之屏障,唇亡齿寒,体伤心痛,边不存,国亦亡。即使退到东海,敌人还会进攻的。故而,国家要获得安宁,必先安定边疆地区。

还有,朝廷公卿大臣因救边役重费繁欲放弃凉州,他们目光短浅,分不清轻重缓急,只知道爱惜钱谷,只知道徭役繁重,却不知边患日重,边民昼夜望朝廷救助,更不知中国之待边宁也。对此,王符还算了一笔经济帐,认为兴兵救边之费是暂时的,"今数州屯兵十余万人,皆廪食县官,岁数百万斛,又有月直。但此人耗,不可胜供,而反惮暂出之费,甚非计也"(《救边》)。公卿大臣不考虑久屯之兵的消耗,反而害怕暂时之费,这是本末倒置,鼠目寸光。

他对庞参、邓骘为代表的弃边论者给予痛斥:这些怯懦之将,"以己不被伤,故竟割国家之地以与敌,杀主上之民以喂羌。为谋若此,未可谓知;为臣如此,未可谓忠。"(《边议》)他们内不忧边民灭没之痛,外不忧国家久兵之祸,完全是一帮智忠尽失的佞臣,如非内奸,便是卖国降臣,有何资格来侈谈军国大计呢?

更有震撼力的是下面一席话:"苟惮民力之烦劳,而轻使受灭亡之大祸。非人之主,非民之将,非主之佐,非胜之主者也!"(《边议》)假如担忧增添民众的烦劳,而看轻使其遭受灭亡之祸害,则君主非黎民之主,将领非民众之将,大臣非明君之佐,统兵者非克敌制胜的统帅!

事实如何呢?可以说一切并未按照王符的良好愿望发展。在羌人之乱的军事压力下,朝廷曾两度放弃边郡。安帝永初五年(111年),令安定、北地、陇西三郡内迁,至永建四年(129年)始还旧地。第二次是顺帝永和六年(141年),诏令安定、北地二郡内迁三辅的扶风郡和冯翊郡。

3. 力主朝廷以武力平叛

西北边疆危机是因羌人不堪东汉政权的压迫而进行的反抗,其实质是民族矛盾掩盖下的阶级矛盾。然而,面对武装反叛的羌人,指望以示德而不耀兵的手段使其归顺,对东汉皇朝来说是不现实的。因此,王符坚决主张以武力驱除羌人,在边疆地区建立稳定的统治。

在处理与周边民族的关系问题上,先秦古人认为行之有效的措施是讲求夷夏之大防,使夷夏民族在地理上互相隔绝,防止"蛮夷滑夏",保卫华夏文化传统。秦汉时期,周边民族逐渐被纳入华夏文化体系,以夏变夷、天下一家成为中原皇朝处理边疆问题的指导思想。为了达到这一目的,士大夫反复乐道的策略就是"多事四夷"和"守在四夷"这两种方法。前者是通过武力在边疆地区建立较为稳固的统治,从而使中国安定;后者是以德教使边疆民族向慕中原文化,从而归顺中原皇朝,为之守卫边疆。

对于战争手段,王符抱有一种较为豁达的态度。他指出,自古以来就有战争,国从来就是以兵强而因德昌,武力是止乱除暴、兴邦安国的有利工具,因此不必讳言用兵作战。"《易》制'御寇',《诗》美'薄伐'。自古有战,非乃今也。《传》曰:'天生五材,民并用之,废一不可,谁能去兵?'"(《边议》)武力是用来惩罚不法行为而彰明礼乐教化的,圣明君主因此而兴盛,昏乱君主因此而衰败。

我们知道,儒家在处理民族问题上存在华夏中心主义的偏见,这对王符的影响也是客观存在的。特别是身经羌乱所带来的巨大灾难,使他坚定主张对羌人进行武力作战。但另一方面,也要看到,正如有的学者所辨析的那样,王符其人并非"穷兵黩武论者",他主张用兵的目的,是运用武力手段来安定边疆,解救边民于水深火热之中。他说从前商高宗讨伐鬼方,并非是喜欢战争;天下一家、守在四夷才是其理想追求:"古者,天子守在四夷,自彼氐羌,莫不来享。普天思服,行苇赖德。"(《边议》)然而要达到这种理想状态,必先救边安民,平定边患。

王符分析了东汉政府连年兴师动众却劳而无功,羌人的反叛愈演愈烈的原因。他认为,这并不是羌人势力强大、兵精粮足,不可战胜,而是东汉政府将帅懦弱无能所造成的;边患不能平定,并非天灾,实在是长吏之过。他建议朝廷决策者,要打破所谓出兵救边是兴役靡费的顾虑,"今虏新擅地,未敢自安,易震荡也。百姓新离旧壤,思慕未衰,易奖厉也。诚宜因此遣大将诛讨,迫胁离逖破坏之。如宽假日月,蓄积富贵,各怀安固之后,则难动矣"(《救边》)。也就是说,应趁羌人刚占据边地,根基未固,易被攻破之时,边民新离旧壤,急切思念家园,易于劝勉激励之际,派遣大将率军加以讨伐。如果拖延下来,双方各怀安固之后,则难以见效了。因此,他主张战守之策,务必要见几而作,尽早定夺。不难看出,王符对敌我双方态势以及用兵良机的敏锐体察,均极富见地。

王符抨击东汉朝廷采取怯懦守势、弃边徙民的举措,对被迫内徙边民的惨痛遭遇深为同情。他指出,迁徙之害甚于犯法伏诛,伏法一家不过死一人,今边民丧失财产土地,离乡背井,远走他乡,风俗不习,水土不服,多举家而亡。弃边徙民不仅给边民带来了无穷的痛苦,更为严重的是边地因此荒芜,边疆防御空虚,他为此忧心如焚。

就当时而言,百姓所受"伤害多矣,忧祸深矣",所以朝廷应该"修守御之备","令虏不敢来,来无所得"(《边议》)。遗憾的是,对如何修守御之备乃至武力平叛的用兵之道,王符没展开更细致具体的论述。

4. 提出移民实边建议

王符建议朝廷移民实边,充实边郡地区,加强边防力量,绝敌觊觎之心,使其无机可乘,从而确保中原安全。

他认为,通过充实边地、加强边防力量防敌御寇,以保中原安全,犹如一家人遇到寇贼必使年青力壮者在外抵抗祸难,老幼体弱者在内以供应御敌者的给养,二者互相依靠,以期共同保全。实边的最终目的是使中原安宁,"先圣制法,亦务实边,盖以安中国也"(《劝将》)。同时,移民实边不仅可以开发边疆,充实边疆力量,而且可以减少内地郡县的人口压力。边地郡县地广人稀,良田美土荒废无人耕种,而中原郡县,人众地少,土地不足,百姓贫穷,徙内地人口实边,对边疆和内地都有利。

上述意见,其实是对秦、西汉以来治边策略的继承与发展。据史书所记,秦朝在蒙恬收复河南地后,在此设立郡县,"迁北河、榆中三万家",从事垦田生产,开发边疆,阻止匈奴的入侵。统一南越后,又徙五十万人入岭南,与越人杂居。汉朝建立后,匈奴军队仍不断骚扰边境地区。汉文帝时,晁错提出用"复其家"、"赐爵"、"赎罪"等办法徙民实边,使屯田之民成为一支民间边防队伍,来加强"守边备塞",建议被文帝所采纳。汉武帝兴兵打击匈奴后,大规模徙民到北方和西北边地,进行军屯和民屯。秦、西汉皇朝的移民实边措施成效显著,充实了边防力量,改变了边疆地区的民族构成,对于边疆巩固起着十分重要的作用。

值得注意的是,王符的移民实边建议是在朝廷弃边徙民的严峻形势下提出来的,体现出他深邃的治边谋略和远大的政治眼光,这与具有战略见识的朝臣是一致的。永建元年(126年)马贤平羌获胜,凉州形势缓解。三年后即永建四年(129年),已任尚书仆射的虞诩上书朝廷,建议将安定、北地、上郡郡治和百姓迁回故地。顺帝采纳他的建议,免除三郡赋役,遣谒者郭璜督促内徙之民归还故土,修缮城郭,设置驿站。不久又兴修水利,进行屯田。

移民实边是充实边疆力量、加强边防的有力措施。王符认为,朝廷必须为边郡兴利除害,以优惠的政策吸引内郡之人前往边地居住,否则,边地长无复兴之望。这是因为战乱以来,边地郡县多祸害而徭役繁重,内郡之人视之为畏途。特别是"羌反以来,户口减少,又数易太守,至十岁不得举"(《实边》)。所以,朝廷一方面应不拘常例,增加边郡举荐孝廉的名额:边郡岁举孝一人,廉吏每三十人中推举一人,增置明经百石一人,以此劝勉贤俊士大夫。内郡之人只要率妻儿在边郡生活五年以上,就能和边郡人士一样被举荐;另一方面,"又募运民,耕边入谷",远郡千斛,近郡二千斛拜爵五大夫(民爵最高级),不欲获爵者则政府以加倍于内郡的价钱收购其粮食,以此吸引农民。假如采取这些优惠的移民实边措施,做到"均苦乐,平徭役,充边境",才是真正的"安中国之要术"(《实边》)。

在对边境危机问题的研讨中,我们看到,王符所关注的是民众疾苦和边疆的安定,及其对国家长治久安的复杂影响。朝臣中的弃边派只考虑朝廷眼前的卑微利益,采取弃边徙民举措,以牺牲边民的利益来换取安定。在边议四篇中,王符给予了义正辞严的谴责和尖刻的嘲笑。可以说,在当时处理边疆问题上所存在的分歧,实质上反映了民间士人和朝廷官僚在治国安邦问题上所持的不同立场和冲突。正如有的学者所指出的那样,王符"并不是从狭隘的地域观念出发关注边民利益和边疆的安定的,其着眼点是中国的安宁",因此,"在治边问题上他目光远大"。①

(五) 道气论的理论探索

王符不仅对社会问题有较全面的研究批判,而且他在哲学思想层面上也有着重要的理论贡献,最突出的就是道气论。

1. 先秦西汉道气论的理论进程

宇宙论是古代思想家解释世界的理论出发点。宇宙的起源、本质、演化的追索,构成了宇宙论的发展史,并由此抽象为哲学世界观。在古代,宇宙论是思想家思考和论证社会问题的理论基础。

先秦以来的宇宙论,主要是围绕万物始生来探索宇宙本原的。老子的《道德经》第一次提出本体论的道,来解释天地万物的根源。道是先天地生的,是万物之始:"有物混成,先天地生。"道又是万物存在的普遍根据,是万物之宗,所谓"万物恃之而生"(《道德经·三十四章》)。西汉《淮南子·天文训》中,提出道是宇宙终极本原,道演化为宇宙的生成过程,是"道始生虚霩,虚霩生宇宙,宇宙生元气"。按照通常的理解,这就是说,道经过虚霩和宇宙两个阶段才生成气,然后演化生天地万物。《春秋繁露·王道》提到元气:"元气和顺,风雨时,景星见,黄龙下"。汉代纬书中也有元气之说,《太平御览》卷一引《河图》云:"元气无形,汹汹蒙蒙,偃者为地,伏者为天也。"东汉许慎《说文解字》:"地,元气初分,轻清阳为天,重浊阴为地。"何休《公羊传解诂》隐公元年解释"元":"元者气也,无形以起,有形以分,造起天地,天地之始也。"可见,元气一

---

① 赵梅春:《王符的治边思想》,《中国边疆史研究》,2002年第2期。

词在两汉已经很流行了。

2. 王符对道气论的探索

王符广泛吸收了道家思想中的本体论思想精华,但又有理论思维的创意。《本训》篇云:

"上古之世,太素之时,元气窈冥,未有形兆,万精合并,混而为一,莫制莫御。若斯久之,翻然自化,清浊分别,变成阴阳,阴阳有体,实生两仪。天地絪缊,万物化淳,和气生人,以统理之。"

所谓太素,是指元气尚未分化的混沌状态。"窈冥"的说法来自《道德经》,老子用来描述道所包含的气的实体状态,其中窈是深远貌,冥是暗昧而不清楚。① 王符认为,天地的太初是"元气",经过长久的运动,出现了和气,"和气生人"。这一过程是气的运动结果:"莫制莫御"和"翻然自化"的说法,含有物质自己运动的意义。可见,元气产生宇宙万物的变化,是元气自身运动和分化的结果。元气自身运动的结果,产生了阴阳二气的对立与发展,然后产生了天地万物和人类。元气演化的上述描述,与《周易》也有内在的联系。在历史上,《周易·系辞下》最早提出代表阴阳两种状态的所谓"两仪"。王符提出的元气本体论和元气自化的演化论,排除了神灵的存在,这种用物质的形态来解释天地本原和统一性,是古代唯物论的基本特征。

元气论也被贯彻到宇宙和社会的各个领域。他说,春夏秋冬四个季节,金木水火土五大行星,鬼怪神仙人民大众,成亿万类的事物,各种"变异吉凶","何非气然"? 更具体说,如大风刮倒车子,狂风闪电拔起了大树,寒冷的水结成冰,温泉形成热水等等,"莫不气之所为也"。这里采用气来说明万物的产生、存在和变化,并且强调了万物由人来统理,确定了人在世界上的主体地位的

---

① 见《道德经》第二十一章。

观点是对两汉元气论的重要推进。①

存在理论争议的,是王符对"道"的表述和关于道、气关系的认识问题。在《潜夫论》中,道与气关系的文字曾被清人汪继培改补,形成传世本和汪继培本的两种表述。汪氏的改动,一是将《德化》篇原文中174个字,移入《本训》篇"是故道德之用,莫大于气,道者之根也,气所变也,神气之所动也"中"气所变也"的气字后面;二是把《本训》篇中"是故道德之用,莫大于气,道者之根也"中"道者"两字后面增添一"气"字。于是成为"道者,气之根也;气者,道之使也"。后来的研究者都注意到其间的差异,如侯外庐撰著《中国思想通史》时,就避开了汪氏的修订,而使用传世本文字。但也有赞成汪氏改动的,迄今学术界在这个问题上莫衷一是,并形成对王符思想中道气关系的不同判断。

这种改动究竟有无道理?先看传世本《本训》篇原文:

"是故道德之用,莫大于气,道者之根也,气所变也,神气之所动也。"

这句话的错乱之处,在于前面说"气"是道德之用,这是非常明显的。后面却似乎提出了"道之根"的问题,就意味着还有比道者更根本的东西,似乎就是"气为道根"。这样一来,这段话的逻辑是自相矛盾的,孰为根本就成为问题。但通观全书,涉及"道之根"的仅此一处。这句话其实是非常可疑的。首先,"道者之根也"句的前面缺乏主词,非常突兀。"者"字的位置也不符合古汉语的语法。其次,《德化》篇的下面一段文字,直接否定了为道寻根的理解:

"因有者道之使也,必有其根,其气乃生;必有其使,变化乃成。"

---

① 前揭刘文英《王符评传》,第134页。

这段话很重要,正是汪继培剪接材料的突破口。从句式结构看,这五句中,后四句是对称的,即两句为一组"必有其根,其气乃生",推敲文意,其实很明确,气是仰赖其根而生;"必有其使,变化乃成"。"道",要有可驱使之用,才能实现变化。可见,"道"是根本性的,"气"是"道之用"、"道之使"。所以两者关系是"道为根"、"气为使"。

这段话逻辑严谨,是我们判断取舍的重要参考。在这段话里,提示了"根"与"使"两个对称概念,再参酌对《本训》篇原文的分析,根据形式逻辑的矛盾律可以推断,既然有"道之使",则不可能同时有"道之根";既然有"道之使也",则不可能有"气之使"说法,而必然要有"气之根也"。的确如此,在《本训》篇中有"道者之根也"句,而且"道者"与"之根也"的组合,不符合古汉语语法,那么,唯一的可能便是增添"气"字,改成:"道者,气之根也"。这应该是汪继培笺注该篇时增字的基本思路。

同样,应是基于这种理解,汪氏又将《德化》篇的一段文字整体移入《本训》篇,明确修改为"道者,气之根也;气者,道之使也"。我们认为,这种剪接和添字,基本上是符合王符整体思想倾向的。

因此,王符的元气本体说就缺乏一种理论上的彻底性,在元气之外又提出了道的本体说;而且两者间不是平行的,而是从属关系,"道"为根,"气"为使,道是决定气的,带有更根本的性质。所以,似可以称为两重本体说。

那么,王符所说的"道",究竟是怎样一种本体呢?我们知道,老庄都是以"道"为最高本体的,他们承认天地万物具有普遍规律,但把普遍规律实体化了,认为是最高实体,这就陷于失误了。①荀子、韩非从唯物主义的观点对此进行了改造,如韩非说:"道者,万物之所然也,万理之所稽也。……万物各异理,而道尽稽万物之理。"(《韩非子·解老》)可见"道"被改造成为万物的普遍规律。我们认为,王符的"道"近似于这种观念。

按照这种理解,前文的表述可以推导出,宇宙的形成是在"道"的主宰下元气演化的过程;在宇宙形成的起点还是"窈冥"的混沌的元气,因为有"道"作为规律和依据,元气又分化为有清浊之别的阴阳二气,阴阳二气产生天地,天地之气的交互作用产生万物,其中"和气"产生人类,人类统领万物;天、地、人各本与不同的"气",因而有着各自的规律和法则,天、地、人各自遵循自己的规律和法则,这就是《本训》篇中所说的"各循其道,和气乃臻,机衡乃平"。

王符从具体事物"各循其道"的普遍现象中,推导出存在着一个比"气"更根本的并且是主宰宇宙的总规律——"道",这个"道"就是作为"气"之根的"道"。在王符看来,宇宙的生成、天地万物的存在和发展,都受这个"道"的主宰和支配。这个"道"就是"气"的存在和运动的依据;而现象界中"气"的种种运动表现,只不过是"道"发挥其作用的具体体现。这就是"必有其根,其气乃生"。这个作为"气"的主宰与依据的"道",并非精神性的宇宙本原,而如韩非所讲的"道"那样,应该是宇宙普遍规律的一种抽象。这样

---

① 张岱年:《中国古典哲学概念范畴要论》,中国社会科学出版社1987年版,第25页。参见张岱年:《中国古代本体论的发展规律》,《社会科学战线》1985年第3期。

解释,便与唯心论的宇宙起源观点区分开来。①

然而,"翻然自化"的元气论,与规律性的"道本体"说相互协调,可以解释天地的起源,却无法解释皇权制度的天然合法性。换言之,无论元气论还是道根说,都无法推导出"天命立君"的结论,于是王符又不得不请出人格化的意志之天:"太古之时,烝黎初载,未有上下,而自顺序。天未事焉,君未设焉。后稍矫虔,或相陵虐,侵渔不止,为萌巨害。于是天命圣人使司牧之,使不失性。四海蒙利,莫不被德,会共奉戴,谓之天子。"(《班禄》)于是,在社会政治领域而言,王符便背离了他的元气学说立场,这是其哲学体系中无法避免的理论局限。当然,这种矛盾并不仅仅是王符个人的局限,而是那个时代思想家很难超越的难题。

(六) 法治主张的历史特色

王符的法治思想,在书中占有重要地位。《衰制》、《述赦》、《三式》和《明忠》四篇集中阐述了对法治的诉求。从中可以看出,先秦法家思想中"现实主义"的积极因素得到继承和光大,形成了相对完整的法治主张,开启了东汉后期社会批判思潮的法家倾向。

1. 东汉中后期法治思潮抬头的原因

究竟是基于怎样的原因,王符才如此关注和呼吁法治主张? 法治思想缘何成为东汉后期一种弥漫朝野的社会思潮? 这本身是值得研究的。海外学者陈启云曾经一针见血地指出:"后汉儒者中的法家面对的是日渐得势和难以驾驭的地主、豪门大族以及其他有特权的社会集团,这些势力削弱了地方和中央政府有效的行政

---

① 当然,王符对此的表述仍欠严谨,例如他说"是故道之为物也,至神以妙;其为功也,至强以大"(《潜夫论·本训》)。似乎又回归到先秦道家原来的水平上。

管理。"如前所述,王符生活的时代,皇权受到来自多方面的挑战,国家政治走向衰败。其中关键的症结,首先就体现为外戚宦官轮流弄权,导致了君权旁落。

在这个阶段,先有邓太后的专权,而后安帝亲政,又委权亲信。《后汉书·安帝纪》记载:"孝安虽称尊享御,而权归邓氏","然令自房帷,威不逮远。"安帝宠信纵容乳母及其女伯荣,引起清流派朝官的焦虑,大臣陈忠直谏道:"伯荣之威重于陛下,陛下之柄在于臣妾。"汉顺帝时,宦官权力炙手可热,如中常侍张防"卖弄权势,请托受取",中常侍孙程"干乱悖逆","声势振天下"。顺帝对外戚梁氏也是"尊以高爵","荣显兼加"(《后汉书·李固传》)。《后汉书·顺帝纪》的赞语说:"观夫顺朝之政","何其效僻之多与?"范晔批评顺帝"匪砥匪革,终沦嬖习",对宦官外戚猖獗和皇权旁落的政治颓势颇为感慨。司马光也批评道:"顺帝援大柄,授之后族,梁冀顽嚚凶暴,著于平昔,而使之继父之位,终于悖逆,荡覆汉室。"(《资治通鉴·卷五十二》)《后汉书·桓帝纪》的赞语批评桓帝纵容宦官,为非作歹,"五邪嗣虐,流衍四方","政移五幸,刑淫三狱"。可见,东汉中后期皇权与外戚、宦官之间的权力平衡被打破,昔日强大的皇权早已成为历史,君主处于被宦官外戚操控的傀儡境地。

其次,吏治败坏,民不聊生。由于皇权的衰微,外戚与宦官之间走马灯似的权力转换,加剧了东汉政治腐败的进程,朝廷对官吏的行政管理和法律控制,几乎成为一纸空文。伴随着社会矛盾的激化,民间反抗黑暗政治的小规模起义也连绵不断。安帝时大臣陈忠上奏说:"臣窃见元年以来,盗贼连发,攻亭劫掠,多所伤杀。夫穿窬不禁,则致强盗;强盗不断,则为攻盗;攻盗成群,必生大奸。故亡逃之科,宪令所急,至于通行饮食,罪致大辟。而顷者以来,莫以为忧。"(《后汉书·陈忠列传》)典型的民变是安帝永初年间沿海张伯路起义,"寇滨海九郡,杀二千石、令、长",辗转数年才被镇压下去。在皇朝进入衰乱之世的背景下,只有加强法治,建立起各种行为规范,才可能整顿吏治,稳定社会秩序,巩固皇朝统治。

正是基于严酷现实所激发的这种忧患意识,使王符突破了当时士大夫所崇尚的儒家德治主义模式,转而关注法家的许多观点和主张。他从先秦法家著作中吸纳了若干经典性的观念,提出法治的鲜明诉求。正如学者所指出,"法家传统的长处在于它对国家和公共问题的注重实用的看法;短处在于维护君主唯我独尊的权力和要求臣民卑躬屈节的服从。"① 对这两个方面,王符的论述都有不同程度的体现。

2. 法治的依据、宗旨和目的

关于立法的原则,王符认为,国家立法首先要以人情为根据。他说:"先王因人情喜怒之所能已者,则为之立礼制而崇德让;人所可已者,则为之设法禁而明赏罚。"(《断讼》)就是说,立法要从人的情感、需求和行为的实际情况出发,考虑到人性的承受能力,才能发挥法治的现实作用。

立法要尚公。他说:"夫国君之所以致治者,公也,公法行则轨乱绝。佞臣之所以便身者,私也,私术用则公法夺。"(《潜叹》)又说:"王法公也,无偏无颇,亲疏同也。"(《释难》)历史上法家的公私观由吴起首创,后来慎到用普遍形式提出立公弃私论。所谓"公",是代表统治阶级整体意志的国家利益,维护"公"的法是公法;私则是君主个人或官僚贵族的一己之利,所以公高于私。王符的主张,是用法律形式来确定统治阶级的整体利益,反对君主以一己之私利来乱法毁政。

---

① 陈启云:《中国古代思想文化的历史论析》,北京大学出版社2001年版,第221页。

除了尚公外,立法宗旨还包括劝善惩恶的伦理要求。"夫立法之大要,必令善人劝其德而乐其政,邪人痛其祸而悔其行"(《断讼》)。真正的法治,应该是"劝善惩恶,诱进忠贤,移风易俗"之法(《三式》)。

立法要根据社会的变化,及时做出调整。法家素来主张立法要适应时代社会的发展而不断变化,如《韩非子·心度》说过"法与时移而禁与能变"。《断讼》篇回顾了西汉高、文两朝"制三章之约"、"除克肤之刑"的情形,明确提出"文罪之法,轻重无常,各随时宜"。

还要通过立法和执法来严明吏治。鉴于东汉官场上的黑暗混乱状况,官员多"不奉遵礼法","窃君威德,以陵下民","偷进苟得,以自奉厚"(《忠贵》),"奸谀以取谄,挠法以便佞"(《务本》)。总之,这些人骄奢淫逸,凭借权势欺压百姓,横行霸道,败坏了朝廷政治。所以要借助于法治整肃的手段,令群臣之奸邪者"固必伏罪"(《述赦》),以此来澄清吏治。就终极目的而言,是"欲绝诈欺之端,必国家之法,防祸乱之原,以利民也"(《断讼》)。

立法的意义还在于防范民众犯上作乱。《衰制》篇说:"民之所以不乱者,上有吏;吏之所以无奸者,官有法;法之所以顺行者,国有君也;君之所以位尊者,身有义也。义者,君之政也,法者,君之命也。""法制明则民畏刑,法制不明而求民之行令也,不可得也"。《述赦》篇云:"法令行则国治,法令弛则国乱","擒灭盗贼,在于明法"。

要达到上述目的,首先要执法必严。在《三式》篇中,他批评了朝廷用法不严的危害,指出"今者刺史守相,率多怠慢,违背法律,废忽诏令,专情务利,不恤公事",究其原因,"此皆太宽之所致也"。他认为,"法令赏罚者,诚治乱之枢机也,不可不严行也"。法纪手段就要富有威慑力,"罚不重则恶不惩","故凡欲变风改俗者,其行赏罚者也,必使足惊心破胆,民乃易视"。只有通过"痛诛无状",才能够"威奸、惩恶、除民害",使得"一人伏正罪而万家蒙乎福"(《断讼》)。他还针对议者"必将以为刑杀当不用,而德化可独任"的谬论加以批驳,认为"此非变通者之论也,非淑世者之言也"。他举例说:"上圣不过尧、舜,而放四子;盛德不过文、武,而赫斯怒。"(《衰制》)

对于东汉朝廷采用频繁赦免的办法来缓和社会矛盾,王符并不赞成。他撰写了《述赦》篇,集中谈论这个问题。在他看来,对于那些"性恶之人","居家不孝悌,出入不恭敬,轻薄慢傲,凶悍无辨,明以威侮侵利为行,以贼残酷虐为贤",他们数陷王法,是"民之贼",即便赦免了,"虽脱桎梏而出囹圄,终无改悔之心"。可见,正是由于滥赦,才造成"恶人昌而善人伤"的局面。当然,王符并非重刑主义者,他说"凡立法者,非以司民短而诛过误,乃以防奸恶而救祸败"(《德化》)。又说先王制刑法,"非好伤人肌肤,断人寿命者也,乃以威奸惩恶除民害也"(《述赦》)。在《忠贵》篇里还批评了秦始皇"舍德任刑"的极端做法,这是他并不推崇重刑主义的直接证明。

3. 法治思想的核心:再振君权

东汉中后期政治的焦点问题是君主权威失落和戚宦弄权,由此造成君主无权状态。因此,当谈到运用法治来稳定统治秩序的话题时,王符最为关注的是统治阶级内部的权力矛盾,他将视线的焦点始终定格在君与臣的关系上,将批评矛头对准威胁到君权的宠臣贵戚,主张君主用法治手段来重振君主权威。这方面的法治论说,是书中着墨最多的。在《衰制》、《明忠》两篇中,分别集中讨论了君主如何运用法术的问题。前篇的重心是用法,后篇的重心是用术。

首先,王符强调君主与立法的关系。他明确主张将立法权归之于君主,开篇首段就说到"君立法"。又说:"法者,君之命也。人君思正以出令,而贵贱贤愚莫得违也,则君位于上,而民氓治于下矣。"(《衰制》)"且夫法也者,先王之政也;令也者,己之命也。先王之政所以与众共也,己之命所以独制人也,君诚能授法而时贷之,布令而必行之,则群臣百吏莫敢不悉心从己令矣。己令无违,则法禁必行矣。"(《衰制》)也就是说,法有两重性,一方面,"与众共"就是说法律的公开性;另一方面,法又具有最高权力者的意志色彩,即独断性。君主要透过控法来控权,所以"政令必行,宪禁必从,而国不治者,未尝有也"。这就叫做"一弛一张,以今行古",是典型的"轻重尊卑之术"。他又说:"夫法令者,君之所以用其国也。"(《衰制》)这些都与先秦法家"生法者,君也"的说法如出一辙。

上面这几句话的意思,都是说明法令出自于君主意志,最高立法权是君主权力的基础,是君主统治国家的根据所在。他又用反证法来说明这个道理:"人君出令而贵臣骄吏弗顺也,则君几于弑,而民几于乱矣。""君出令而不从,是与无君等。主令不从则臣令行,国危矣。"(《衰制》)

如何让法令保持权威性,做到令行禁止呢?《明忠》篇指出:"法禁所以为治也,不奉必乱","法之奉与不奉,其秉皆在于君,非臣下之所能为也。是故圣人求之于己,不以责下"。可见,君主在行法过程中的作用是决定性的,行法的关键也还在于君主权力主体。

行法的根本要求是君主奉法、信法和尊法。除上文所说奉法之柄在于君之外,他还说:"法以君为主,君信法则法顺行,君欺法则法委弃。"(《本政》)君主行法,不能以私害公,"明王审法度而布教令,不行私以欺法,不黩教以辱命,故臣下敬其言而奉其禁,竭其心而称其职。此由法术明而威权任也"(《明忠》)。

除了上述法范畴外,传统法治思想还包括了权、术层面,从商鞅、慎到和韩非子对此都有充分的论述。法家讲究君主控权的独断性,王符对此也是认同的。他继承法家思想,以保持君主集权为核心,提出"明操法术,自握权秉"(《明忠》)的八字方针。

人君必须使用法术来控驭臣民,用来保持权威。《衰制》篇云:"夫法令者,人君之衔辔棰策也,而民者,君之舆马也。若使人臣废君法禁而施己政令,则是夺君之辔策,而己独御之也。"这就是说,民众是君主的车马,法令提供强制性的行为规范和标准,是君主驾驭车马的缰绳和鞭子。在王符看来,假如臣僚擅自推行自己的政令,那么就等于夺过了君主驾驭用的缰绳和鞭子,独自驾驭车马了。只能是君主独控法权,而绝不容许臣僚分权,更不容许篡权。一旦出现"愚君暗主托坐于左,而奸臣逆道执辔于右",则距离"臣弑其君"不远了。所以,"妄违法之吏,妄造令之臣",是不可不诛杀的。

什么是"术"和"权"呢?王符说:"所谓术者,使下不得欺也;所谓权者,使势不得乱也。"(《明忠》)这里的定义,显然削弱了先秦法家观点中的阴谋色彩,主要还是退让和防御性的,目的只有一个,就是希望帮助维护传统的集权体制。他认为,假如术和权两者都用得好,"则虽万里之外,幽冥之内,不得不求效;权诚用,则远近亲疏,贵贱贤愚,无不归心矣"。殷鉴不远,他专门还援引周朝末年王权"孤蔽于上",遂至"衰微侵夺而不振"的教训,以此来警示东汉统治者。

君主用"术"的要害,在于"威"和"利"两个字。他说:"夫帝王者,其利重矣,其威大矣。徒悬重利,足以劝善;徒设严威,可以惩奸。乃张重利以诱民,操大威以驱之,则举世之人,可令冒白刃而不恨,赴汤火而不难,岂云但率之以共治而不宜哉?"(《明忠》)这里可以嗅到法家权谋气息,将人臣看成君主治理的工具,是传统法

家思想的糟粕:"若鹰,野鸟也,然猎夫御之,犹使终日奋击而不敢怠,岂有人臣而不可使尽力者乎?"(《明忠》)

在处理君臣关系这对矛盾时,运用之妙全在于君主的权术高低。他说:"夫神明之术,具在君身,而君忽之,故令臣钳口结舌而不敢言。此耳目所以蔽塞,聪明所以不得也。"(《明忠》)那些昏庸之主,往往是将"制下之权,日陈君前,而君释之",导致群臣"懈弛而背朝"。这正是君主的威德不能够远照,而功名无法建立的原因所在。

4.德法互补的体系建构

陈启云曾一针见血指出,东汉后期"这些倾向于法治的儒者,主张从严执行法律,只是作为治理国家的最后手段……而不是最高理想"①。这些看法,对全面把握王符的法治主张是有启示意义的。

表面上,王符似乎接受了法家的主张,鼓吹加强法治来挽救衰世,认为凭着治国之术能够创建太平之世。但这并非他的根本理念,他并没有在这条思路上走向极端,而是清醒地认为,尚法毕竟只是治理国家最低层次的手段。要真正使国家治理臻于化境,实现理想政治局面,最终还得靠德治手段。

倘若单纯依靠法治,"赏重禁严",君主治国能走多远呢?这就涉及到法律和刑罚手段的局限性问题。他说:"法令刑赏者,乃所以治民事而致整理尔,未足以兴大化而升太平也。"(《本训》)要追求传说中三王之治,达到先王治国的"极功","必先原元而本本,兴道而致和,以淳粹之气,生敦庞之民,明德义之表,作信厚之心",要"敦德化而薄威刑"(《德化》),"然后化可美而功可成也"(《本训》)。

---

① 陈启云:《中国古代思想文化的历史论析》,第201页。

王符细致区分了王者治民事和治民心的分工,《德化》篇云:"是故上圣不务治民事而务治民心。"为什么呢？这是两者效果的背离所决定的。假如说理想之世的民众能够做到"务厚其情而明则务义,民亲爱则无相害伤之意,动思义则无奸邪之心",那么,这种局面的到来,"非法律之所使也,非威刑之所强也,此乃教化之所致也"。由此,他提出"圣人甚尊德礼而卑刑罚"的结论,并且以虞舜治国实践来加以证明。认为执法"非以司民短而诛过误",而是为了"防奸恶而救祸败,检淫邪而内正道"(《德化》)。

至此,王符对法治的看法已经很清楚:在朝政衰落的年代,不可能像传统法家主张的那样,大幅度改革经济和政治体制,而只能在现存的体制内,通过法制手段控制吏民,更有效更实际地行使皇权,实现朝政的重新振作。这便是王符从法家思想资源里所开掘出的改良方案。

(七) 王符的社会批判精神及其影响

1. 开创东汉批判之风的思想先驱

从两汉思想史的轨迹看,思想家对时局的态度及其政治取向,经历了复杂的演变过程。大体说来,西汉时期从董仲舒到杨雄,主要是以维护和颂扬当朝政为主调,这也是他们所处时代各种因素聚合的结果。到了东汉前期,朝廷政治振作进取,国家经济和社会治理均展现了盛世气象。生逢其时的思想家为社会进步所鼓舞,同样禀承了颂扬时代的汉家传统,无论是班固还是王充,都是满腔热情歌颂盛世文化和清明政治,堪称典型之作的有王充《论衡》书中的《须颂》、《宣汉》等篇目。

进入东汉中期,政治形势急剧变动,"东京和安之后,大权旁落,君主势微,外戚宦官窃柄乱政"①,催生了思想家群体的忧患意识。作为民间思想家,王符奋笔直书,发起对时政和社会弊端的激进批判。如同陈启云所论,他对那个时代的特殊困境,"表现出了非凡的敏感性,有勇气和正义感去批评朝廷政治和维护儒家正统的观点"②。史家的分析,彰显了王符思想体系最突出的特征,即社会批判精神。

两汉时期,经学思潮笼罩学术界,今文经学一方面讲"天人感应"和君权神授来维护皇权;但另一方面,他们也讲天谴论,用神权制衡君权。例如,董仲舒、刘向、京房、匡衡、桓谭等著名经学家都利用经义和灾异说批评时政。从王符的思想实践中不难看出,今文经学家的思想观念乃至其思想方法,对其从事的社会批判也有许多影响。其中显例就是他多次讲到"天心",讲到"天人",利用皇天权威来指斥现实政治。当然,在更多情况下,王符是运用儒家政治伦理,以及理性分析和历史对比方法来进行具体的褒贬。

在上述精神力量的支持和激励下,王符虽为布衣处士,却敢于担当社会批判的使命,面对强大的专制政治体制,上至天子三公王侯贵戚,下至令长乡吏阀阅豪右,进行正面、直接、强烈的抨击。他把批判矛头指向帝王昏聩、吏治腐败、外戚宦官弄权、选举不实、羌战误国、弃边失策等政治现象,以及民风浮侈、末业伤农、迷信盛行等社会现象,直接开启了东汉晚期社会批判思潮。

王符去世不久,汉桓帝也撒手人寰,随后灵、献诸帝依次登场。这几位末世皇帝,的确是一代不如一代。东汉晚期的半个多世纪中,先是朝政腐败、宦官专权,后有民变骤起,军阀篡政,造成社会

---

① 萧公权:《中国政治思想史》,第三册,辽宁教育出版社1998年版,第300页。
② 陈启云:《中国古代思想文化的历史论析》,第221页。

失序,帝国每况愈下,一个以儒家大一统理论建立起来的专制皇朝,处于分崩离析之中。置身于这种严酷的社会危机当中,以履践儒家理想为己任的儒生和清流士大夫联袂而起,为挽救皇朝的命运,也为了谋求自身的政治出路,与外戚、宦官集团展开了殊死较量。波澜壮阔的党人斗争和惨绝人寰的党锢之祸,由此开启了序幕。

与这场历史巨变同步展开的,是东汉晚期思想界批判之风的蔚然兴起。这种思潮的兴起,在某种意义上,可视为朝野儒者对王符思想的弘扬和光大。一代"潜夫"议政所展现的理论勇气和思想锋芒,在随后崔寔、仲长统、徐干和荀悦等人言论和著作中激起了历史回声,获得了新的学术生命。①

先看崔寔,他是王符好友崔瑗之子,约生于公元120年,历经顺帝、桓帝和灵帝时期,卒于汉灵帝建宁三年(170年)。荀悦,生于汉桓帝建和二年(148年),卒于汉献帝建安十四年(209年)。徐干,生于灵帝建宁四年(171年),卒于献帝建安二十三年(218年)。还有仲长统,生于汉灵帝光和三年(180年),卒于汉献帝延康元年(220年),跟东汉皇朝同时谢幕。

阅读东汉晚期诸子后不难发现,从《潜夫论》到《政论》、《申鉴》、《中论》和《昌言》,思想家群体虽然地位悬殊,仕途穷达有异,但都有着相同的批判立场,他们的政治理念和主张是一脉相通的,

---

① 关于东汉晚期社会批判思潮的上述人物,过去都笼统的划分到东汉末年里面,这种长达百年的末世说法令人难以信服。(见任继愈主编的《中国哲学发展史》秦汉卷,687页。)笔者主张将东汉划分为前期、中期和晚期三个阶段。光、明、章、合为前期,安、顺为中期,桓、灵、献为晚期。这样,王符为中期人物,崔、荀、仲等均生活在晚期。

并且前后相连,不断推进、丰富和发展。①

其一是直面政治危机,批判外戚宦官乱政。如崔寔纵论东汉政治危机:"自汉兴以来,三百五十余岁矣。政令垢玩,上下怠懈,风俗雕敝,人庶巧伪,百姓嚣然,咸复思中兴之救矣。"(《政论》)仲长统认为,乱政危害甚烈,"宠幸佞谄,壅蔽忠正者也;骄贵外戚,淆乱政治者也;此为疾痛在于膏肓,此为倾危比于累卵者也。然而人臣破首分形,所不能救止也"(《昌言》)。汉献帝时,荀悦抨击朝廷的佞臣:"人臣有三罪,一曰导非,二曰阿失,三曰尸宠。"(《申鉴》)

其二是对帝王政治的鞭挞,以及对治国政策的检讨。如荀悦论九种政风:"惟察九风以定国常。一曰治,二曰衰,三曰弱,四曰乖,五曰乱,六曰荒,七曰叛,八曰危,九曰亡。"(《申鉴》)其中,八种均是主荒政乱的类型。再如仲长统指斥"人主有常不可谏者":"一曰废后黜正,二曰不节情欲,三曰专爱一人,四曰宠幸佞谄,五曰骄贵外戚"。他径直指斥当朝君臣是"昏乱迷惑之主,覆国亡家之臣"(《昌言》)。

其三是对社会问题的揭露,提出各种对策性主张。如崔寔揭露奢侈性消费破坏农业生产:"且世奢服僭,则无用之器贵,本务之业贱矣。农桑勤而利薄,工商逸而入厚,故农夫辍耒而雕镂,工女投杼而刺文。躬耕者少,末作者众,生土虽皆垦义,而地功不致,苟无力穑,焉得有年?"(《政论》)王符曾提到中期社会已出现的"多务交游以结党助"的不良风气,及至晚世,此风愈炽。对此,徐干进一步给予尖锐抨击,由于"上无明天子,下无贤诸侯。君不识是非,

---

① 有的研究者误将这几位批判学者,归结为"一批在野的儒生","游学乡里、著书立说"(见《哲学研究》2006年第11期罗传芳文),殊误。其实,除了王符之外,徐干做过五官中郎将文学,除上艾长。崔寔做过五原郡和辽东郡太守、尚书。荀悦担任过朝廷的黄门侍郎、秘书监等职。仲长统官至尚书郎、参丞相曹操军事。

臣不辨黑白",放纵了末世交游恶俗,"桓灵之世,其甚者也,自公卿大夫,州牧郡守,王事不恤,宾客为务,冠盖填门,儒服塞道"。"详察其为也,非欲忧国恤民,谋道讲德也,徒营己治私,求势逐利而已"。他提出釜底抽薪的改良办法,就是"不以交游导民","不以交游举贤"(《中论·谴交》)。

这些锋芒毕露的批判言辞,有些是直接与王符相呼应的,有些则是随着社会危机的加剧而深化。与当年王符还有些相对乐观的期待相比,晚期诸子言论无疑是一曲悲观的政治挽歌。如学者所比较的那样:"王充在前期,重视汉代的功德,认为'周不如汉',主张'宣汉'。王符在中期,社会问题很多,政治腐败,已有千疮百孔,亟待整治。仲长统在后期,东汉统治已到穷途末路,只能垂死挣扎,无力回天,认为到了三部曲的最后一曲,敲响丧钟。"①诸子的思想,反映了东汉不同时期时代精神的精华;他们的批判言论,"是一面忠实的镜子,以清醒的理性对现实的危机作了大胆的揭露,深刻的分析"。②

还值得关注的,是正史记载中的回响。南朝范晔撰写东汉史时,极为重视王符的社会批判思想。他在王符传记中完整收录了《潜夫论》的五篇文章,内容与传世本基本一致,仅有几处文字略有出入。基于诸子思想的共同特征,将王符与王充、仲长统合传,又用较大篇幅在论赞中评论了他们"详观时蠹,成昭政术"的社会批判。范晔认为,他们都继承了诸子百家激扬议政的传统,虽然对其理论的激进程度有所保留,但主调上还是充分肯定了诸子的深度思考和社会关怀。

---

① 周桂钿:《秦汉思想史》,河北人民出版社2000年版,第417页。
② 任继愈主编:《中国哲学发展史》秦汉卷,人民出版社1985年版,第713页。

唐代韩愈著《后汉三贤赞》云:"王符节信,安定临泾。好学有志,为乡人所轻。愤世著论,《潜夫》是名。《述赦》之篇,以赦为贼良民之甚,其旨甚明。皇甫度辽,闻至乃惊,衣不及带,屦履出迎。岂若雁门,问雁呼卿?不仕终家,吁嗟先生!"赞辞推崇之情,溢于言表。

清人的评价,也同样看重王符的社会批判成就。《四库全书总目提要》认为:"符书洞悉政体似《昌言》,而明切过之;辨别是非似《论衡》,而醇正过之。前史列之儒家,斯为不愧。"《四库全书简明目录》写道:"符遭逢乱世,以耿介忤俗,发愤著书。然明达政体,所敷陈多切中得失,非迂儒矫激务为高论之比也。"嘉庆时期的汪继培,是历史上《潜夫论》的第一位注家,对王符思想的洞悉又深入一层,他在推重王符思想成就的同时,还对其身世有一番慨叹:"符以边郡一缝掖,闵俗陵替,发愤增叹,未能涉大廷与议论以感动人主,又不得典司治民以效其能,独蓄大道,托之空言。"①时隔千载,仍为其未能一展平生抱负而惋惜。

现代研究者更深刻揭示了王符社会批判的历史意义。侯外庐充分褒扬王符的进步立场,认为这位理论家是"进步的,有人民性的思想家",王符的命题,"成为中世纪的有价值的遗产"。② 当代学者李敖也十分推重王符的批判勇气:"这些大胆的言论,千载之下,还令我们崇敬。"③

2. 历代布衣之士社会批判的文化楷模

王符是以时代问题批判者的角色,彪炳于汉代思想史册的。直面社会,敢说真话,他在思想史上树立了独到的"潜夫议政"传

---

① 汪继培:《潜夫论笺注》序,上海古籍出版社1978年版。
② 侯外庐主编:《中国思想通史》,第2卷,人民出版社1957年版,第430页。
③ 李敖:《中国名著精华全集》序,台湾文津出版有限公司。

统。王符的布衣论政实践,的确为历代在野知识分子著书立说、大胆进行社会批判,起到了"导夫先路"的引领作用。

概括地说,王符从事社会批判的心路历程和特点,一是对布衣身份的自我体认。他在书中反复说到这一点,《叙录》中说:"阘茸而不才,无器能当官,未尝服斯役,无所效其勋",并以"刍荛"自居。但是,与仕途无缘的布衣生涯,并没造就他无法摆脱的自卑心态;相反,儒家"以德抗位"的传统,赋予王符一种自我认同的精神归宿:"惟有古烈之风,志义之士,为不然尔。……心有所矜,贱而益笃","故岁寒然后知松柏之后凋,陁隧然后知其人之笃固也","未可以富贵骄贫贱,谓贫贱之必我屈也"。"富贵未必可重,贫贱未必可轻"。这些说法,虽非直接表达王符个人境遇,但无疑包括了作者的自况。

面对命途多舛的遭际,王符怀才不遇,心潮难平。他痛切地指出,时君以"贤皆无益于救乱"谬见,失却了岩穴之中的贤人志士,那必将为此付出惨重代价,"因废真贤不复求进,更任俗吏,虽灭亡可也"(《思贤》)。蕴愤之词,溢于言表。

二是虽居下位而不能忘情政治的救世、淑世心态。他以治世之才自视,"处子虽躬颜、闵之行,性劳谦之质,秉伊、吕之才,怀救民之道","处位卑贱而欲效善于君","忧心相瞰",却"不见资于斯世"。但是,"士之志量,固难测度",他仿效左丘明撰《左传》为后世立言的行迹,著书立说,"前纪帝王,顾定百世",提出"将修太平,必循此法"的为政设计,希冀治国者能够"咨询刍荛",使"愿忠之士"得以"效其勋"。同时,岩穴之士"修德见于世",他们"守志于一庐之内,而义溢乎九州之外,信立乎千载之上,而名传乎百世之际"(《遏利》)。

三是对潜夫横议之合法性的看法。由于在位者"好蔽贤而务进党","郊野之贤"被隔绝于九重宫阙之外,"终不得遇"。那么,他们"假仁效己"、"裁量执政"(《后汉书·党锢列传·序》),便有了合理性。目睹主荒政谬种种情景,"诚可愤诤!"(《叙录》)正如他激愤的反诘之辞:"如何弗议?"(《叙录》)他指斥"欺诬细民"的迷信阴霾"何足信哉?"他援用当年孟子挺身捍卫儒学的措词,申明自己的求真态度:"予岂好辩?将以明真。"(《叙录》)正如前人所揭示的,王符确实是"以贤者自居,照察汉代的奸邪世界"。①

四是他空想那种超越俗世之利害的性灵解放,为后来玄学兴起埋下了伏笔。在王符生活的时代,道家思潮的发展趋向,一方面是日益与民间思潮相结合,呈现了向早期道教的演化趋势;另一方面,则与儒家互动互补,逐渐渗入汉代士人的心灵志趣层面。试看他在《交际》篇展示的人生境界:"鸿鹄高飞,双别乖离,通千达万,志在陂池。鸾凤翱翔黄历之上,徘徊太清之中,随景风而飘飘,时抑扬以从容,意犹未得,嗟嗟然长鸣,蹴号振翼,陵朱云,薄斗极,呼吸阳露,旷旬不食,其意尚犹嗛嗛如也。"字里行间,道家风骨依稀可见。在汉晋历史上,兼采儒道塑造士人尤其是失意士人的精神世界,王符算得上一位滥觞者。那以后,中世纪的布衣士人多循此寻找精神归宿,这也成为文化史上的常态。

在中国文化史上,像王符这样以一介布衣身份,留下名作传世并开创社会批判风气的,实不多见。尤为可贵的是,这种传统从此不绝如缕,代有传人。后代学者以潜夫身份议政立说,在思想史上留下名作佳话的,起码可以开出这样一组人物名单:

唐末,有隐士著《无能子》三卷;

宋元之际,隐士邓牧作《伯牙琴》;

明代,学者陈士元自命为"江汉潜夫",撰述有《梦占逸旨》、

---

① 侯外庐主编:《中国思想通史》,第2卷,第436页。

《姓汇》等;①

清初,思想家唐甄著有《潜书》、《潜文》、《潜诗》等。

清末,有宋恕的《卑议》。

唐末无能子的名字已失传,他自少年时起,即博学寡欲,擅长哲学思辨,似曾游宦,并授徒讲学。后避黄巢起义战火,四处漂泊,生活艰难。光启三年(887),游寓左辅(今陕西东南部)隐居民间,著《无能子》一书,指责君主专制制度违反自然,提倡道教的服气和坐忘修炼法,并宣扬儒家的宿命论、仁义道德和近似佛教禅宗思想的"无心"。

邓牧(1247~1306),生活在宋元之际,自称"三教外人"。邓牧有政治抱负,并热心仕进,但仕途不顺。32岁时,元灭南宋,他决心不与元统治者合作,寄身幽谷,浪迹山林。元成宗大德三年(1299年),邓牧到余杭山中的洞霄宫隐居。玄教大师吴全节奉元朝命令,请邓牧出山,他严词拒绝。《伯牙琴》是宋亡后他隐居时的作品,主张君民相安,一律平等,各司其职,安居乐业。《洞霄图志》中附有《邓文行先生传》。

唐甄(1630~1704),明末清初的思想家。清顺治十四年(1675)中举人。曾在山西长子任过10个月的知县,后流寓江南民间,靠讲学卖文维持生活。《潜书》原名《衡书》,意在权衡天下,后因连蹇不遇,深受王符的影响,遂更名《潜书》。此书"三十年而成",宗旨是"愤吊世故,警宪邦国"(《潜书序》),"以康国济民为意"(《上孙寺丞书》)。唐甄吸取明末教训,抨击君权专制,倡导以民为本,旨在善政养民,摒弃程朱理学,以实学济世扶危。

唐甄对君主专制制度进行大胆的揭露和批判。他指出,皇帝

---

① 陈士元《梦占逸旨》等书,见北京图书馆藏明万历自刻《归云别集》本,《四库全书存目丛书》,子部,第一七九册。

是一切罪恶的根源："川流溃决，必问为防之人，比户延烧，必罪失火之主，至于国破家亡，流毒无穷……，非君其谁乎？"（《潜书·远谏》）。进而提出"抑尊"即限制君权的主张，要求提高大臣的地位，使他们得以"攻君之过"，"攻宫闱之过"，"攻帝族、攻后族、攻宠贵"之过。他发展了民本思想，强调民是国家的根本。书中指出，国防靠民来巩固，府库靠民来充实，朝廷靠民来尊崇，官员靠民来养活。君主只有爱民才能长治久安。否则，纵然"九州为宅，九川为防，九山为阻，破之如椎雀卵也"。他还提出了爱民、保民、富民的具体主张，提倡为民的功利主义，反对理学家们"儒者不计其功"的说法。《潜书》在当时很受重视，"每一篇出，人争传写"。

到明清之际，启蒙思想家王夫之隐身山林间写作《读通鉴论》，同样因循了王符很多观点。仅以评价新汉之际的刘崇、翟义为例：

《潜夫论·本政》："自成帝以降，至于莽，公卿列侯，下讫令尉，大小之官，且十万人，皆自汉所谓贤明忠正贵宠之臣也。莽之篡位，惟安众侯刘崇、东郡太守翟义思事君之礼，义勇奋发，欲诛莽。功虽不成，志节可纪。夫以十万之计，其能奉报恩，二人而已。"

王夫之重评这段历史时，曾写道："刘崇、翟义、刘快败死而后王莽亡。……二刘、翟义不忍国雠，而奋不顾身，以与逆贼争存亡之命，非天也，其志然也；而义尤烈矣。义知事不成而忘其死，智不逮子房而勇倍之矣。当莽之篡，天下如狂而奔赴之，孔光、刘歆之徒，援经术以导谀，上天之神，虞舜之圣，周公之忠，且为群不逞所诬而不能白。义正名其贼，以号召天下于魔魅之中，故南阳诸刘一起，而莽之首早陨于渐台。……而义也、崇也、快也，自输其肝脑以拯天之衰而伸莽之诛者也。不走而死，义尤烈哉！"（《读通鉴论》卷五）

显然，王夫之极力表彰刘、翟，推崇其志节，是受到王符的影响，甚至连措词也非常相似。

宋恕(1862—1910)，字平子，号六斋，清末著名思想家。他目睹清帝国末期社会的黑暗，穷读古今中外之书，探寻国家兴乱之机。曾两次上书张之洞和李鸿章，痛陈时势，以图变革。著有《六字课斋卑议》、《六字课斋津谈》等书，并发表了一系列的政论和杂谈。其代表作《六字课斋卑议》，仿效王符"潜夫"论政风格，纵览古今中外，出入经史子集，提出在当时堪称先进的维新变法思想主张。初稿一出，即被目为惊世骇俗，在晚清维新变法之前，有着极大的影响。俞樾、王修植为写《后书》，梁启超将其列入《西学书目表》，俞樾称之为"实《潜夫论》、《昌言》之流亚也"。①

综上，追溯中古历史上布衣学者前后相继的批判思潮，及其承传与发展的内在理路，就足以看出，王符所著《潜夫论》的确是"开其端"，以后诸人诸书则"继其统而扬其绪"，由此彰显了社会批判思想的发展脉络及其可贵价值，展现了中古文化中优秀的思想传统。

3. 社会批判思想的超越性及其现代意义

"萧瑟秋风今又是，换了人间"。站在新世纪的高度，回眸汉代思潮，人们不禁要问：王符的社会批判精神还有现实意义么？

回答是肯定的。我们知道，优秀文化传统的传承是任何一个民族文明发展的动力和前提，思想者所承载的社会批判功能并没有穷期，它其实应该是思想界万古常新的主题。中外思想界认为，社会批判永远是知识分子的天职之一，激进思想家来充当社会的牛虻，可以提高社会机体的免疫力和紧张度，便于为改革开道。正

---

① 《俞曲园师书后》，载胡珠生编：《宋恕集》，中华书局1993年版，第42页。

如当今学术界的探讨所昭示的那样，知识分子凭借知识与理性的力量，铸造独立人格，恪守自由思想，方可以此为基点，坚持说真话，敢于抨击社会弊端，推动社会改良，从而助益于社会。正因为没有绝对的真理，才要求每个人坚守自己的思想阵地，以自己的独立人格和自由思想面对一切，只有这样，才能保证一个健康社会所需的理性引导。

具体言之，社会批判为一个健康社会所必须具备的思想机制。人类对理想社会的追求永远没有止境，当下社会总是不完美的，这就需要有理性的思想来引导社会，树立更高更完美的社会模式和评判标准来引领政治进步，批评社会种种不尽如人意的地方，从而将社会引向更美好的未来。社会批判为一个社会提供改革的动力和支撑。社会批判者也是扬善惩恶、弘扬正气，抵制邪气的文明守望和建设者。

朱学勤曾指出，"真正的知识分子都是悲剧命运的承担者……他们要提前预言一个时代的真理，就必须承受时代落差造成的悲剧命运。"①随着改革开放的向深度发展，知识分子的批判功能将得到更充分的重视和发挥，王符时代"潜夫"横议的悲剧命运，终将成为遥远的过去。这也是我们"居今之世，志古之道"，重温汉代思想史获得的启示。

三 《潜夫论》的文化价值

王符及其《潜夫论》以其独到思想价值受到了后代学人的推重，《潜夫论》也被收入历代官方、私家藏书文献目录中，并成为历代学者加以品评和引述的汉代诸子名著。据统计，历代目录典籍

---

① 朱学勤：《思想史上的失踪者》，花城出版社1999年版。

如《隋书·经籍志》、《旧唐书·经籍志》、《唐书·艺文志》、《宋史·艺文志》、《崇文总目》、《郡斋读书志》、《中兴馆图书目》、《直斋书录解题》、《四库全书总目提要》、《四库全书简明目录》、《郑堂读书记》、《郑堂读书记补遗》等,均有著录和评述。

王符书中的一些警策言论,屡被后世引用。例如唐初魏征编撰的《贞观政要》中,魏征对唐太宗说过:"兼听则明,偏信则暗。"①在传统政治史上,这句话名气很大,很多人误解为魏征首创的名句,其实来源于《潜夫论·明暗》篇。

以《四库全书》所收入的历代典籍为例,其引述王符和《潜夫论》的频度很高,达到540余次。其中,有对《潜夫论》作整体评价的,也有引述王符社会批判言论和人文思想的,还有些是引用、讨论王符书中关于传统制度、经学知识体系和姓氏史的各种论述资料。

(一) 史学价值

1. 时代镜子,社会万象

我们今天了解东汉中期历史,主要文献是《东观汉记》和《后汉书》,前者是官方史家的当代史记载,后者则是晚到六朝时期史学家根据东汉记载所作的加工。比较而言,王符此书则是当时来自民间的第一手见闻和描述,没有官方史家的那么多约束和忌讳,更接近了历史真实。书中所展现的东汉边疆战争、选举实况、民风民俗、官场内幕等,都是可以补足修正正史中欠缺或失真的部分,

---

① 贞观二年,太宗问魏征曰:"何谓为明君暗君?"征曰:"君之所以明者,兼听也;其所以暗者,偏信也。《诗》云:'先人有言,询于刍荛。'昔唐、虞之理,辟门明四目,达四聪。是以圣无不照,故共、鲧之徒,不能塞也;靖言庸回,不能惑也。秦二世则隐藏其身,捐隔疏贱而偏信赵高,及天下溃叛,不得闻也。"参见《贞观政要》卷一《君道》篇。

让后人得以借助于王符的观察和笔录,来更真切地触摸、感受东汉历史,因而《潜夫论》成为时代镜子,记录了当时的社会万象。

按照当代的史学理论,历史细节有时是复原历史的决定性元素。如西方史家赫尔德的"移情原则"认为,"为领悟一个民族的一个愿望或行动的意义,就得和这个民族有同样的感受;为了找到描述一个民族的所有愿望和行动的字句,要思索它们丰富的多样性,就必须同时感受所有这些愿望和行动"①。要同化于研究对象,必须要思索其行动,体验其经历,才能理解它们,悟得真谛。在当今时代,体验和理解愈来愈成为现代史学关注的史学方法论原则。展读该书,今人能够透过王符的叙述,体验其焦虑,感受其愿望,更细致入微地走近这段历史。

在《潜夫论》中这类展现历史细部的文字不在少数。例如《救边》:"今苟以己无惨怛冤痛,故端坐相仍,又不明修守御之备,陶陶闲澹,卧委天听。羌独往来,深入多杀,已乃陆陆,相将诣阙,谐辞礼谢,退云状,会坐朝堂,则无忧国哀民恳恻之诚,苟转相顾望,莫肯违止,日晏时移,议无所定,己且须后。后得小安,则恬然弃忘。"文章传神刻画了朝议边事时群臣转相顾望的场景,朝廷对羌战的无能颟顸、大臣明哲保身的众生相跃然纸上,把正史所未载的情况生动地传达给后人。又如《交际》篇针对俗士交往矫情的社会病态,进行犀利的精神透析:"世有可患者三。三者何?曰:情实薄而辞称厚,念实忽而文想忧,怀不来而外克期。不信则惧失贤,信之则诖误人。此俗士可厌之甚者也。"凡此,皆是具有感性印象的历史记录。

2. 史料珍贵,难得真实

学者早就发现,范晔写《后汉书》时,就采撷了《潜夫论》中的

---

① 赫尔德:《一种关于人类教育的历史哲学》。第五章。转引自卡西勒:《启蒙哲学》第234页,山东人民出版社1988年版,第224页。

记叙。例如《西羌传》中一段话:"时羌归附既久,无复器甲,或持竹竿木枝以代戈矛,或负板案以为楯,或执铜镜以象兵,郡县畏懦不能制。……羌既转盛,而二千石、令、长多内郡人,并无战守意,皆争上徙郡县,以避寇难。朝廷从之,遂移陇西徙襄武,安定徙美阳,北地徙池阳,上郡徙衙。百姓恋土,不乐去旧,遂乃刈其禾稼,发彻室屋,夷营壁,破积聚。时连旱蝗饥荒,而驱贼劫略,流离分散,随道死亡,或弃捐老弱,或为人仆妾,丧其太半。"熟悉《潜夫论》的读者,可以看出上述文字完全是脱胎于《实边》篇。① 又如《志氏姓》篇记载了东汉名士冯衍事迹,说他"字敬通,笃学重义,诸儒号之曰'德行雍雍冯敬通',著书数十篇,孝章皇帝爱重其文。"这与《后汉书》本传中所记"肃宗甚重其文"说法完全一致,但本传中却没有记载诸儒对他的评语,从而弥补了正史的欠缺。

《志氏姓》是《潜夫论》论姓氏文化的专篇,对中国姓氏及家族史的研究影响很大。唐代林宝撰《元和姓纂》,宋代罗泌撰《路史》,乃至清人的研究,都频繁引用了《志氏姓》的史料。

还要提到的是,大量引用儒家经典的语录,是《潜夫论》行文一大特点。由此,书中保存了两汉时代所广泛流传的"五经"的文本面貌,这为后世经学史研究提供了难得的流传史和训诂史资料。在《四库全书》和《续四库》经部的后世著述中,频繁辑录了《潜夫论》中对《诗》、《书》、《礼》、《易》、《春秋》的征引片段,后世经学家正是透过这些原始资料,来恢复汉代今古文经学的历史面貌。

---

① 《实边》:"前羌始叛,草创新起,器械未备,虏或持铜镜以象兵,或负板案以类楯,惶惧扰攘,未能相持。""太守令长,畏恶军事,皆以素非此土之人,痛不着身,祸不及我家,故争郡县以内徙。至遣吏兵,发民禾稼,发彻屋室,夷其营壁,破其生业,强劫驱掠,与其内入,捐弃羸弱,使死其处。当此之时,万民怨痛,泣血叫,诚愁鬼神而感天心。……民既夺土失业,又遭蝗旱饥匮,逐道东走,流离分散,幽、冀、兖、豫、荆、扬、蜀、汉,饥饿死亡,复失太半。"

(二) 文学特色

《潜夫论》的文学成就,历来得到学人的较高评价。刘熙载《艺概·文概》认为:"王充、王符、仲长统三家文,皆东京之佼佼者。"《四库全书总目提要》说:"符书洞悉政体似《昌言》,而明切过之;辨别是非似《论衡》,而醇正过之。"

王符对为文原则和风格,有不同流俗的见解。他在《务本》篇中曾针对当时社会流行的靡丽文风,提出过中肯的批评,并且正面阐述为文主张:"夫教训者,所以遂道术而崇德义也。今学问之士,好语虚无之事,争著雕丽之文,以求见异于世,品人鲜识,从而高之,此伤道德之实,而或蒙夫之大者也。诗赋者,所以颂善丑之德,泄哀乐之情也,故温雅以广文,兴喻以尽意。今赋颂之徒,苟为饶辩屈蹇之辞,竞陈诬罔无然之事,以索见怪于世,愚夫戆士,从而奇之,此悖孩童之思,而长不诚之言者也。"这段话,可以看做是作者为文原则的宣言。

从全书篇章结构和语言艺术看,《潜夫论》直接继承了先秦政论文的优秀传统,具有结构完整、分析精深、说理严密、修辞讲究、语言质朴不失生动的特色。正如王符自己所倡导的那样:"温雅以广文,兴喻以尽意",这两句话概括了全书的写作风格。

1. 援引史例为证,加强说服力和可信度

作者谙熟先秦两汉的人和事,能够根据所论观点,随机引用丰富史事来证明自己的看法。第一篇《赞学》,开篇就连续介绍了从黄帝到孔子11位名人师从贤者之事:"黄帝师风后,颛师老彭,帝喾师祝融,尧师务成,舜师纪后,禹师墨如,汤师伊尹,文、武师姜尚,周公师庶秀,孔子师老聃。"这就雄辩地说明了学习的重要性。

同篇讲到"学进于振而废于穷"时,写道:"董仲舒终身不问家事,景君明经年不出户庭,得锐精其学而显昭其业者,家富也;富佚若彼,而能勤精若此者,材子也。倪宽卖力于都巷,匡衡自鬻于保徒者,身贫也;贫陋若彼,而能进学若此者,秀士也。"这里连续举出董仲舒、京房、倪宽、匡衡等汉代名儒逆境中发奋苦学终于获得成功的事迹,说明了积极进取的学习态度是具有决定性作用的。

《贤难》篇中对世俗嫉贤风气的批判,也充分运用了以系列史事来证明观点的写法。他从范雎绌白起、公孙弘抑董仲舒、庞涓嫉孙膑到李斯加害韩非、晁错为袁盎所陷等事说起,又引证从帝乙、文王到屈原、贾谊、王章、王仁之事,短短一段文字当中出场的历史人物多达20余位,足见嫉贤之风由来之久、为害之烈。

根据笔者初步统计,《潜夫论》中所征引的先秦人物与汉代人物在数量上大体持平。全书注意将创新之论建立在丰富的事实基础上,强化了观点的可信度,令人为作者渊博的历史知识所折服。

2. 引证儒家经典,以明道析理

从先秦孟、荀开始,对儒家经典的引证逐渐成为议论文的传统。王符精通五经,兼习百家之学,在书中所引用的经典,有《周易》、《论语》、《诗》、《春秋》等。以首篇《赞学》为例,就引用了孔子"吾尝终日不食,终夜不寝,以思,无益,不如学也"、"耕也,馁在其中;学也,禄在其中"、"君子忧道不忧贫"等言论,说明君子求学乃是为"底其道而迈其德"的道理。

此外,书中还引用了不少民间谚语或格言,如"一犬吠形,百犬吠声"(《贤难》);"曲木恶直绳,重罚恶明证"(《考绩》);"痛不著身言忍之,钱不出家言与之"(《救边》);"一岁载赦,奴儿嚎嗟"(《述赦》)等。这些谚语虽浅显易懂,但说明了深刻的道理。

3. 贴切的比喻和鲜明的对比

被研究者屡加称道的比喻,当数《贤难》篇中"司原之佃"的故事。文中说:"昔有司原氏者,燎猎中野。鹿斯东奔,司原纵噪之。西方之众有逐狶者,闻司原之噪也,竞举音而和之。司原闻音之众,则反辍己之逐而往伏焉,遇夫俗恶之豨。司原喜,而自以获白瑞珍禽也,尽鸟豢单困仓以养之。豕俛仰嚘咿,为作容声,司原愈益珍之。居无何,烈风兴而泽雨作,灌巨豕而恶涂渝,豕骇惧,真声出,乃知是家之艾猳尔。"他说:"今观宰司之取士也,有似于司原之佃也。"这个生动的比喻,辛辣地讽刺了东汉日益走下坡路的察举征辟制度。

再如《思贤》篇批评那种治世不得真贤,"譬犹治疾不得真药也。治疾当得真人参,反得支罗服;当得麦门冬,反得烝穬麦。已而不识真,合而服之,病以侵剧,不自知为人所欺也。乃反谓方不诚而药皆无益于疗病,因弃后药而弗敢饮,而便求巫觋者,虽死可也"。这个所得非所求的治疾之喻,揭露了汉朝选士举贤传统日益异化的黑暗事实。他进而指出,"人君求贤,下应以鄙,与直不以枉。己不引真,受猥官之,国以侵乱,不自知为下所欺也。乃反谓经不信而贤皆无益于救乱,因废真贤不复求进,更任俗吏,虽灭亡可也"。这也正是怀才不遇的民间士人所深恶痛绝的政治痼疾。

对比手法的使用在书中也很常见。如《交际》在批判世俗交际心态时,采用反正对比的手法,先拈出"恕、平、恭、守"四原则,"世有大难者四,而人莫之能行也,一曰恕,二曰平,三曰恭,四曰守"。然后逐一就君子与凡品的大相径庭的态度进行鲜明的对比,以论"恕"为例,他写道:"所谓恕者,君子之人,论彼恕于我,动作消息于心;己之所无,不以责下,我之所有,不以讥彼;感己之好敬也,故接士以礼,感己之好爱也,故遇人有恩;己欲立而立人,己欲达而达人。"然后他笔锋一转,将凡品俗士的扭曲性做法公之于众,"凡品则不然,论人不恕己,动作不思心;无之己而责之人,有之我而讥之彼;己无礼而责人敬,己无恩而责人爱"。从而有破有立,将作者所倡导的立场充分展示开来。

4. 修辞格的使用

《潜夫论》全书以说理为宗旨，但作者很讲究修辞，有意识地使用了比喻、夸张、排偶等表现手法，使文章具有节奏乃至韵律的语言美，读来文采盎然。

书中对偶手法的运用非常多，如"道成于学而藏于书，学进于振而废于穷"、"国以民为基，贵以贱为本"、"以道事君，以仁抚世"、"前人以病，后人以竞"，这类语句，文字凝练，足以传世。

顶针格的使用。《本政》云："故君臣法令善则民安乐，民安乐则天心慰，天心慰则阴阳和，阴阳和则五谷丰，五谷丰而民眉寿，民眉寿则兴于义，兴于义而无奸行，无奸行则世平，而国家宁、社稷安，而君尊荣矣。"用这种修辞推导出君臣追求法令之功的社会意义，展现了作者关注民生的救世胸怀。《衰制》写道："是故民之所以不乱者，上有吏；吏之所以无奸者，官有法；法之所以顺行者，国有君也；君之所以位尊者，身有义也。"这种格式采用溯源方式将道义、国君、法令、官吏的制约顺序关系依次揭示出来，最后将问题焦点集中到君主个人道德水平上来，体现了中古伦理政治对王符的深刻影响。

排比也是书中擅长的修辞方法。《考绩》篇中云："夫剑不试则利钝暗，弓不试则劲挠诬，鹰不试则巧拙惑，马不试则良驽疑。"一口气使用了剑、弓、鹰和马四种事物为喻，有力地说明了效验思想，可谓气势夺人。

如《劝将》篇在诠解孙子用兵六大要素时说："是故智以折敌，仁以附众，敬以招贤，信以必赏，勇以益气，严以一令。故折敌则能合变，众附爱则思力战，贤智集则英谋得，赏罚必则士尽力，勇气益则兵势自倍，威令一则惟将所使。"这段话使用了富有变化的排比句式，从作用和收效两个层次上，阐发了智、仁、敬、信、勇、严六大因素对用兵制胜的决定性作用。

如《交际》篇叙述贫士动辄得咎的困境："故富贵易得宜,贫贱难得适。好服谓之奢僭,恶衣谓之困厄,徐行谓之饥馁,疾行谓之逃责,不候谓之倨慢,数来谓之求食,空造以为无意,奉赘以为欲贷,恭谦以为不肖,抗扬以为不德。此处子之羁薄,贫贱之苦酷也。"本段使用六个"谓之"、四个"以为"的排比句式,将种种事实囊括无遗,充分揭露了世俗对贫士的偏见和苛责。

如《考绩》篇中批评选官制度"名实不相副,求贡不相称"时写道："群僚举士者,或以顽鲁应茂才,以桀逆应至孝,以贪饕应廉吏,以狡猾应方正……以怯弱应武猛,以愚顽应治剧。"连续运用了十一个排比句,笔势纵横,先声夺人,将作者对选举败坏的愤懑之情生动传达出来。

还有《救边》中对边患灾难的嗟叹："今羌叛久矣!伤害多矣!百姓急矣!忧祸深矣!"感叹词"矣"字句的连续排比,以急促节奏表达了作者强烈的忧患意识和急迫心境。

语言长短富于变化,不拘一格,节奏感强烈,给人以美感。例如《实贡》篇论述人才使用各有所长："夫圣人纯,贤者驳,周公不求备,四友不相兼,况末世乎?是故高祖所辅佐,光武所将相,不遂伪举,不责兼行,亡秦之所弃,王莽之所捐,二祖任用以诛暴乱,成致治安。太平之世,而云无士,数开横选,而不得真,甚可愤也!"这段无疑是以短句为主的行文,尤其是后面四字句的短节奏,十分传神地传达了作者的愤懑之情。

在再如《浮侈》篇揭露民间奢侈之风时指出,"今举世舍农桑,趋商贾,牛马车舆,填塞道路,游手为巧,充盈都邑,治本者少,浮食者众。商邑翼翼,四方是极。今察洛阳,浮末者什于农夫,虚伪游手者什于浮末。是则一夫耕,百人食之;一妇桑,百人衣之,以一奉百,孰能供之?天下百郡千县,市邑万数,类皆如此,本末何足相供?则民安得不饥寒?"他在使用短句的同时,也随机使用较长句式,体现了不拘一格、富于变化的行文风格。

总的来说,短句宜于述事,长句宜于析理,《潜夫论》语言实践是契合于这个道理的。以《论荣》为例:"所谓贤人君子者,非必高位厚禄富贵荣华之谓也,此则君子之所宜有,而非其所以为君子者也。所谓小人者,非必贫贱冻馁辱陀穷之谓也,此则小人之所宜处,而非其所以为小人者也。"本章开篇为了论证的需要,使用了长句来说明君子、小人与富贵、贫贱之间的复杂关联,为全文展开作出铺垫。

新版《中国文学史》评价道:"《潜夫论》一书的文字朴实无华,准确简练。书中虽然不时显露出批判的锋芒,但以温雅弘博见长,不为卓绝诡激之论。"①总的来说,全书语言的处理,不仅继承了先秦政论文的优良传统,同时彰显了个人化的语言风格,对今天的读者来说,仍可从中获得语言美感的体验。

四 《潜夫论》的阅读

(一) 读书应注意的几个问题

1. 过好文字关,识别难解字词

在两汉诸子中,《潜夫论》的行文是以质朴、浅显而著称的,但随着岁月流变,古今词汇之间的变化幅度仍然是很大的,今人要读懂书中许多艰涩罕见的古字词,已颇有难度。这也是本书注释要解决的问题。但由于篇幅的限制,有些难字未能一一注明,这就需要读者根据个人理解的需要,必要时依靠查阅工具书,来随机解决困难字词的辨认和理解。

---

① 袁行霈主编:《中国文学史》,高等教育出版社2003年版,第287页。

特别是由于古今字词含义的变迁和古人传写与刻印技术造成的各种问题,《潜夫论》中还有一些古字古语汇,迄今没有令人满意的解释,有待于深入辨识、训诂。对这些古字词,阅读时要在前人工作的基础上前进一步,努力探求更合理的新解释。近年来,已有学人在这方面下功夫,力求超越前人,攻克难关,做到读懂读通。① 我们既要善于利用学术界的既有成果,同时又要打破迷信,善于独立思考。

这里举一个简单的例子,《贤难》篇中讲到"邓通幸于文帝,尽心而不违,吮痈而无吝色",什么叫"吝色"呢?汪继培注引《方言》云:"吝,恨也。"彭铎注则引《说文》:"吝,恨惜也。"恨在古汉语里有"遗憾"之意,用在这里总觉得不尽准确。张保注本称:"恼恨",一望便知,意思完全错了。张觉注曰"吝惜",也是望文生义。查看该典故的出处,发现这四种解释都有问题。《史记·佞幸列传》:"文帝尝病痈,邓通常为帝唶吮之。……太子入问病,文帝使唶痈,唶痈而色难之。"再看班固的加工:"文帝尝病痈,邓通常为上嗽吮之。……太子入问疾,上使太子齰痈。太子齰痈而色难之。"(《汉书·佞幸传》)可见,在这个特定语境下,"吝色"的最允当之解,便是"为难之色"。事实上,《辞源》就是取这个义项的。可见,即便是使用汉代人编的字典,也不能照抄照搬,而要"随文释义",深入到具体语境中加以鉴别选择。

只有这样,才能有效排除文字障碍,最大限度地复原文本意义,为进入思想阐释层面更有创造性地理解其深旨弘义,打下扎实基础。

---

① 如学者徐山近年来发表《潜夫论》词语考释系列论文,散见于国内各大学学报等刊物,值得参考。有些新版的注译本,也多有新创识,如张觉的《潜夫论全译》,贵州人民出版社1999年版。

2. 过好情境关，关注焦点问题

我们知道，在古代思想发展的历程中，每个时代都有自身面临的特定问题，每个时代都会形成具有自我特征的社会思潮。汉代先后经历了西汉到东汉思想的发展和转折，从汉初的黄老思潮到中叶的新儒学，再到东汉今古文经学思想的合流，以及东汉中后期社会批判思潮的崛起，社会思潮的波涛犹如江河行地，一泻千里。各种思潮之间相反相成，既有急剧的冲突，又有从容的融会，经过了复杂的起承转合。

王符无疑是走在时代前面的先驱，但他所形成的批判意识和聚焦的思想视域，其实正是东汉中期社会赋予当下思想者的任务和话题。王符身处历史语境所设定的话语，是那个时代真正有思想、有责任感与使命感的士人所必然选择的话题。说到底，时代背景和思想焦点问题不是一句空话，也不仅仅是思想家书斋中的高论，更多的情况下它来自社会矛盾积累、冲突和解决的社会实践。

另一方面，思想家的视域选择，又是时代问题和个人主观遭际的"视域重合"，它又带有社会共相和殊相的双重性。通览《潜夫论》全书，就会感受到特定生活地域和社交范围、人生遭际等因素，对王符的批判思路的决定性影响。例如他对充满势利性的世俗交际风气的无奈，对巫术迷信笼罩社会欺罔人心的感受，对城市经济和消费形态畸形化的观察，对选举制度败坏、寒门贤才无由仕进的困境体验，对边郡羌乱烽火、两度被迫内迁的亲身经历等，这些正是书中重大议题的背后动因。史学界流行一种叫做"情境史学"的理论，就是强调思想家选择的主题都和他们的个人经历有着某种联系。

因此，我们要磨炼出一双敏锐的历史慧眼，善于从那个时期的繁复制度、纷纭人事和重大事件中寻求问题根源和思想激发点，善于从具体社会变迁中感知思潮与社会的互动。为此，要同时读一些《后汉书》的人物传记,乃至现代史家写的东汉历史,做到能够"心通意会"地与古人对话,如同王夫之所说:"设身于古之时势,为己之所躬逢;研虑于古之谋为,为己之所身任","代为之忧患","代为之斟酌"。设身处地,与古人同呼吸共患难,这是一种内在体验和想象的方法,从而实现前人思想在今人"心灵中的复活"。①

3. 过好义理关,追溯思想源流

这里说的义理,是指王符提出的各种哲学、政治、伦理和社会意义的思想命题及其复杂含义。过义理关,就是要从书中的概念范畴入手,准确、全面发掘出思想命题包含的历史信息和深层动机;同时,还要探索它们在思想史流程中与前人观念间的内在联系和传承沿革关系。从而将王符思想放在历史坐标体系中,权衡其文化意义,看它提供了哪些前人所没有的东西。

举例来说,对书中的"道"、"气"、"心"等范畴,要比较它们与先秦儒、道学派的异同,反复揣摩作者赋予的特定含义。对各种命题也要前瞻后顾,如书中"农工商皆有本末"说法,既讲了农工商皆有本末,又强调农为富国之本,与儒法两家的传统价值观究竟有多大区别?怎样给予合理的解释?

义理的呈现,还有赖于我们能动的阅读。要善于将王符看似片面或琐碎的思想片断汇集起来,通过我们主观的连缀整合,将其还原为严谨的思想体系,再现其推导的内在逻辑,用学者的话来说,就是"用所能看见的一鳞半爪,恢复一条龙出来"②。从而将感性印象提升为对古人文化心态和时代精神的理性把握。前文对于"民本论"的分析,就着重采用这种方法。读者可以举一反三,在

---

① 这种了解历史的方法,有的西方史家称为"重演论"。参见科林伍德:《历史的观念》,何兆武等译,商务印书馆1997年版。
② 冯友兰:《中国哲学史新编》第一卷,人民出版社1985年版,第22页。

精心阅读原著的基础上,通过细心连缀材料、缜密推导所缺环节和独立深入思考,对《潜夫论》的思想体系进行重新体认。

4. 重在批判继承,阐发现代意义

作为一位古代的思想家,由于历史条件的客观制约和个人主观偏见的缘故,王符的思考和表述也难免瑕瑜互见,有些地方就表现出较为明显的认识糟粕。目前被学者普遍注意到的,如他在宇宙观上一方面坚持气的运动造化万物,但另一方面还存有天人感应的唯心论和神学目的论,承认天主宰了人的宿命,承认鬼的存在。他深受王充骨相说的影响,认为骨相可以"著性命之期,显贵贱之表"(《相列》)。对于秦汉广为流行的五德终始说和谶纬思潮,王符也缺乏理性的鉴别,书中专门写了《五德志》,谈论古代帝后"履大人迹"、"与龙合婚"、"吞燕卵"等传说,渲染荒诞的"感生神话"。凡此,都应加以剔除和批判。

从继承传统文化精华的角度看,《潜夫论》中值得我们重视的思想精华是很丰富的。王符提出"民为国基"的观点,蕴含着古代民主传统的可贵因素,达到了汉代民本论的新高度;"国以贤兴"的选举思想强调了人才对社会治理的重大作用;"农工商皆有本末"论对传统农本商末的偏见来说,是一次重要的理论突破;对于边疆治理和维护国家统一,王符提出的"救边"和"实边"等主张,在历代边政史上有着广泛的应用价值。在宇宙观上他探索并发展了道气关系论,是两汉时期该思想的重要总结,也是传统元气论发展过程中的重要理论环节。王符的法治思想,体现了两汉儒法融合的思想趋势,对于打击戚宦专权、强化中央集权,防止国家分裂,是有积极意义的探索。正如学者所指出的,王符的思想建树,不仅表现为一种"现实的政治批判",而且具有复兴先秦人文主义精神的重要理论价值。①

"谁言古今殊,异代可同调!"南朝大文豪谢灵运的名句,道出了古与今之间的复杂关联。西方史学大师克罗齐也说过:"一切历史都是当代史。"②这个观点,同样并且特别适合于思想史。因为任何时代的思想家体系,既有对应特定时期的文化殊相,也具有超越历史阶段的文化共相。为了更好地把握、弘扬王符的思想精华,我们还要从当今时代的立场出发,关注王符思想中超越性的现代因素,建立一种沟通古今的"视域融合"。

在当前新的历史条件下,研究者都不约而同地提出,应该进一步拓展王符思想研究的领域,彰显其思想体系所蕴含的超越性文化因素及其当代价值。因此,我们要善于寻找王符思想与现代社会需要的"契合点"。比如,他要求官员"下自附于民氓","效功百姓",又要求圣人"功业效于民",主张"君臣法令之功,必效于民"。这些带有浓厚民主色彩的观念,运用抽象继承方法,将其承载的时代殊相剥离,提取其精华因素并加以现代阐释后,完全可以与现代民主政治接轨。再比如,他在揭露东汉社会矛盾,批判其弊端的同时,力图拨乱反正,从正面提出民本、重贤、崇学、德化等社会治理的系列主张,无疑蕴含着丰富的和谐社会思想。深入阐发这些思想精华,并赋予其现代意义,无疑是我们创造性转化传统、重建中华文化进程中不可或缺的任务。在这个推陈出新的过程中,王符思想也必将焕发出新的生机和活力。

(二) 阅读参考书简介

《潜夫论》注释类的参考书,目前较实用的是由汪继培笺、彭

---

① 蒙培元:《汉末批判思潮与人文主义哲学的重建》,《北京社会科学》,1994 年第 1 期。

② 克罗齐:《历史的理论与实际》,商务印书馆 1987 年版,第 2 页。

铎校正的《潜夫论笺》,该书由中华书局1979年出版。

汪继培是清代嘉庆朝的进士,官吏部主事。该书的底本是元代大德年间的刊本,参校《汉魏丛书》本。汪本注释较为精博,是历史上第一个笺注本。

汪继培的笺注和彭铎的校注,一是文字校勘,改正明显的错字误字。二是词义的训诂和解释。三是考证、说明、补充历史事实和名物典故,并对具体篇章和观点进行意义阐释。今人彭铎的校正,还在每章前面增添"题解",以概括每章的主旨。两位注家征引广博,遍及先秦汉晋典籍和后代类书。对引书均注明篇名、卷数,颇利于寻检。书后附录了《后汉书·王符传》、韩愈的《后汉三贤赞》,以及历代刊本的序跋和历代著录情况。

晚出的注译本,可参看张觉译注的《潜夫论全译》(贵州人民出版社,1999年版)。作者对《潜夫论》版本流传情况,用较大功夫加以探讨甄别。选用四部丛刊本为底本,参用汪氏笺注本,还参校了其他重要版本。每篇前均设有题解。全书"苦心经营,春秋四易"(《潜夫论全译·后记》)始成。其注释风格追求学术性、周详性和通俗性,对难解字词句的考辨较为精审,不少地方能发前人之覆。

至于现代学者撰写的专题研究著述,可以看刘文英著《王符评传》(南京大学出版社,1993年版)。该书以16万字篇幅,论述了王符民本论、赏罚论等七个领域的重要思想。特别是对其思想渊源和特征的分析较有新意,对王符哲学观、伦理观的探讨也较为深入系统。书后附有人名、文献和词语索引,颇便于检索。

五 校注说明

(一)本书以汪继培笺注、彭铎校正本(中华书局,1979年版)

为底本,参校的版本有《汉魏丛书》本(明代万历年间程荣纂辑,吉林大学出版社1992年影印)、文渊阁《四库全书》本(台湾商务印书馆影印,1986年),以及《后汉书·王符传》中节录的篇章。

(二)另外参考了张觉《潜夫论全译》(贵州人民出版社,1999年版)、张保《潜夫论简注》(华夏出版社,2002年版)等注释本。对原文的校勘,反复比较,斟酌去取,择善而从。凡对汪氏笺注本有所改易者,尽量在注释中予以说明。

(三)汪继培笺注、彭铎校正本对于文字校勘、训诂较为精审,并汇集了历代各家注释,但篇幅较大,不便于普通读者阅读。本书的注释,侧重于难解字词、历史人物、典章制度、历史事件、历史地名等内容。对个别难懂的句子加以串讲,并通释全句。

(四)本书中引用的先秦经典名句,一般均注明其原始出处。对历史人物、事件等不介绍出处。

(五)注释力求通俗浅显、简明实用,一般不征引前人旧注。凡训诂、解释等方面涉及到诸家意见分歧处,选择合理说法或出以己见,对其他说法一般不予列举和辨析。

(六)对冷僻罕见古字,加注汉语拼音。

赞学第一

天地之所贵者人也,圣人之所尚①者义也,德义之所成者智也,明智之所求者学问也。虽有至圣,不生而知;虽有至材,不生而能。故志②曰:黄帝师风后③,颛顼师老彭④,帝喾师祝融⑤,尧师务成⑥,舜师纪后⑦,禹师墨如⑧,汤师伊尹⑨,文、武师姜尚⑩,周公师庶秀⑪,孔子师老聃⑫。若此言之而信,则人不可以不就师矣。夫此十一君者,皆上圣也,犹待学问,其智乃博,其德乃硕,而况于凡人乎?

[注释]①尚:崇尚。 ②志:古书泛称。 ③黄帝:远古帝王,姬姓,号轩辕氏。风后:传说中黄帝的相。 ④颛顼(zhuān xū):远古帝王,号高阳氏。老彭:即彭祖,颛顼玄孙陆终之子,与颛顼非同时代人,可知此有讹误。史载颛顼曾师事禄图。 ⑤帝喾(kù):远古帝王,号高辛氏。祝融:帝喾时代的火正之官。 ⑥尧:远古帝王,名放勋。务成:复姓,字子附,尧舜时贤人,尧曾以务成子为师。 ⑦舜:远古帝王,名重华。纪后:为"君寿"音误。舜曾以君寿为师。 ⑧禹:夏朝的帝王,名文命。墨如:夏朝贤人,禹曾以墨如为师。 ⑨汤:名履,商朝的帝王。伊尹:商朝的相。 ⑩文、武:指周文王姬昌和周武王姬发。姜尚:即吕尚,辅佐文王灭商。 ⑪周公:名姬旦,周武王之弟,周朝开国的名臣。庶秀:待考。 ⑫孔子:名丘,字仲尼,春秋思想家,儒家创始

人。老聃,名耳,春秋思想家,道家创始人。孔子曾问礼于老子。

是故工欲善其事,必先利其器;士欲宣其义,必先读其书。《易》曰①:"君子以多志前言往行以畜其德②。"是以人之有学也,犹物之有治也。故夏后之璜③,楚和之璧④,虽有玉璞卞和之资,不琢不错,不离砾石。夫瑚簋之器⑤,朝祭之服,其始也,乃山野之木、蚕茧之丝耳。使巧倕⑥加绳墨而制之以斤斧,女工加五色而制之以机杼,则皆成宗庙之器,黼黻之章⑦,可羞⑧于鬼神,可御于王公。而况君子敦贞之质,察敏之才,摄⑨之以良朋,教之以明师,文之以《礼》、《乐》,导之以《诗》、《书》,赞之以《周易》,明之以《春秋》,其不有济⑩乎?

[注释]①引文见《周易·大畜·象传》。 ②志:通"识"。畜:即"蓄"。 ③夏后之璜:夏后,夏代的帝王。璜:半璧形的玉器。 ④楚和之璧:春秋时楚人卞和所得的宝玉,叫和氏之璧。 ⑤瑚簋(guǐ)之器:礼器名,夏商曰瑚,周曰簋。 ⑥倕:尧舜之臣,以巧闻名天下。 ⑦黼黻(fǔ fú)之章:古代礼服上绘绣的文采。 ⑧羞:献。 ⑨摄:辅佐。 ⑩济:成功。

《诗》云①:"题彼鹡鸰,载飞载鸣。我日斯迈,而月斯征。夙兴夜寐,无忝尔所生②。"是以君子终日乾乾进德修业者③,非直为博己④而已也,盖乃思述祖考之令问⑤,而以显父母也⑥。

[注释]①引文见《诗经·小雅·小宛》。 ②鹡鸰:飞鸟名。我日斯迈,而月斯征:斯,语助词。我天天在奔走,月月在远行。忝:辱。 ③此句出于《周易·乾·文言》。乾乾:自强不息之貌。 ④博己:充实自己。 ⑤令问:令,美好。问,通"闻"。美好声誉。继承祖先的美好声誉。 ⑥显:显扬。

《孝经》:"立身行道,扬名于后世,以显父母。"

孔子曰①:"吾尝终日不食,终夜不寝,以思,无益,不如学也。""耕也,馁在其中;学也,禄在其中矣。君子忧道不忧贫。"箕子陈六极②,《国风》歌《北门》③,故所谓不忧贫也。岂好贫而弗之忧邪?盖志有所专,昭其重也。是故君子之求丰厚也,非为嘉馔、美服、淫乐、声色也④,乃将以底其道⑤而迈其德⑥也。

[注释]①引语见《论语·卫灵公》。 ②箕子:商纣王的叔父,为太师。力谏商纣王而被囚禁,武王克商始得释放。六极:指武王来访时箕子所言六极,包括短折、疾、忧、贫、恶、弱等六事。 ③《北门》:即《诗经·邶风·北门》,刺仕不得志。 ④也:通"者"字。 ⑤底其道:底同"致",获得大道。 ⑥迈其德:勉行其德。

夫道成于学而藏于书,学进于振而废于穷①。是故董仲舒②终身不问家事,景君明③经年不出户庭,得锐精其学而显昭其业者,家富也;富佚若彼,而能勤精若此者,材子④也。倪宽卖力于都巷⑤,匡衡自鬻于保徒者⑥,身贫也。贫陋若彼,而能进学若此者,秀士也。当世学士恒以万计,而究涂者⑦无数十焉,其故何也?其富者则以贿玷精,贫者则以乏易计,或以丧乱期⑧其年岁,此其所以逮初丧功而及⑨其童蒙者也。是故无董、景之才,倪、匡之志,而欲强捐家出身旷日师门者,必无几⑩矣。夫此四子者,耳目聪明,忠信廉勇,未必无俦⑪也,而及其成名立绩,德音令问不已,而有所以然,夫何故哉?徒以其能自托于先圣之典经⑫,结心⑬于夫子之遗训也。

[注释]①振:奋发自励;穷:惰弛。 ②董仲舒:西汉著名儒家,终身"不治产业,以修学著书为事"。 ③景君明:即西汉人京房,字君明,著名的易学家。景通"京"。 ④材子:才子。 ⑤倪宽:西汉人,武帝时任御史大夫。早年家贫,从事烹炊为业。 ⑥匡衡:西汉人,汉元帝时任丞相。保徒:受人雇佣服劳役者。 ⑦究涂:走完全程。 ⑧期:完结。 ⑨及:达到。 ⑩几:希望。 ⑪俦:类似者。 ⑫自托于先圣之典经:自托,托身。依托先圣经典来修身行事。 ⑬结:凝聚。结心,集中心思。

是故造父①疾趋,百步而废,自托乘舆,坐致千里;水师泛轴②,解维③则溺,自托舟楫,坐济江河。是故君子者,性非绝世④,善自托于物也。人之情性,未能相百,而其明智有相万也。此非其真性之材也,必有假⑤以致之也。君子之性,未必尽照⑥,及学也,聪明无蔽,心智无滞,前纪帝王,顾定百世。此则道之明也,而君子能假之以自彰尔。

[注释]①造父:周穆王的车夫,以长于驾驭车马闻名。 ②轴:当作"舳"(zhú),汉代称方长的船为舳舻。 ③维:系船的绳子。 ④绝世:举世无双。 ⑤假:凭借。 ⑥照:洞察。两句的意思是:君子的天性,未必能洞察一切。

夫是故道之于心也,犹火之于人目也。中阱①深室,幽黑无见,及设盛烛,则百物彰矣。此则火之耀也,非目之光也,而目假之,则为己明矣。天地之道,神明之为,不可见也。学问圣典,心思道术,则皆来睹矣。此则道之材②也,非心之明也,而人假之,则为己知③矣。

[注释]①阱:穿地挖的深坑。 ②材:通"才",才质。 ③知:同智。

是故索物于夜室者,莫良于火;索道于当世者,莫良于典。典者,经①也。先圣之所制。先圣得道之精者以行其身,欲贤人自勉以入于道。故圣人之制经以遗后贤也,譬犹巧倕之为规矩准绳②以遗后工也。

[注释]①经:经书,指儒家的六经。 ②规矩:画圆形方形与测量用的工具。准绳:测量水平和弹画直线的工具。

昔倕之巧,目茂①圆方,心定平直,又造规绳矩墨以诲后人。试使奚仲、公班②之徒,释此四度,而效倕自制,必不能也;凡工妄③匠,执规秉矩,错④准引绳,则巧同于倕也。是故倕以其心来制规矩,后工以规矩往合倕心也,故度之工⑤,几于倕矣。

[注释]①茂:当作"成"。 ②奚仲:传说车的发明者,夏朝时任车正。公班:即公输般,春秋时鲁国人,著名的巧匠。 ③妄:凡。 ④错:通"厝",安放。 ⑤"度"前当脱"循"字。

先圣之智,心达神明,性直道德,又造经典以遗后人。试使贤人君子,释于学问,抱质而行①,必弗具也;及使从师就学,按经而行,聪达之明,德义之理,亦庶矣。是故圣人以其心来造经典,后人以经典②往合圣心也,故修经之贤,德近于圣矣。

[注释]①抱质而行:抱,依照。质,本性。守着自己的秉性去行事。②以上五字,依汪继培注本补。

《诗》云:"高山仰止,景行行止①。""日就月将,学有缉熙于光明②。"是故凡欲显勋绩扬光烈者,莫良于学矣。

[**注释**]①引文见《诗经·小雅·车舝》。郑玄注:"古人有高德者则慕仰之,有明行者则而行之。" ②引文见《诗经·周颂·敬之》。"日就月将",日积月累。"缉熙于光明",缉(qì),积。熙,明。逐渐积累达到明智。

务本第二

　　凡为治之大体①,莫善于抑末而务本②,莫不善于离本而饰末③。夫为国者以富民为本④,以正学为基。民富乃可教⑤,学正乃得义,民贫则背善⑥,学淫⑦则诈伪,入学则不乱,得义则忠孝。故明君之法,务此二者,以为成太平之基,致休征之祥⑧。

　　[注释]①大体:根本。　②本:指根本的东西。末,不重要的事。③饰:修饰整治。　④《管子·治国》:"凡治国之道,必先富民。"　⑤民富乃可教:《论语·子路》:冉有曰:"既富矣,又何加焉?"孔子曰:"教之。"　⑥背善:背离善德。　⑦学淫:不学正道。　⑧休征:美好征兆。

　　夫富民者,以农桑为本,以游业为末①;百工者,以致用为本,以巧饰为末②;商贾者,以通货为本,以鬻奇为末③。三者守本离末则民富,离本守末则民贫,贫则阨而忘善④,富则乐而可教。教训者,以道义为本,以巧辩为末;辞语者,以信顺为本,以诡丽为末⑤;列士者以孝悌为本,以交游为末;孝悌者,以致养为本,以华观为末⑥;人臣者,以忠正为本,以媚爱为末⑦:五者守本离末则仁义兴,离本守末则道德崩。慎本略末犹可也⑧,舍本务末则恶矣。

[注释]①游业:指工商业。 ②巧饰:过度装饰。 ③鬻奇:贩卖奢侈品。 ④阨:同"厄",贫困、灾难。 ⑤诡:诡辞。丽:华丽不实。 ⑥华观:奢华的外观。 ⑦媚爱:谗言求媚。 ⑧略:省去。

夫用天之道,分地之利①,六畜生于时,百物聚于野,此富国之本也。游业末事,以收民利,此贫邦之原也。忠信谨慎,此德义之基也。虚无谲诡,此乱道之根也。故力田所以富国也。今民去农桑,赴游业,披采众利,聚之一门,虽于私家有富,然公计愈贫矣②。百工者,所使备器也③。器以便事为善,以胶固为上④。今工好造雕琢之器巧伪饬之,以欺民取贿⑤,虽于奸工有利,而国界愈病矣。商贾者,所以通物也⑥,物以任用为要,以坚牢为资。今商竞鬻无用之货、淫侈之币⑦,以惑民取产,虽于淫商有得,然国计愈失矣。此三者,外虽有勤力富家之私名,然内有损民贫国之公实。故为政者,明督工商,勿使淫伪,困辱游业,勿使擅利⑧,宽假本农⑨,而宠遂学士⑩,则民富而国平矣。

[注释]①这两句见于《孝经·庶人章》。用天之道:指按照时令变化安排农事。分地之利:指分别情况,因地制宜,种植合适的农作物,以获取地利。②公计:指官府的收入。 ③备器:提供器物。 ④胶固:坚固。 ⑤贿:财物。 ⑥通物:流通货物。 ⑦币:可做礼品用的器物。 ⑧擅:独揽。⑨宽假本农:对根本性的农业采取宽松的政策。 ⑩宠遂:尊崇、任用学士并使其显达。

夫教训者,所以遂道术而崇德义也。今学问之士,好语虚无之事①,争著雕丽之文②,以求见异于世,品人鲜识③,从而高之,此伤道德之实,而或矒夫之大者也④。诗赋者,所以颂善丑之德,泄哀乐之情也,故温雅以广文,兴喻以尽意。今赋颂之徒,苟为饶辩屈蹇之辞⑤,竞陈诬罔无然之事,以索见怪于世,愚夫戆士⑥,从而奇之,此悖孩童之思⑦,而长不诚之言者也。尽孝悌于父母,正操行于闺门⑧,所以为烈士也⑨。今多务交游以结党助,偷世窃名以取济渡⑩,夸末之徒,从而尚之,此逼⑪贞士之节,而眩⑫世俗之心者也。养生顺志,所以为孝也。今多违志俭养,约生⑬以待终,终没之后,乃崇饬丧纪以言孝⑭,盛飨宾旅以求名⑮,诬善之徒,从而称之,此乱孝悌之真行,而误后生之痛者也。忠正以事君,信法以理下,所以居官也。今多奸谀以取媚,挠法以便佞⑯,苟得之徒,从而贤之。此灭贞良之行,而开乱危之原者也。五者外虽有振贤才之虚誉,内有伤道德之至实。

[注释]①虚无之事:指虚无浮华之言。 ②雕丽:雕饰浮丽。 ③品人:品,众。《易·乾》:"品物流形"。品人,众人。鲜识,很少能够识别。 ④或:惑。 ⑤饶:"譊"(náo)之误。譊辩:讼辩。屈蹇(jiǎn):拗口。 ⑥戆(zhuàng):愚。 ⑦悖:乱。 ⑧闺门:内室之门。 ⑨烈士:刚烈守节之人。 ⑩济渡:此以涉水为喻,指达到目的。 ⑪逼:疑"违"之误。 ⑫眩:惑。 ⑬约生:指对双亲赡养非常俭吝。 ⑭丧纪:治丧的礼仪。 ⑮宾旅:宾客。 ⑯挠法以便佞:挠,扰乱,曲解。歪曲法令来为佞人提供方便。

凡此八者,皆衰世之务①,而暗君之所固②也。虽未即于篡弑③,然亦乱道之渐来也。

[注释]①衰世之务:衰乱之世的事情。 ②所固:所蔽。 ③即:近,马上。虽然还没造成篡位弑君之祸乱。

夫本末消息之争①,皆在于君,非下民之所能移也。夫民固随君之好,从利以生者也②。是故务本则虽虚伪之人皆归本,居末则虽笃敬之人皆就末。且冻馁之所在,民不得不去也;温饱之所在,民不得不居也。故衰暗之世,本末之人,未必贤不肖也,祸福之所③,势不得无然尔。故明君莅国,必崇本抑末,以遏乱危之萌。此诚治之危渐④,不可不察也。

[注释]①消息:减少和增长。 ②从利以生者:追逐利益来生存的人。③"所"下脱字,疑为"在"。 ④治之危渐:当作"治乱之渐"。渐,渐进。

遏利第三

　　世人之论也,靡不贵廉让而贱财利焉,及其行也,多释廉甘利①。之于②人徒知彼之可以利我也,而不知我之得彼,亦将为利人也。知脂蜡之可明镫也③,而不知其甚多则冥之④。知利之可娱己也,不知其称而必有也⑤。前人以病,后人以竞⑥,庶民之愚而衰暗之至也。予故叹曰:何不察也?愿鉴于道,勿鉴于水。象以齿焚身,蚌以珠剖体;匹夫无辜,怀璧其罪⑦。呜呼哀⑧哉!无德而富贵者,固可豫吊也⑨。

[注释]①释:放弃。甘:嗜好。 ②之:这。于,为衍文。 ③镫:灯。 ④冥:昏暗。 ⑤怀疑有脱字,原文应为:不知其积而必有祸也。 ⑥前人以病,后人以竞:前人因为利而召祸,后人因为利而竞逐。 ⑦以上两句,见《左传·桓公十年》,意思是"老百姓没有罪,怀藏玉璧就是罪"。 ⑧原文作"呜呼问哉",据文渊阁《四库全书》本改。 ⑨豫吊:无德而富贵必有祸,故可预先吊其丧。

　　且夫利物莫非天之财也①。天之制此财也,犹国君之有府库也。赋赏夺与,各有众寡,民岂得强取多哉?故人有无德而富贵,是凶民之窃官位盗府库者也,终必觉,觉必诛矣。盗人必诛,况乃盗天乎？得无受祸焉②？邓通死无簪③,胜、跪伐其身④。是故天子不能违天富无功,诸侯不能违帝厚私劝。非违帝也,非违天也。帝以天为制,天以民为心,民之所欲,天必从之。是故无功庸⑤于民而求盈者,未尝不力颠也⑥；有勋德于民而谦损者,未尝不光荣也。自古于今,上以天子,下至庶人,蔑有好利而不亡者⑦,好义而不彰者也。

[注释]①原文作"莫不",今据《四库全书》本改。 ②得无：无乃。难道能没有。 ③邓通：西汉人,汉文帝的宠臣,获允自行铸钱,富甲天下,景帝即位后抄没其家,后客死他乡。簪,古代别发髻用的首饰。 ④跪：当作诡,指公孙诡。胜：羊胜。两人皆梁孝王宾客,因协助孝王密谋策划,后事发,被梁孝王赐死。 ⑤庸：功劳。 ⑥力颠：力当作"立",立刻颠覆。 ⑦蔑有：没有。

昔周厉王好专利,芮良夫谏而不入,退赋《桑柔》之诗以讽①,言是大风也,必将有隧；是贪民也,必将败其类。王又不悟,故遂流死于彘②。虞公屡求以失其国③,公叔戍崇贿以为罪④,桓魋不节饮食以见弑⑤。此皆以货自亡,用财自灭。楚斗子文⑥三为令尹,而有饥色,妻子冻馁,朝不及夕；季文子相四君,马不饩粟,妾不衣帛⑦；子罕归玉⑧；晏子归宅⑨。此皆能弃利约身,故无怨于人,世厚天禄,令问不止。伯夷、叔齐饿于首阳⑩,白驹、介推⑪遁逃于山谷,颜、原、公析⑫困馑于郊野,守志笃固,秉节不亏,宠禄不能固,威势不能移,虽有南面之尊,公侯之位,德义有殆,礼义不班⑬,挠志如芷,负心若芬⑭,固弗为也。是故虽有四海之主弗能与之方名⑮,列国之君不能与之钧重⑯;守志于一庐之内,而义溢乎九州之外,信立乎千载之上,而名传乎百世之际。

[注释]①周厉王:名胡,垄断山泽之利。贤臣芮良夫进谏不纳,作诗劝喻。《桑柔》:《诗经·大雅》中的一篇。 ②彘:古地名,今山西省霍县东北。 ③虞公:春秋时虞国国君。屡次向其弟虞叔索求宝物,虞叔起兵讨伐,虞公兵败出逃失国。 ④公叔戍:春秋卫国大臣,贪财而被逐。 ⑤桓魋(tuí):春秋宋国大臣,恃宠骄横,后被迫出逃国外。 ⑥斗子文:春秋时楚国令尹,芈姓,斗氏,字子文,著名的廉相。 ⑦季文子:即鲁季孙行父,春秋时鲁国名相,为官廉洁。 ⑧子罕:宋国贤臣。宋人得玉献之,子罕不受,曰:"我以不贪为宝。" ⑨晏婴:春秋齐国名臣,其宅近市,喧嚣多尘。齐景公欲以高爽之宅更换,晏婴坚辞不受。 ⑩伯夷、叔齐:商朝时孤竹国君的公子,周武王伐商,两人义不食周粟,饿死在首阳山上。 ⑪白驹:周宣王时乘白驹的佚名贤人。介推,春秋时晋国贤臣。 ⑫颜、原、公析:即颜回、原宪、公析哀三人,皆孔子弟子,终身空室蓬户,褐衣疏食不厌。 ⑬班:班,辨。 ⑭挠:扰乱。负,背叛。委曲如白芷一样的志向,违背像香花一样的理念。 ⑮方名:方,并列。方名,并名。 ⑯钧:同"均"。

故君子曰:财贿不多,衣食不赡,声色不妙,威势不行,非君子之忧也。行善不多,申道不明,节志不立,德义不彰,君子耻焉。是以贤人智士之于子孙也,厉①之以志,弗厉以诈;劝之以正,弗劝以邪②;示之以俭,弗示以奢;贻之以言,弗贻以财。是故董仲舒终身不问家事,而疏广③不遗赐金。子孙若贤,不待多富,若其不贤,则多以征怨④。故曰:无德而贿⑤丰,祸之胎也。

[**注释**] ①厉:勉励,激励。 ②邪:原作"诈",据四库全书本改。 ③疏广:西汉名儒,曾为太子太傅,致仕归乡,卖掉朝廷所赐黄金,置酒与乡党宗族共享。 ④征怨:召致怨恨。 ⑤贿:财物。

昔曹羁有言:"守天之聚,必施其德义。德义弗施,聚必有阙。"①今或家赈而贷乏②,遗赈③贫穷,恤矜疾苦,则必不④久居富矣。《易》曰:"天道亏盈以益谦⑤。"故以仁义费于彼者,天赏之于此;以邪取于前者,衰之于后。是以持盈之道,挹而损之⑥,则亦可以免于亢龙之悔、乾坤之愆矣⑦。

[**注释**] ①曹羁:春秋曹国贤人。引文见《国语·晋语四》。 ②家赈而贷乏:家富者借钱给缺钱者。赈,富。 ③遗(wèi):赠送。赈:救济。 ④不:据下文意思,当为"可"字。 ⑤引文见《周易·谦》,意思是天道损害满的而增加虚的。 ⑥挹:抑制。 ⑦亢龙之悔:出自《周易》乾卦,指物极必反,盛极而衰,持盈不可太久。"乾坤之愆(qiān)":指阴阳失调。

论荣第四

所谓贤人君子者,非必高位厚禄富贵荣华之谓也,此则君子之所宜有,而非其所以为君子者也。所谓小人者,非必贫贱、冻馁、困辱、阨穷之谓也,此则小人之所宜处,而非其所以为小人者也。

奚以明之哉?夫桀、纣者,夏殷之君王也,崇侯、恶来①,天子之三公也,而犹不免于小人者,以其心行恶也。伯夷、叔齐,饿夫也,傅说胥靡②,而井伯③虞虏也,然世犹以为君子者,以为志节美也。

[注释]①崇侯、恶来:是商纣王重用的佞臣。 ②傅说:出身胥靡,后被商王武丁任用为相。胥靡:服劳役的刑徒。 ③井伯:据《汉书·古今人表》,即百里奚,虞国大夫。晋献公灭虞国,俘井伯,后为秦穆公辅政之臣。

故论士苟定于志行①,勿以遭命,则虽有天下不足以为重,无所用不足以为轻,处隶圉②,不足以为耻;抚四海,不足以为荣。况乎其未能相县若此者哉③?故曰:宠位不足以尊我,而卑贱不足以卑己。

[注释]①志向和行为。　②隶圉(yǔ):隶,仆役。圉,养马的人。
③县(xuán):悬殊。

　　夫令誉从我兴,而二命①自天降之。《诗》云:"天实为之,谓之何哉!"②故君子未必富贵,小人未必贫贱,或潜龙未用,或亢龙在天③,从古以然。今观俗士之论也,以族举德,以位命贤④,兹可谓得论之一体⑤矣,而未获至论之淑真也。

[注释]①二命:指上文所说的宠位和卑贱。下文的富贵、贫贱,亦此。②见《诗经·邶风·北门》。　③潜龙两句:语出《周易·乾》。潜龙未用,指人才埋没民间;亢龙在天,指君子事业腾达如日中天。　④族:族姓,门第。命:取名,确定。根据宗族显赫与否来推举有德行之人,根据地位高低来确定贤人。　⑤一体:一部分。

　　尧,圣父也,而丹①凶傲;舜,圣子也,而瞍②顽恶;叔向,贤兄也,而鲋贪暴③;季友,贤弟也,而庆父淫乱④。论若必以族,是丹宜禅而舜宜诛,鲋宜赏而友宜夷也。论之不可必以族也若是。

[注释]①丹:丹朱,尧之子,性情凶顽。　②瞍:舜之父,凶顽不化。③叔向:春秋晋国贤臣。鲋(fù)为其弟,凶奸著称。　④季友:春秋时鲁国贤臣。庆父:为季友之兄,生性淫乱。

　　昔祁奚①有言:"鲧②殛而禹兴,管、蔡③为戮,周公佑王。"故《书》称"父子兄弟不相及④"也。幽、厉⑤之贵,天子也,而又富有四海。颜、原⑥之贱,匹庶也,而又冻馁屡空。论若必以位,则是两王是为世士,而二处为愚鄙也。

论之不可必以位也,又若是焉。

[注释]①祁奚:春秋晋国的贤臣。 ②鲧(gǔn):大禹的父亲,治水无功,被流放。 ③管、蔡:管叔蔡叔。周文王之子,因参与商纣王之子武庚之乱,被周公镇压。 ④引文为《尚书·康诰》逸文。 ⑤幽、厉:指周幽王、周厉王,均为周朝昏君。 ⑥见《遏利》篇注释。

故曰:仁重而势轻,位蔑①而义荣。今之论者,多此之反,而又以九族②,或以所来,则亦远于获真贤矣。

[注释]①蔑:轻。 ②九族:指亲属。一说是上自高祖、下至玄孙,即玄孙、曾孙、孙、子、身、父、祖父、曾祖父、高祖父;一说是父族四、母族三、妻族二,父族四是指姑之子(姑姑的子女)、姊妹之子(外甥)、女儿之子(外孙)、已之同族(父母、兄弟、姐妹、儿女);母族三是指母之父(外祖父)、母之母(外祖母)、从母子(娘舅);妻族二是指岳父、岳母。

昔自周公不求备于一人,况乎其德义既举,乃可以它故而弗之采乎?由余①生于五狄,越蒙产于八蛮②,而功施齐、秦,德立诸夏③,令名美誉,载于图书,至今不灭。张仪④,中国之人也;卫鞅,康叔之孙也⑤,而皆谗佞反复,交乱四海。由斯观之,人之善恶,不必世族;性之贤鄙,不必世俗。中堂生负苞⑥,山野生兰芷。夫和氏之璧,出于璞石;隋氏之珠⑦,产于蜃蛤⑧。《诗》云⑨:"采葑采菲,无以下体⑩。"故苟有大美可尚于世,则虽细行小瑕曷足以为累乎?

[注释]①由余:春秋时西戎国大臣,后降秦,辅佐秦穆公创立霸业。 ②越蒙:战国越人,辅佐齐威王富国强兵。八蛮:泛指南方少数民族。 ③诸夏:中原地区。 ④张仪:战国纵横家,曾为秦惠王相。 ⑤卫鞅:即商鞅,战

国法家。康叔,周武王弟,初封于康,故称。后封于卫。商鞅之祖。　⑥负苞:两种草名。　⑦隋氏之珠:传说中的宝珠,产于周代的隋国。　⑧蜃(shèn)蛤:海蚌。　⑨引文见《诗经·邶风·谷风》。　⑩此处指取其大美,不计其短。

是以用士不患其非国士①,而患其非忠;世非患无臣,而患其非贤。盖无羁縻②。陈平、韩信③,楚俘也,而高祖④以为藩辅,实平四海,安汉室;卫青、霍去病⑤,平阳⑥之私人也,而武帝以为司马⑦,实攘北狄⑧,郡河西⑨。惟其任也,何卑远之有?然则所难于非此土之人,非将相之世者,为其无是能而处是位,无是德而居是贵,无以我尚而不秉我势也。

[注释]①国士:本国的奇士。　②此句有脱文。　③陈平、韩信:都是西汉的开国功臣。　④高祖:即汉高祖刘邦,西汉开国皇帝。　⑤卫青、霍去病:汉武帝时期的两位将军,在反击匈奴战争中功勋卓绝。　⑥平阳:指平阳侯曹畴,大臣曹参之孙。娶汉武帝姊平阳公主为妻。卫青为其家臣。但霍去病并非其家人。　⑦司马:武官,汉武帝以此二人为大司马。　⑧北狄:此处指匈奴。　⑨河西:汉代指河西走廊和青海湟水一带。

贤难第五

世之所以不治者,由贤难也。所谓贤难者,非直①体聪明服德义之谓也。此则求贤之难得尔,非贤者之所难也。故所谓贤难者,乃将言乎循②善则见妒,行贤则见嫉,而必遇患难者也。

[注释]①直:仅,只是。 ②循:当作"修"。

虞舜之所以放殛①,子胥之所以被诛②,上圣大贤犹不能自免于嫉妒,则又况乎中世之人哉?此秀士所以虽有贤材美质,然犹不得直道而行,遂③成其志者也。

[注释]①虞舜之所以放殛:指舜德衰,被禹流放到苍梧而死。殛:通"极",流放。 ②伍子胥:名员,春秋时楚国人。避难归吴国,辅佐吴王阖闾伐楚。后因劝谏吴王夫差,被赐死。 ③遂:终,竟。

处士①不得直其行,朝臣不得直其言,此俗化②之所以败,暗君之所以孤也。齐侯之以夺国③,鲁公之以放逐④,皆败绩厌覆⑤于不暇,而用⑥及治乎?故德薄者恶闻美行,政乱者恶闻治言,此亡秦之所以诛偶语而坑术士⑦也。

[注释]①处士:未仕的士人。 ②俗化:习俗风气。 ③齐侯:指齐简公,春秋末齐国国君,名壬。不采纳诸御鞅劝谏,被迫出奔,旋为田常所杀。 ④鲁公:指鲁昭公,春秋鲁国国君,名稠。因不听子家驹劝谏而被季氏等"三桓"所败,出奔死于国外。 ⑤厌覆:倾覆。 ⑥用:通"庸",何。 ⑦诛偶语而坑术士:偶语,相对私语。术士,指儒士。

今世俗之人,自慢①其亲而憎人敬之,自简②其亲而憎人爱之者不少也。岂独品庶③,贤材时有焉。邓通幸于文帝,尽心而不违,吮痈而无吝色④。帝病不乐,从容曰:"天下谁最爱朕者乎?"邓通欲称太子之孝,则因对曰:"莫若太子之最爱陛下也。"及太子问疾,帝令吮痈,有难之色,帝不悦而遣太子。既而闻邓通之常吮痈也,乃惭而怨之。及嗣帝位,遂致通罪而使至于饿死。故邓通其行所以尽心力而无害人,其言所以誉太子而昭孝慈也。太子自不能尽其称,则反结怨而归咎焉。称人之长,欲彰其孝,且犹为罪,又况明人之短矫世者哉?

[注释]①慢:怠慢。 ②简:忽视,怠慢。 ③品庶:庶人。 ④吝:为难。

且凡士之所以为贤者,且以其言与行也。忠正之言,非徒誉人而已也,必有触①焉;孝子之行,非徒吮痈而已也,必有驳焉②。然则循行③论议之士,得不遇于嫉妒之名,免于刑戮之咎者,盖其幸者也。比干之所以剖心④,箕子之所以为奴⑤,伯宗之以死⑥,郤宛之以亡⑦。

[注释]①触:触犯。 ②驳:偏颇,不周全。 ③循行:修行。 ④比干:商纣王叔父,任少师,多次直言劝谏纣王,被杀剖心。 ⑤箕子:商纣王的叔父,任太师。见纣王暴虐,屡劝谏不听,乃披发佯疯为奴。 ⑥伯宗:指晋伯宗,春秋时晋国大臣,好直言,被政敌郤至等所杀。 ⑦郤(xī)宛:春秋时楚国贤臣,为人正直和悦,佞臣费无极在楚王面前进谗言诋毁,郤宛被迫自杀。

夫国不乏于妒男也,犹家不乏于妒女也。近古以来,自外及内,其争功名妒过己者岂希也?予以惟两贤为宜不相害乎?然也,范雎绌白起①,公孙弘抑董仲舒②,此同朝共君宠禄争故耶?惟殊邦异途利害不干者为可以免乎?然也,孙膑修能于楚,庞涓自魏变色,诱以刖之③;韩非明治于韩,李斯自秦作思,致而杀之④。嗟,士之相妒岂若此甚乎!此未达于君故受祸邪?惟见知为可以将信乎?然也,京房数与元帝论难,使制考功而选守⑤;晁错雅为景帝所知⑥,使条汉法而不乱。夫二子之于君也,可谓见知深而宠爱殊矣,然京房冤死而上曾不知,晁错既斩而帝乃悔。此材明未足以⑦卫身故及难邪?惟大圣为能无累乎?然也,帝乙以义故囚⑧,文王以仁故拘⑨。夫体行仁义,据南面师尹卿士,且犹不能无难,然则夫子削迹⑩,叔向缧继⑪,屈原放沉,贾谊贬黜⑫,钟离废替⑬,何敞束缚⑭,王章抵罪⑮,平阿斥逐⑯,盖其轻士者也。

[注释]①绌(chù):贬退。范雎(jū),战国时秦相。游士蔡泽见范雎,援引白起贪权而亡事,说服范雎辞相保身。 ②公孙弘:汉武帝丞相。为排挤董仲舒,怂恿武帝调任董为胶西王相。 ③孙膑:战国著名军事家。曾与庞

涓师事鬼谷子习兵法。后庞涓为魏国将军,妒其才能,诳其入魏处以刖刑。　④韩非:战国时韩国公子,著名法家。李斯,秦相。两人曾师事荀况。韩非著《韩非子》,书传入秦国,深为秦王赏识,后被召入秦。遭李斯谗害,自杀于狱中。　⑤京房:汉元帝时大臣,主持改革官吏考核、选拔制度。后被政敌诬陷而死。　⑥晁错:汉景帝时大臣。力主朝廷削藩,被政敌陷害,诬斩于市。景帝:指汉景帝刘启,公元前156年至公元前140年在位。　⑦"以"字据《汉魏丛书》本补。　⑧帝乙:指成汤,名履,商朝第一位王。夏桀时朝政昏乱,成汤修德,为夏桀所妒,被召至夏台而囚之。　⑨文王:指周文王。商纣王无道,文王行仁义,被进谗言而遭囚禁于羑里。　⑩削迹:即绝迹。春秋时孔子游历卫国,卫灵公派人监视,经匡地时又被包围五天,放行后警告不许再到卫国来。　⑪叔向:春秋时晋国贤大夫。因晋国的执政范宣子加害栾盈,叔向受牵连而被囚禁。　⑫贾谊:西汉文帝时名臣。建议改革朝政而得罪权臣,由太中大夫贬为长沙王太傅。　⑬钟离:即钟离意,东汉明帝时尚书,好直言极谏,明帝将其调任鲁国相。　⑭何敞:东汉和帝时尚书,疾恶如仇,揭发外戚窦宪和宦官蔡伦之罪,遭蔡伦陷害,罢官卒于家。　⑮王章:西汉成帝时为京兆尹。王章冒死上奏,建议罢免专权的外戚王凤,遭王凤迫害,冤死狱中。　⑯王仁:西汉末年外戚,封平阿侯。因其刚正不阿,得罪王莽,被迫自杀。

诗云:"无罪无辜,谗口嚣嚣①。""彼人之心,于何不臻②?"由此观之,妒媢之攻击也③,亦诚工④矣!贤圣之居世也,亦诚危矣!

[注释]①见《诗经·小雅·十月之交》。嚣嚣:众口毁人之貌。　②见《诗经·小雅·菀柳》。臻:至。　③妒媢:媢当作媢(mào)。媢:夫妒妻,此处泛指嫉妒。　④工:精巧。

故所谓贤难也者,非贤难也,免则难也。彼大圣群贤,功成名遂,或爵侯伯,或位公卿,尹①据天官,柬②在帝心,宿夜侍宴,名达③而犹有若此,则又况乎畎亩佚民、山谷隐士,因人乃达,时论乃信者乎?此智士所以钳口结舌,括囊共默而已者也④。

[注释]①尹:动名词,为官,居官。天官:《周礼》以冢宰为天官,此处泛指高官。 ②柬:选择。 ③名达:名声显赫,达于朝廷。 ④括囊:收藏心智而闭口不言。共(gǒng)默:即拱默,拱手不言。

且间阎凡品①,何独识哉?苟望尘剽声②而已矣。观其论也,非能本闺阁之行迹③,察臧否④之虚实也;直以面誉我者为智,谄谀己者为仁,处奸利者为行,窃禄位者为贤尔。岂复知孝悌之原,忠正之直,纲纪之化,本途之归哉?此鲍焦所以立枯于道左⑤,徐衍所以自沉于沧海者也⑥。

[注释]①间:里门。阎,里中门。泛指社会下层。 ②望尘剽声:看车马扬起的尘土,听取流传的名声。 ③闺阁:指宫中之门。闺阁之行迹,泛指隐私的行为。 ④臧否:善恶。 ⑤鲍焦:春秋时义士,嫉世俗道德衰微,怀抱洛水之滨的枯树而死。 ⑥徐衍:春秋时高士,忧天下动荡而无计可救,后负石入海自杀。

谚曰:"一犬吠形,百犬吠声。"世之疾此固久矣哉!吾伤世之不察真伪之情也,故设虚义以喻其心曰:今观宰司之取士也,有似于司原之佃也①。昔有司原氏者,燎猎中野。鹿斯②东奔,司原纵噪之③。西方之众有逐豨④者,闻司原之噪也,竞举音而和之。司原闻音之众,则反,辍己之逐而往伏焉,遇夫俗恶⑤之豨。司原喜,而自以获白瑞珍禽也,尽刍豢单⑥囷仓以养之。豕俛仰嚘呹,为作容声⑦,司原愈益珍之。居无何,烈风兴而泽雨作,灌巨豕而恶涂渝⑧,逐⑨骇惧,真声出,乃知是家之艾豭⑩尔。此随声逐响之过也,众遇之未赴信⑪焉。

[注释]①佃:打猎。司原,即下句的司原氏。 ②斯:语助词。 ③纵噪:喧叫追赶。 ④狶(xī):野猪。 ⑤俗恶:为"浴垩"之误。即全身涂满白土。 ⑥单:即"殚",尽。 ⑦容:逍遥。 ⑧恶涂:垩土。渝:冲掉。 ⑨逐:为"豕"之误。 ⑩艾豭(jiā):公猪。 ⑪赴信:取信。

今世主之于士也,目见贤则不敢用,耳闻贤则恨不及。虽自有知也,犹不能取,必更待群司之所举,则亦惧失麟鹿而获艾豭。奈何其不分者也?未遇风雨之变者故也。俾使一朝奇政两集①,则险隘之徒,闒茸之质②,亦将别矣。

[注释]①奇政两集:当为"奇正两集",即正常情况和非正常情况都出现。 ②闒茸(tà rǒng):劣质人才。

夫众小朋党而固位,谗妒群吠啮贤,为祸败也岂希?三代之以覆,列国之以灭,后人犹不能革,此万官所以屡失守,而天命数靡常①者也。《诗》云:"国既卒斩②,何用不监!"呜呼!时君俗主不此察也。

[注释]①靡常:无常。指朝代变更。 ②引文见《诗经·小雅·节南山》。卒斩:绝灭。

明 暗 第 六

国之所以治者,君明也;其所以乱者,君暗①也。君之所以明者,兼听②也,其所以暗者,偏信也。是故人君通必兼听③,则圣日广矣;庸说偏信,则愚日甚矣。《诗》云:"先民有言,询于刍荛④。"

[注释]①暗:愚。 ②兼听:同时听取几种不同说法或意见。 ③必:当作"聪"。 ④引文见《诗经·大雅·板》。刍荛(chú yáo):割草打柴人,指山野村夫。

夫尧、舜之治,辟四门,明四目,达四聪,是以天下辐凑①而圣无不照②;故共、鲧之徒③弗能塞也,靖言庸回④弗能惑也。秦之二世,务隐藏己而断百僚,隔捐疏贱⑤而信赵高,是以听塞于贵重之臣,明蔽于骄妒之人,故天下溃叛,弗得闻也。皆高所杀⑥,莫敢言之。周章至戏乃始骇⑦,阎乐进劝乃后悔⑧,不亦晚矣!故人君兼听纳下,则贵臣不得诬,而远人不得欺也;慢贱信贵,则朝廷谠言⑨无以至,而洁士奉身⑩伏罪于野矣。

[注释]①辐凑:如车之辐条凑聚于车轴一样群聚。　②照:照察。③共:指共工,尧时的逆臣,后被流放于幽州。鲧(gǔn):为大禹之父,因治水失败而被舜流放于羽山。　④靖言庸回:指谗言庸行。　⑤隔捐:隔绝、抛弃。疏贱:疏远和卑贱之臣。　⑥此处有脱文。　⑦周章:秦末起义军将领,率军攻至咸阳附近的戏(今陕西临潼东)。　⑧阎乐:赵高之婿,秦朝咸阳令。赵高阎乐合谋,逼迫秦二世自杀,另立子婴。　⑨谠(dǎng)言:善言。⑩奉身:保身。

夫朝臣所以统理,而多比周①则法乱;贤人所以奉己,而隐遁伏野则君孤。法乱君孤而能存者,未之尝有也。是故明君莅众,务下言以昭外②,敬纳卑贱以诱贤也。其无距言③,未必言者之尽可用也,乃惧距无用而让④有用也;其无慢贱,未必其人尽贤也,乃惧慢不肖而绝贤望也。是故圣王表小以厉大⑤,赏鄙以招贤,然后良士集于朝,下情达于君也。故上无遗失之策,官无乱法之臣。此君民之所利,而奸佞之所患也。

[注释]①比周:结党营私。　②务下言以昭外:"务"后当失"纳"字。致力于采纳下面的意见来洞察朝外的情况。　③距:通"拒"。　④让:通"攘",排斥。　⑤表小以厉大:表彰卑贱之人来激励尊贵之人。

昔张禄一见而穰侯免①,袁丝进说而周勃黜②。是以当涂之人③,恒嫉正直之士,得一介言于君以矫其邪也,故上饰伪辞以障主心,下设威权以固士民。赵高乱政,恐恶闻上,乃豫要④二世曰:"屡见群臣,众议政事,则黜⑤,黜且示短,不若藏己独断,神⑥且尊严。天子称朕,固但闻名⑦。"二世于是乃深自幽隐,独进赵高。赵高入称好言以说主,出倚诏令以自尊。天下鱼烂⑧,相帅叛秦。赵高恐惧,归恶于君,乃使阎乐责而杀,愿一见高,不能而死。

[注释]①张禄:战国时魏国辩士范雎化名。穰(rǎng)侯:即魏冉,秦昭王母宣太后异母弟,相秦。范雎说服昭王逐退穰侯,后又取代其相位。 ②袁丝:即袁盎,字丝,汉文帝时任中郎。周勃:西汉开国功臣,文帝时任丞相。袁盎进言文帝诋毁周勃,后文帝疏远周勃。 ③当涂之人:指执政者。 ④豫:事先。要:要挟欺骗。 ⑤黩(dú):轻慢,亵渎。 ⑥神:神明。 ⑦这句意思是说,天子所以号曰朕,但以闻声,群臣莫得见其面。 ⑧鱼烂,指四分五裂,不可复全。

夫田常囚简公①,踔齿悬湣王②,二世亦既闻之矣。然犹复袭其败迹者何也?过在于不纳卿士之箴规③,不受民氓之谣言④,自以己贤于简、湣,而赵高贤于二臣也。故国已乱而上不知,祸既作而下不救。此非众共弃君,乃君以众命系赵高,病自绝于民也。

[注释]①田常:即陈恒,春秋末齐国权臣。齐简公与田常发生矛盾,被迫出奔,后被拘禁于徐州,旋杀之。 ②踔齿:战国时楚将。燕国将领乐毅伐齐后,踔齿受命率军救齐,为齐相。后悬杀齐湣王于莒。 ③箴规:规劝。 ④谣言:民间的歌谣谚语。

后末世之君危何知之哉?舜曰:"予违,汝弼。汝无面从,退有后言。"①故治国之道,劝之使谏,宣之使言②,然后君明察而治情通矣。

[注释]①引语见《尚书·皋陶谟》。违:过失。弼:辅佐,匡正。汝无面从,退有后言:你不要当面屈从,背后再散布不满的话。 ②宣之使言:示意开导,使其畅所欲言。

且凡骄臣之好隐贤也，既患其正义以绳①己矣，又耻居上位而明不及下，尹②其职而策不出于己。是以郤宛得众而子常杀之③，屈原得君而椒、兰构谗④，耿寿建常平而严延妒其谋⑤，陈汤杀郅支而匡衡挍其功⑥。

[注释]①绳：衡量纠正。 ②尹：治理，担任。 ③郤宛：又作郄宛，春秋时楚国贤臣。佞臣费无极设计唆使令尹子常杀之，尽灭郤氏之族。 ④屈原：战国楚人。屈原力倡联齐抗秦。秦国乃派张仪到楚收买令尹子兰、司马子椒等，共进谗言，屈原遭楚王疏远被流放。 ⑤耿寿：即西汉司农中丞耿寿昌。耿建议在边郡广设常平仓，以利百姓。河南郡太守严延年以其越权为由，激烈反对。 ⑥陈汤：西汉元帝时名将。在出使时假传诏令，兴师击败反叛匈奴，诛杀郅支单于，威震西域。但丞相匡衡认为其擅自兴师，不该记功拜爵。挍为佼之误，佼，挠，找理由贬低。

由此观之，处位卑贱而欲效善于君，则必先与宠人为雠矣。恃①旧宠沮之于内，而己接贱欲自信于外②，此思善之君，愿忠之士，所以虽并生一世，忧心相瞰③，而终不得遇者也。

[注释]①原文作"乘"，据《汉魏丛书》本改。 ②己接贱欲自信于外：接贱，为"疏贱"之误。自己地位卑贱而想在朝外让君主信任自己。 ③瞰：清晰，分明。

考绩第七

凡南面①之大务,莫急于知贤;知贤之近途,莫急于考功。功诚考则治乱暴②而明,善恶信则直贤不得见障蔽,而佞巧不得窜③其奸矣。

[注释]①南面:古代以坐北朝南为尊位,天子皆面南而坐,故代称帝位。②暴(pù),同"曝",显现。 ③窜:逃。

夫剑不试则利钝暗,弓不试则劲挠诬,鹰不试则巧拙惑,马不试则良驽疑。此四者之有相纷也,由不考试故得然也。今群臣之不试也,其祸非直止于诬、暗、疑、惑而已,又必致于怠慢之节①焉。设如家人有五子十孙,父母不察精懦②,则勤力者懈弛,而惰慢者遂非③也,耗业破家之道也。父子兄弟,一门之计,犹有若此,则又况乎群臣总猥④治公事者哉?传曰:善恶无彰,何以沮劝⑤?是故大人⑥不考功,则子孙惰而家破穷;官长不考功,则吏怠傲而奸宄兴⑦;帝王不考功,则直贤抑而诈伪胜。故《书》曰⑧:"三载考绩,黜陟⑨幽明。"盖所以昭贤愚而劝能否也⑩。

[注释]①节:节操,操守。 ②精懦:优劣。 ③遂非:纵容恶习。④总猥:总是苟且。 ⑤何以沮劝:用什么来阻止人为恶,劝勉人为善?⑥大人:父母伯叔,泛指家长。 ⑦奸宄兴:奸诈之人占上风。 ⑧见《尚书·尧典》。 ⑨黜陟:黜,罢免。陟(zhì),提升。 ⑩昭贤愚而劝能否:彰明贤人和蠢人,劝勉能人和庸人。

圣王之建百官也,皆以承天治地,牧养万民者也。是故有号者必称于典,名理者必效于实,则官无废职,位无非人。夫守相令长①,效在治民;州牧刺史,在宪聪明②;九卿③分职,以佐三公④;三公总统,典和阴阳,皆当考治以效实为王休⑤者也。侍中、大夫、博士、议郎⑥,以言语为职,谏诤为官。及选茂才、孝廉、贤良方正、惇朴、有道、明经、宽博、武猛、治剧⑦,此皆名自命而号自定,群臣所当尽情竭虑称君诏也。

[注释]①守相令长:守,郡守。相,诸侯国的行政长官。令长,汉代县、邑、道的长官。 ②宪:当为"悉"。悉聪明:广泛了解信息。 ③九卿:指太常、光禄勋、卫尉、太仆、廷尉、大鸿胪、宗正、大司农、少府。 ④三公:职官名称,东汉指太尉、司徒、司空。 ⑤王休:指提拔贤才,黜退小人。 ⑥侍中、大夫、博士、议郎,皆为言官。 ⑦茂才、孝廉等:为汉代察举制度中选拔官员的八种科目。

今则不然,令长守相不思立功,贪残专恣,不奉法令,侵冤小民。州司不治,令远诣阙①上书讼诉。尚书不以责三公,三公不以让②州郡,州郡不以讨③县邑,是以凶恶狡猾易相冤也。侍中、博士谏议之官,或处位历年,终无进贤嫉恶、拾遗补阙之语,而贬黜之忧④。群僚举士者,或以顽鲁应茂才,以桀逆应至孝,以贪饕应廉吏,以狡猾应方正,以谀谄应直言,以轻薄应敦厚,以空虚应有道,以嚚⑤暗应明经,以残酷应宽博,以怯弱应武猛,以愚顽应治剧,名实不相副,求贡不相称。富者乘其材力,贵者阻其势要,以钱多为贤,以刚强为上。凡在位所以多非其人,而官听⑥所以数乱荒也。

[注释]①诣(yì)阙:诣,往,到。阙:指朝廷。 ②让:责备。 ③讨:声讨,谴责。 ④倒装句,唯忧虑自身的贬黜。 ⑤嚚(yín):愚蠢。 ⑥官听:当为"官职"。

古者诸侯贡士,一适谓之好德①,载适②谓之尚贤,三适谓之有功,则加之赏。其不贡士也,一则黜爵,载则黜地,三黜则爵土俱毕。附下罔上者死,附上罔下者刑,与闻国政而无益于民者斥,在上位而不能进贤者逐。其受事而重选举,审名实而取赏罚也如此。故能别贤愚而获多士,成教化而安民氓。三代于世,皆致太平。圣汉践阼③,载祀四八④,而犹未者,教不假⑤而功不考,赏罚稽而赦赎数⑥也。谚曰:"曲木恶直绳,重罚恶明证。"此群臣所以乐总猥⑦而恶考功也。

[注释]①一适谓之好德:第一次推荐了合适的人才,就称之为爱好德才。②载适:再次推荐合适人才。 ③践阼:阼通"阼",阶梯。践阼,登帝位,此处指建朝。 ④载祀:指年岁。四八:此处指三百二十年左右。 ⑤教不假:教,教化。假,至。 ⑥稽:拖延。数,频繁。 ⑦总猥:总是苟且。

夫圣人为天口①,贤人为圣译②。是故圣人之言,天之心也。贤者之所说,圣人之意也。先师京君③,科察考功,以遗④贤俊,太平之基,必自此始,无为之化,必自此来也。

[注释]①天口:天无言而圣人代之言,故曰"为天口"。 ②为圣译:为圣人传译。 ③京君:指京房,西汉易学家,在汉元帝时曾上奏"考功课吏法"。 ④遗:疑为"选"。

是故世主不循考功而思太平,此犹欲舍规矩而为方圆,无舟楫而欲济大水,虽或云纵①,然不知循其虑度之易且速也。群僚师尹,咸有典司,各居其职,以责其效;百郡千县,各因其前,以谋其后;辞言应对,各缘其文以核其实,则奉职不解②,而陈言者不得诬矣。《书》云:"赋纳以言,明试以功,车服以庸,谁能不让?谁能不敬应?③"此尧、舜所以养黎民而致时雍④也。

[注释]①纵:通"从",遂愿,成功。 ②解:懈。 ③引文见《尚书·皋陶谟》。车服以庸:赐予车马服饰表彰之。让:谦让。敬应:恭敬的回报。 ④致时雍:实现时世的和谐太平。

思贤第八

国之所以存者治也,其所以亡者乱也。人君莫不好治而恶乱,乐存而畏亡。然尝观上记①,近古以来,亡代有三②,秽国不数③,夫何故哉？察其败,皆由君常好其所乱,而恶其所治；憎其所以存,而爱其所以亡。是故虽相去百世,县年一纪④,限隔九州,殊俗千里,然其亡征败迹,若重规袭矩,稽节合符。故曰：虽有尧、舜之美,必考于《周颂》⑤；虽有桀、纣之恶,必讥于《版》、《荡》⑥。"殷鉴不远,在夏后之世"⑦。

[注释]①上记：上世古书。 ②亡代有三：指夏商周三代。 ③秽国不数：秽,当为"灭"。不数,无数。 ④一纪：古人以4560年为一纪。 ⑤《周颂》：为《诗经》中的组诗。 ⑥《版》、《荡》：为《诗经·小雅》中的名篇。今本作《板》。 ⑦这两句见《诗经·小雅·荡》。

夫与死人同病者,不可生也；与亡国同行者,不可存也。岂虚言哉！何以知人之且病也？以其不嗜食也。何以知国之将乱也？以其不嗜贤也。是故病家之厨,非无嘉馔也,乃其人弗之能食,故遂于死也。乱国之官,非无贤人也,其君弗之能任,故遂于亡也。夫生飰秔粱①,旨酒甘醪②,所以养生也,而病人恶之,以为不若菽麦糠糟欲清者,此其将死之候也。尊贤任能,信忠纳谏,所以为安也,而暗君恶之,以为不若奸佞阘茸③谀诙之言者,此其将亡之征也。老子曰④:"夫唯病病,是以不病。"《易》称⑤"其亡其亡,系于苞桑。"是故养寿之士,先病服药;养世之君,先乱任贤,是以身常安而国脉永⑥也。

[注释]①飰:即"饭"字。秔(jīng),同"粳",粳稻。泛指甘美的饭食。②醪(láo):汁滓混合的酒。 ③阘茸:卑贱之人。 ④引文见《道德经》第七十一章。因为把毛病看作毛病,因此不会生病。 ⑤引文见《周易·否》。两句大意是系于苞桑不可靠,故心存危惧。 ⑥原作"国永永",据《汉魏丛书》本改。

上医医国,其次下医医疾。夫人治国,固治身之象。疾者身之病,乱者国之病也。身之病待医而愈,国之乱待贤而治。治身有黄帝之术,治世有孔子之经。然病不愈而乱不治者,非针石之法误,而五经之言诬也,乃因之者非其人。苟非其人,则规不圆而矩不方,绳不直而准不平,钻燧不得火,鼓石①不下金,驱马不可以追速,进舟不可以涉水也。凡此八者,天之张道②,有形见物,苟非其人,犹尚无功,则又况乎怀道术以抚民氓,乘六龙以御天心者哉③?

[注释]①鼓石:鼓风冶炼。 ②张道:显示其规律。 ③乘六龙以御天心:引文见《周易·乾·象辞》。原意指天乘着六位之气(天地四时为六位)来化生万物,此喻帝王。

夫治世不得真贤,譬犹治疾不得良医也。治疾当得真人参,反得支罗服①;当得麦门冬,反得烝穬麦②。已而不识真,合而服之,病以侵剧③,不自知为人所欺也。乃反谓方不诚而药皆无益于疗病,因弃后药而弗敢饮,而便求巫觋者,虽死可也。人君求贤,下应以鄙,与直不以枉。己不引真,受猥④官之,国以侵乱,不自知为下所欺也。乃反谓经不信而贤皆无益于救乱,因废真贤不复求进,更任俗吏,虽灭亡可也。三代以下,皆以支罗服、烝穬麦合药,病日痁⑤而遂死也。

[注释]①支罗服:即萝菔根。 ②烝穬(kuàng)麦:根部类似于麦门冬的植物。 ③病以侵剧:病因此而逐渐加重。 ④猥:卑贱无能者。 ⑤痁(diàn):即"阽",病重。

《书》曰:"人之有能,使循其行,国乃其昌。"①是故先王为官择人,必得其材,功加于民,德称其位,"人谋鬼谋,百姓与能"②,务顺以动天地如此。三代开国建侯,所以传嗣百世,历载千数者也。

[注释]①见《尚书·洪范》。循:通"修"。循行:提高品德修养。 ②见《周易·系辞下传》。人谋:人的谋划。鬼谋:占卜鬼神了解吉凶。与,通"举"。任用人才之前与众人商量,听取鬼神的谋划,让百姓举荐能人。

自春秋之后,战国之制,将相权臣,必以亲家①。皇后兄弟,主婿外孙,年虽童妙②,未脱桎梏③,由藉④此官职,功不加民,泽不被下而取侯,多受茅土⑤,又不得治民效能以报百姓,虚食重禄,素餐尸位,而但事淫佚,坐作骄奢,破败而不及传世者也。

[注释]①亲(qìng)家:姻亲。 ②主婿外孙:公主、女婿所生的外孙。妙:小。 ③桎梏(zhì gù):此处指尚未脱离父母师长的管束。 ④由:因为。藉:凭借。 ⑤受茅土:古代分封诸侯王的一种仪式。象征诸侯王从天子那里受封疆土。

子产①有言:"未能操刀而使之割,其伤实多。"②是故世主之于贵戚也,爱其嬖媚之美,不量其材而授之官,不使立功自托于民,而苟务高其爵位,崇其赏赐,令结怨于下民,县罪于恶③,积过既成,岂有不颠陨者哉?此所谓"子之爱人,伤之而已"④哉!

[注释]①子产:名侨,字子产。春秋时郑国政治家。 ②见《左传·襄公三十一年》。还不会拿刀子就让去宰杀牲口,肯定会受很多伤。 ③县罪于恶:县,即"悬"本字。犯了罪而没有得到惩处。 ④引语见《左传·襄公三十一年》。

先主之制,官民必论其材,论定而后爵之,位定然后禄之。人君也此君不察①,而苟以亲戚色官②之人典官者,譬犹以爱子易御仆,以明珠易瓦砾③,虽有可爱好之情,然而其覆大车而杀病人也必矣。《书》称④"天工,人其代之",传曰⑤:"夫成天地之功者,未尝不蕃昌也。"由此观之,世主欲无功之人而强富之,则是与天斗也。使无德况之人⑥与皇天斗,而欲久立,自古以来,未之尝有也。

[注释]①此句当作:今之君也不此察。 ②色官:指以骨相取人命官。③瓦砾:瓦指瓦甑、古砖、砂锅。砾指水中白石、水中石子(见《本草纲目》)。

古代以此治病。 ④引语见《尚书·皋陶谟》。上帝安排的官职,人应当代替上帝来管理。《尚书·皋陶谟》孔传云:"言人代天理官,不可以天官私非其才。" ⑤传:指古书。 ⑥无德况之人:况,通"贶"(kuàng),赏赐。没有恩德赐予民众的人。

本政第九

凡人君之治,莫大于和阴阳。阴阳者,以天为本。天心顺则阴阳和,天心逆则阴阳乖。天以民为心,民安乐则天心顺,民愁苦则天心逆。民以君为统,君政善则民和治,君政恶则民冤乱。君以恤民为本,臣忠良则君政善,臣奸枉则君政恶。以选为本①,选举实则忠贤进,选虚伪则邪党贡。选以法令为本,法令正则选举实,法令诈则选虚伪。法以君为主,君信法则法顺行,君欺法则法委弃。君臣法令之功,必效于民。故君臣法令善则民安乐,民安乐则天心慰,天心慰则阴阳和,阴阳和则五谷丰,五谷丰而民眉寿②,民眉寿则兴于义,兴于义而无奸行,无奸行则世平,而国家宁、社稷安,而君尊荣矣。是故天心、阴阳、君臣、民氓、善恶相辅至而代相征③也。

[注释]①"以选为本"前脱"臣"字。 ②眉寿:长寿。人老眉长,故称眉寿。 ③相辅至而代相征:征,感召。相辅相成而互相感召。

夫天者,国之基也;君者,民之统也;臣者,治之材也。

工欲善其事,必先利其器①。是故将致太平者,必先调阴阳;调阴阳者,必先顺天心;顺天心者,必先安其人②;安其人者,必先审择其人。是故国家存亡之本,治乱之机,在于明选而已矣。圣人知之,故以为黜陟之首。《书》曰:"尔安百姓,何择非人?"③此先王致太平而发颂声也。

[注释]①这两句见《论语·卫灵公》。 ②人:当为"民"字。 ③引文见《尚书·吕刑》。何择非人:倒装句,犹言非人何择?

《否》、《泰》消息,阴阳不并①,观其所聚,而兴衰之端可见也。稷、禹、皋陶②聚而致雍熙③,皇父、蹶、踽④聚而致灾异。夫善恶之象,千里合符,百世累迹,性相近而习相远。是故贤愚在心,不在贵贱;信欺在性,不在亲疏。二世所以共亡天下者,丞相、御史也⑤。高祖所以共取天下者,缯肆、狗屠⑥也;骊山之徒⑦,钜野之盗⑧,皆为名将。由此观之,苟得其人,不患贫贱;苟得其材,不嫌名迹。

[注释]①《否》、《泰》消息:《否》、《泰》为《周易》的卦名,一凶一吉。消,减少。息,增长。指君子小人之道彼此消长。阴阳不并:指君子与邪恶小人不能共处于一个朝廷上。 ②稷(jì):周族的始祖,名弃。尧舜时贤臣,执掌农事。禹,夏后氏部落领袖,奉舜命治水,继舜为部落联盟首领。皋陶(yáo):舜时贤臣,掌刑狱之事。 ③雍熙:太平盛世。 ④皇父、蹶(guì)、踽(jǔ):均为周幽王时朝中佞臣。 ⑤丞相、御史:秦二世的丞相为李斯、赵高。御史大夫名德。 ⑥缯肆、狗屠:指西汉开国名将灌婴和樊哙。早年灌婴贩缯,樊哙屠狗,后随高祖取天下,屡建奇功。 ⑦骊山之徒:指黥布。原为秦朝修骊山陵的刑徒,后率众起义,最终归附于刘邦,封淮南王,后以谋反罪被诛。 ⑧钜野之盗:指彭越,曾在钜野为盗,随刘邦起义,以战功封为梁王,后以谋反罪被诛。

远迹①汉元②以来,骄贵之臣,每受罪诛,党与在位,并伏辜者,常十二三。由此观之,贵宠之臣,未尝不播授③私人进奸党也。是故王莽与汉公卿牧守夺汉,光武与汉之遗民弃士共诛。如贵人必贤而忠,贱人必愚而欺,则何以若是?

[**注释**]①迹:追踪。 ②汉元:指西汉高祖元年,公元前205年。③播:播种,引申为培植。授:授予官职。

自成帝以降,至于莽,公卿列侯,下讫令尉①,大小之官,且十万人,皆自汉所谓贤明忠正贵宠之士也。莽之篡位,惟安众侯刘崇②、东郡太守翟义③思事君之礼,义勇奋发,欲诛莽。功虽不成,志节可纪。夫以十万之计④,其能奉国报恩⑤,二人而已。由此观之,衰世群臣诚少贤也,其官益大者罪益重,位益高者罪益深尔。故曰:治世之德,衰世之恶,常与爵位自相副也。

[**注释**]①令尉:指县令、县尉。 ②刘崇:西汉宗室大臣,封安众侯。王莽篡位,刘崇举众数百人攻打宛城,兵败而死。 ③翟义:西汉东郡太守。新朝时乘郡都试之际起兵,兵败受酷刑而死。 ④原作"十万之计",当为"十万计之"。 ⑤原作"奉报恩",据《广汉魏丛书》本改。

孔子曰:"国有道,贫且贱焉,耻也;国无道,富且贵焉,耻也。"①《诗》伤"皎皎白驹,在彼空谷"②,"巧言如流,俾躬处休"③。盖言衰世之士,志弥洁者身弥贱,佞弥巧者官弥尊也。方以类聚,物以群分,同明相见,同听相闻,惟圣知圣,惟贤知贤。

[注释]①见《论语·泰伯》。 ②见《诗经·小雅·白驹》。 ③见《诗经·小雅·雨无正》。

今当涂之人①,既不能昭练贤鄙②,然又却于贵人之风指③,胁以权势之嘱托④,请谒阗⑤门,礼赞辐辏,迫于目前之急,则且先之。此正士之所独蔽,而群邪之所党进也。

[注释]①当涂之人:当权之人。 ②昭练贤鄙:明确地辨别贤人与庸才。③却:当为"劫",与下"胁"字同义。风指:旨意。被显贵之人的旨意所威胁。④原作"属托",据《汉魏丛书》本改。 ⑤阗:满。

周公之为宰辅也,以谦下士,故能得真贤。祁奚①之为大夫也,举雠荐子,故能得正人。今世得位之徒,依女妹之宠以骄士,藉亢龙之势以陵贤,而欲使志义之士,匍匐曲躬以事己,毁颜谄谀以求亲,然后乃保持②之,则贞士采薇冻馁③,伏死岩穴之中而已尔,岂有肯践其阙④而交其人者哉?

[注释]①祁奚:春秋时晋国中军尉。告老时推荐其仇人解狐和儿子祁午接任。人称誉其举仇非谄媚,荐子不为私。 ②保持:扶持佐助。 ③采薇:传说伯夷、叔齐义不食周粟,隐居首阳山采薇充饥。本句用此典故。 ④阙:指门庭。

潜叹第十

凡有国之君,未尝不欲治也,而治不世①见者,所任不贤故也。世未尝无贤也,而贤不得用者,群臣妒也。主有索贤之心,而无得贤之术;臣有进贤之名,而无进贤之实,此以人君孤危于上,而道独抑于下也。

[**注释**]①世:古人以三十年为一世。

夫国君之所以致治者,公也,公法行则轨①乱绝。佞臣之所以便身者私也,私术用则公法夺②。列士之所以建节者义也,正节立则丑类代③。此奸臣乱吏无法之徒,所为日夜杜塞贤君义士之间④,咸使不相得⑤者也。

[**注释**]①轨:即"宄"(guī),犯法作乱之人。 ②夺:丧失,失效。 ③代:当为"伐"字。伐,被排斥。 ④原作"闲",据《汉魏丛书》本改。 ⑤相得:相亲。

夫贤者之为人臣,不损君以奉佞,不阿众以取容①,不堕公以听私,不挠法以吐刚②,其明能照奸,而义不比党③。是以范武归晋而国奸逃④,华元反朝而鱼氏亡⑤。故正义之士与邪枉之人不两立。而人君之取士也,不能参听民氓,断之聪明,反徒信乱臣之说,独用污吏之言,此所谓与仇选使,令囚择吏者也。

[注释]①取容:取悦。 ②吐刚:畏惧强暴。 ③比党:结党。 ④范武:名士会,春秋时晋国大臣。因与赵盾有矛盾,逃奔秦国。后归国,率军灭赤狄,任中军主帅兼太傅,晋国大治,盗贼尽逃奔秦国。 ⑤华元:春秋时宋国公族大夫。宋文公时为右师,因公室贵族内部斗争出奔晋国。后返宋国诛杀危害公室的荡泽,鱼氏诸桓族惧诛而逃奔楚国。

《书》云:"谋及乃心,谋及庶人。"①孔子曰:"众好之,必察焉;众恶之,必察焉。"②故圣人之施舍③也,不必任众,亦不必专己④,必察彼己之为,而度之以义,或舍人取己,故举无遗失而政无废灭也。或君⑤则不然,己有所爱,则因以断正,不稽⑥于众,不谋于心,苟眩⑦于爱,惟言是从,此政之所以败乱,而士之所以放佚者也。

[注释]①见《尚书·洪范》。 ②见《论语·卫灵公》。 ③施舍:推行和放弃。 ④专己:独断。 ⑤或君:或,惑。昏乱之君。 ⑥稽:考察。⑦眩:迷惑。

昔纣好色,九侯闻之,乃献厥女①。纣则大喜,以为天下之丽莫若此也,以问妲己②。妲己惧进御而夺己爱也,乃伪俯而泣曰:"君王年即耆③邪?明既衰邪?何貌恶之若此而覆④谓之好也?"纣于是渝⑤而以为恶。妲己恐天下之愈进美女者,因白:"九侯之不道也,乃欲以此惑君王也。王而弗诛,何以革后?"纣则大怒,遂脯⑥厥女而烹九侯。自此之后,天下之有美女者,乃皆重室昼闭,惟恐纣之闻也。赵高专秦,将杀二世,乃先示权于众,献鹿于君,以为骏马。二世占⑦之曰:"鹿。"高曰:"马也。"二世收目独⑧视,曰:"丞相误邪!此鹿也。"高终对以马。问于朝臣,朝臣或助二世而非高。高因白二世:"此皆阿主惑上,不忠莫大。"乃尽杀之。自此之后,莫敢正谏,而高遂杀二世于望夷⑨,竟以亡。

[注释]①九侯:又作鬼侯。商纣王时诸侯,与西伯昌、鄂侯为商朝三公。厥,其。 ②妲己:商纣妃,己姓。纣王伐有苏氏,有苏氏献之,为纣王宠爱,唯其言是从。周武王伐商,纣败亡,妲己自缢而死。 ③即:同"既",接近。耆:老。 ④覆:反而。 ⑤渝:变。 ⑥脯(fǔ):肉干。此处为名词使动用法。 ⑦占:视。 ⑧独:当为"注"。 ⑨望夷:望夷宫,秦朝离宫。因其用于防范北方少数民族、屏障咸阳而得名。故址在今陕西泾阳县。

夫好之与恶效于目①,而鹿之与马者著于形者也,已又定矣。还至谗如臣妾②之饰伪言而作辞也,则君王失己心,而人物丧我体矣③。况乎逢幽隐囚人,而待校其信,不若察妖女之留意也;其辨贤不肖也,不若辨鹿马之审固也。此二物者,皆得进见于朝堂,暴质于廷臣④矣。及欢爱苟媚、佞说巧辨之惑君也,犹炫耀⑤君目,变夺君心,便以好为丑,以鹿为马,而况于郊野之贤、阙外之士,未尝得见者乎?

[注释]①好之与恶效于目:效,呈现。漂亮与丑陋的看在眼里。 ②还至谗如臣妾:当作"及至谗妒臣妾"。 ③人物丧我体:人和物都在君主心目

中丧失了固有的形态。 ④暴质于廷臣:原作"心臣",据《汉魏丛书》本改。将资质暴露于大臣面前。 ⑤炫耀:眩惑。

夫在位者之好蔽贤而务进党①也,自古而然。昔唐尧之大圣也,聪明宣昭;虞舜之大圣也,德音发闻②。尧为天子,求索贤人,访于群后③,群后不肯荐舜而反称共、鲧之徒,赖尧之圣,后乃举舜而放四子④。夫以古圣之质也,尧聪之明也,舜德之彰也,君明不可欺,德彰不可蔽也。质鲜为佞,而位者尚直若彼。今夫列士之行,其不及尧、舜乎达⑤矣,而俗之荒唐,世法滋彰。然则求贤之君,哀民之士,其相合也,亦必不几⑥矣。文王游畋⑦,遇姜尚于渭滨,察言观志而见其心,不谘左右,不诹⑧群臣,遂载反⑨归,委之以政,用能造周⑩。故尧参乡党以得舜,文王参己以得吕尚,岂若殷辛⑪、秦政⑫,既得贤人,反决滞于雠⑬,诛杀正直,而进任奸臣之党哉?

[注释]①党:私党。 ②发闻:传播。 ③后:指部落首领。 ④放四子:指尧流共工于幽陵,放驩兜于崇山,迁三苗于三危,殛鲧于羽山。 ⑤达:当为"远"。 ⑥必不几:几,冀,希望。必然没有希望。 ⑦游畋:打猎。 ⑧诹(zōu):咨询。 ⑨反:返。 ⑩造周:创立周朝。 ⑪殷辛:即帝辛,商纣王。 ⑫秦政:即秦始皇嬴政。 ⑬决滞于雠:根据仇人的意见来摆布。商纣王得贤人姬昌后,听从其仇人崇侯虎之言而囚于羑里。秦皇得韩非后,听信李斯之言将韩非囚于云阳,后李斯杀害韩非。

是以明圣之君于正道也,不专驱于贵宠,惑于嬖媚,不弃疏远,不轻幼贱,又参而任之。故有周之制也,天子听政,使三公至于列士①献典,良史献书,师箴②,瞍③赋,蒙④诵,百工⑤谏,庶人传语⑥,近臣尽规⑦,亲戚补察⑧,瞽⑨、史教诲,耆艾⑩修之,而后王斟酌焉,是以事行而无败也。

[注释]①列士:士有上、中、下士,故称列士。 ②师箴:少师献箴言。 ③瞍(sǒu):无眸子的盲人。 ④蒙:即矇,失明的人。 ⑤百工:指乐工。 ⑥传语:庶人没有机会直接进谏,但街谈巷议也能辗转传给国君。 ⑦尽规:尽,进。规,规劝。 ⑧补察:补,弥补。察,监督。 ⑨瞽:盲乐师。 ⑩耆艾:指老臣。

末世则不然。徒信贵人骄妒之议,独用苟媚①蛊惑之言,行丰礼者蒙愆咎②,论德义者见尤恶,于是谀臣又从以诋訾③之法,被以议上之刑,此贤士之始困也。夫诋訾之法者,伐贤之斧也而骄妒者,噬贤之狗也。人君内秉伐贤之斧,权④噬贤之狗,而外招贤,欲其至也,不亦悲乎!

[注释]①苟媚:苟且谄媚。 ②愆咎:罪责,过失。奉行诸多礼仪者反而受到责备。 ③诋訾:诋毁。 ④权:操纵,指使。

忠贵第十一

世有莫盛之福,又有莫痛之祸。处莫高之位者,不可以无莫大之功。窃亢龙之极贵者,未尝不破亡也;成天地之大功者,未尝不蕃昌也。

帝王之所尊敬者,天也;天之所甚爱者,民也。今人臣受君之重位,牧天之所甚爱,焉可以不安而利之,养而济之哉?是以君子任职则思利民,达上则思进贤,功孰大焉?故居上而下不重也,在前而后不殆也。《书》称"天工,人其代之"①,王者法天而建官,自公卿以下,至于小司②,辄③非天官也?是故明主不敢以私爱,忠臣不敢以诬能④。夫窃人之财,犹谓之盗,况偷天官⑤以私己乎?以罪犯人,必加诛罚,况乃犯天,得无咎乎?

[注释]①见《尚书·皋陶谟》。 ②小司:职位卑微的低级官吏。③辄:当为"孰"。 ④诬能:冒充有才能者。 ⑤天官:天设官职。承前文"王者法天而建官"而言。

五代①建侯,开国成家,传嗣百世,历载千数,皆以能当天官,功加百姓。周公东征,后世追思②,召公甘棠,人不忍伐③,见爱如是,岂欲私害之者哉?此其后之封君多矣,或不终身,或不期月,而莫④陨坠,其世无者,载莫盈百⑤,是人何也⑥哉?

[注释]①五代:唐、虞、夏、商、周五代。 ②指《诗经·豳风·破斧》对此事的讴歌。 ③指《诗经·召南·甘棠》的赞颂。召(shào)公尝舍于甘棠树下理讼,后世思其德,不忍伐其树。 ④"莫"后脱"不"字。 ⑤其世无者,载莫盈百:世无者,当为"抚世者"。治理封国者的世袭年数,没有满百年就败亡了。 ⑥"也"当为"在"。

五代之臣,以道事君,以仁抚世,泽及草木,兼利外内,普天率土,莫不被德,其所安全,真天工也。是以福祚流衍,本枝百世。季世①之臣,不思顺天,而时主是谀,谓破敌者为忠,多杀者为贤。白起、蒙恬②,秦以为功,天以为贼。息夫、董贤③,主以为忠,天以为盗。此等之俦④,虽见贵于时君,然上不顺天心,下不得民意,故卒泣血号咷,以辱终也。《易》曰:"德薄而位尊,智小而谋大,力少而任重,鲜不及矣。"⑤是故德不称其任,其祸必酷;能不称其位,其殃必大。

[注释]①季世:末世。 ②白起、蒙恬:白起,战国秦国名将,善用兵,事秦昭王。攻伐战争中多所杀伤,如长平之战坑杀赵国降卒四十余万。后遭丞相范雎(jū)排挤,自杀。蒙恬,秦朝名将,秦统一六国后,率兵三十万人击退匈奴,收复河南地,并修筑长城。后被赵高矫诏迫令自杀。 ③息夫、董贤:息夫指西汉大臣息夫躬,为人奸邪多计,屡次进言陷害朝臣,受到汉哀帝宠信,后贬官而死。董贤:汉哀帝男宠,受赏赐巨万,贵倾朝廷,官至大司马卫将军。哀帝死后,董贤畏罪自杀。 ④俦:类别。 ⑤见《周易·系辞下传》。鲜不及矣:很少不遭遇祸患的。

且夫窃位之人,天夺其鉴,神惑其心。是故贫贱之时,虽有鉴明之资,仁义之志,一旦富贵,则背亲捐①旧,丧其本心。皆疏骨肉而亲便辟②,薄知友③而厚狗马。财货满于仆妾,禄赐尽于猾奴。宁见朽贯千万,而不忍赐人一钱;宁积粟腐仓,而不忍贷人一斗。人多骄肆,负债不偿,骨肉怨望于家,细民谤讟④于道。前人以败,后争袭之,诚可伤也。

　　[**注释**]①捐:弃。　②便辟(pián bì):即便嬖,宠信之人。　③知友:挚友。　④讟(dú):众怨。

　　历观前世贵人之用心也,与婴儿等。婴儿有常病,贵臣有常祸,父母有常失,人君有常过。婴儿常病,伤饱也;贵臣常祸,伤宠也。父母常失,在不能已①于媚②子;人君常过,在不能已于骄臣。哺乳太多,则必挚纵③而生痫④;贵富太盛,则必骄佚而生过。是故媚子以贼其躯者,非一门也;骄臣用灭其家者,非一世也。或以背叛横逆不道,或以德薄不称其贵。文昌⑤奠功,司命⑥举过,观恶深浅,称罪降罚,或捕格⑦斩首,或拉髆挚胸⑧,掊死深阱⑨,衔刀都市,殭尸破家,覆宗灭族者,皆无功于民氓者也。而后人贪权冒宠,蓄积无极,思登颠陨之台,乐循覆车之迹,愿神⑩福祚,以备员满贯者⑪,何世无之?

　　[**注释**]①已:止。　②媚:爱。　③挚纵:抽搐。　④痫(xián):小儿惊风病。　⑤文昌:传说专司文章的星神。　⑥司命:传说主司人寿命的星神。⑦捕格:拒捕而杀之。　⑧拉髆(bó)挚胸:髆,肩。挚,制伏。　⑨掊死深阱:掊,通"踣",倒毙。阱:地牢。　⑩神:通"坤",厚。　⑪备员满贯者:加

入恶盈满贯者的行列。

当吕氏之贵也,太后称制而专政,禄、产①秉事而握权,擅立四王②,多封子弟,兼据将相,外内磐结,自以虽汤、武兴,五霸③作,弗能危也。于是废仁义而尚威虐,灭礼信而务谲诈。海内怨痛,人欲其亡,故一朝摩灭④而莫之哀也。霍氏之贵,专相幼主,诛灭同僚,废帝立帝,莫之敢违⑤。禹继父位,山、云屏事⑥,诸婿专典禁兵,婚姻本族⑦。王氏⑧之贵,九侯五将,朱轮⑨二十三。太后专政,秉权三世⑩。莽为宰衡⑪,封安汉公,居摄假号,身当南面,卒以篡位,十有余年,自以居之已久,威立恩行,永无祸败,故遂肆心恣意,私近忘远,崇聚群小,重赋殚民,以奉无功,动为奸诈,托之经义,迷罔百姓,欺诬天地。自以我密,人莫之知,皇天从上鉴其奸,神明自幽照其态,岂有误哉!

[注释]①禄、产:指吕禄、吕产,吕后的侄子。吕后病重时,令吕禄为上将军,军北军,吕产居南军。 ②指吕后立兄子吕台、产、禄、台子通四人为王。 ③五霸:指春秋霸主,通常指齐桓、晋文、秦穆、宋襄、楚庄。 ④摩:通"糜",灭。 ⑤霍氏:指霍光。霍光,武帝的大臣,受武帝遗诏辅佐年幼的汉昭帝。任大司马大将军,封侯。先后以罪诛杀大臣桑弘羊、上官桀。昭帝死后主持立昌邑王刘贺为帝,旋废,又立宣帝。前后执政凡二十年。霍光死后,宣帝诛灭霍氏家族。 ⑥禹继父位:霍禹,霍光之子,为大司马大将军。山、云:指霍光的侄孙霍山、霍云。分别任奉车都尉和中郎将。屏事:屏当作秉。 ⑦诸婿专典禁兵:霍光的女婿分别任长乐宫、未央宫卫尉,以及羽林监、散骑骑都尉。本族:为帝族之误。霍光将女儿嫁给汉宣帝。 ⑧王氏:指王莽,元帝皇后王政君之侄。平帝死后,王莽由摄政而篡汉,建新朝。 ⑨朱轮:汉代贵族的车轮皆饰以红色,表明地位高贵。 ⑩三世:指成、哀、平帝三世。 ⑪宰衡:即宰相。

夫鸟以山为卑而憎巢①其上,鱼以渊为浅而穿穴其中,卒所以得之者,饵也。贵戚惧家之不吉而制诸令名②,惧门之不坚而为作铁枢③,卒其以败者,非苦禁忌少而门枢朽也,常苦崇财货而行骄僭④,虐百姓而失民心尔。

[**注释**]①憎(zēng)巢:聚柴木所做的鸟巢。 ②惧家之不吉而制诸令名:制,原作"聚",据《后汉书》本改。怕家中不吉利而为宫室制定了美好的名称。 ③铁枢:铁制户枢。 ④僭:僭越。

孔子曰:"不患无位,患己不立。"①是故人臣不奉遵礼法,竭精思职,推诚辅君,效功百姓,下自附于民氓,上承顺于天心,而乃欲任其私知②,窃君威德,以陵下民,反戾③天地,欺诬神明,偷进苟得,以自奉厚;居累卵之危,而图泰山之安,为朝露之行,而思传世之功,譬犹始皇之舍德任刑,而欲计一以至于万也④,岂不惑哉!

[**注释**]①见《论语·里仁》。不担忧自己没有职位,而担忧自己无以立身。 ②私知:私智。 ③戾:违背。 ④计一以至于万:秦始皇废除谥法,自己号称始皇帝,后世以计数,幻想二世三世至于万世,传之无穷。

浮侈第十二

　　王者以四海为一家,以兆民为通计。一夫不耕,天下必受其饥者;一妇不织,天下必受其寒者。今举世舍农桑,趋商贾,牛马车舆,填塞道路,游手为巧,充盈都邑,治本者少,浮食者众。"商邑翼翼,四方是极①。"今察洛阳,浮末者什②于农夫,虚伪游手者什于浮末。是则一夫耕,百人食之;一妇桑,百人衣之,以一奉百,孰能供之?天下百郡千县,市邑万数,类皆如此,本末何足相供?则民安得不饥寒?饥寒并至,则安能不为非?为非则奸宄,奸宄繁多,则吏安能无严酷?严酷数加,则下安能无愁怨?愁怨者多,则咎征并臻③,下民无聊④,而上天降灾,则国危矣。

　　[注释]①两句见《诗经·商颂·殷武》。翼翼:整齐貌。四方是极:作为四方效法的准则。　②什:十倍。　③咎征并臻:咎,灾祸。征,应验。臻,至。灾祸的迹象同时出现。　④无聊:无以聊生。

　　夫贫生于富,弱生于强,乱生于治,危生于安。是故明王之养民也,忧之劳之,教之诲之,慎微防萌,以断其邪。故《易》美"节以制度,不伤财,不害民①";《七月》诗②大小教之,终而复始。由此观之,民固不可恣③也。

[注释]①见《周易·节·象辞》。 ②指《诗经·豳风·七月》。该诗叙述一年之中从大到小的事务,周而复始,反复强调。 ③恣:放纵。

今民奢衣服,侈饮食,事口舌,而习调欺①,以相诈给②,比肩是也。或以谋奸合任③为业,或以游敖④博弈为事;或丁夫世不傅⑤犁锄,怀丸挟弹,携手遨游。或取好土作丸卖之,于⑥弹外不可以御寇,内不足以禁鼠,晋灵⑦好之以增其恶,未尝闻志义之士喜操以游者也。惟无心之人,群竖小子,接而持之,妄弹鸟雀,百发不得一,而反中面目,此最无用而有害也。或坐作竹簧,削锐其头,有伤害之象,傅以蜡蜜,有甘舌⑧之类,皆非吉祥善应。或作泥车、瓦狗、马骑、倡排⑨,诸戏弄小儿之具以巧诈。

[注释]①调:欺。 ②给(dài):通"诒",欺骗。 ③合任:互相纠合。 ④敖:遨游。 ⑤傅:扶。 ⑥于:当为"其"字。 ⑦晋灵:指春秋时晋灵公。荒淫无道,选丁壮之人,居高台上以弹击人,观人躲避,以此取乐。 ⑧甘舌:使舌头甜。 ⑨排:通"俳"。倡俳,演滑稽戏的人。

《诗》刺①"不绩其麻,女也婆娑②"。今妇人多不修中馈③,休其蚕织,而起学巫祝,鼓舞事神,以欺诬细民,荧惑④百姓。妇女赢弱,疾病之家,怀忧愦愦⑤,皆易恐惧,至使奔走便时⑥,去离正宅,崎岖路侧,上漏下湿,风寒所伤,奸人所利,贼盗所中,益祸益祟⑦,以致重者不可胜数。或弃医药,更往事神,故至于死亡,不自知为巫所欺误,乃反恨事巫之晚,此荧惑细民之甚者也。

[注释]①刺:讽刺。 ②引文见《诗经·陈风·东门之枌》。 ③"妇人"两字,据《后汉书·王符传》引文补。中馈:指家中饮食之事。 ④荧惑:惑乱。 ⑤愦(kuì)愦:昏乱。 ⑥便时:吉利的时日。 ⑦祟:鬼神所致祸害。

或裁好缯①,作为疏头②,令工采画,雇人书祝③,虚饰巧言,欲邀多福。或裂拆缯彩,裁广数分,长各五寸,缝绘佩之。或纺彩丝而縻④,断截以绕臂。此长⑤无益于吉凶,而空残灭缯丝,綮悖⑥小民。或剋削绮縠⑦,寸窃⑧八采,以成榆叶⑨、无穷⑩、水波之纹,碎刺缝紩⑪,作为笥囊⑫、裙襦⑬、衣被,费缯百缣⑭,用功十倍。此等之侈,既不助长农⑮工女,无有益于世,而坐食嘉谷,消费白日,毁败成功,以完为破,以牢为行⑯,以大为小,以易为难,皆宜禁者也。

[注释]①缯(zēng):帛。 ②疏头:指祝告文书。 ③祝:事鬼神、祈福祥之辞。 ④而:乃"为"字之误。縻,绳索。据《御览》卅一引《风俗通》云:"五月五日,以五彩丝系臂者,辟兵及鬼,令人不病温。" ⑤长:当为衍文。⑥綮悖:愚弄恐吓。 ⑦绮(qǐ):有花纹或图案的丝织品。縠(hú):有绉纹的纱。 ⑧窃:通"切"。 ⑨榆叶:当为"叶榆",一种丝织绢。 ⑩无穷:又名"无极",汉时一种花纹的名称。 ⑪碎刺:细密刺之为花纹。紩(zhì):缝。⑫笥(sì)囊:装饰用的香袋。 ⑬襦(rú):短衣。 ⑭缣(jiān):一种细绢。⑮长农:当为"良农"。 ⑯行(háng):质量差,不牢固。

山林不能给野火,江海不能灌漏卮①。孝文皇帝躬衣弋绨②,足履革舄③,以韦④带剑,集上书囊以为殿帷。盛夏苦暑,欲起一台,计直百万,以为奢费而不作也。今京师贵戚,衣服、饮食、车舆、文饰、庐舍,皆过王制,僭上甚矣。从奴仆妾,皆服葛子升越⑤,筒中女布⑥,细致绮縠⑦,冰纨锦绣⑧。犀象珠玉,虎魄⑨玳瑁,石山隐饰,金银错镂,獐麂履舄,文组彩緤⑩,骄奢僭主,转相夸诧⑪,箕子所唏⑫,今在仆妾。富贵嫁娶,车軿⑬各十,骑奴侍僮,夹毂节引⑭。富者竞欲相过,贫者耻不逮及。是故一飨⑮之所费,破终身之本业。

[**注释**]①卮:盛酒的器皿。 ②孝文皇帝:汉文帝刘恒,以勤政节俭著称。弋(yì):即"黓"字,黑色。绨(tì):一种粗厚光滑的丝织品。 ③舄(xì):鞋。 ④韦:皮绳。 ⑤葛子升越:指上好的葛布。 ⑥筒中女布:筒即"筒"字。蜀地出产的麻黄润细布,以羌筒盛之,故名。女布:秭归所产的细麻布。 ⑦细致:质地细密的绢。 ⑧冰纨(wán)锦绣:冰纨,即凌纨,雪白的丝制品。锦绣:五彩兼备的丝织品。 ⑨虎魄:即琥珀。 ⑩文组彩緤(dié):装饰精美的鞋边、内鞋。 ⑪诧:夸耀。 ⑫唏(xī):哀叹。传说商纣荒淫奢糜,用象牙为箸,使得箕子悲叹。 ⑬軿(píng):妇女乘坐的有帷幕的车。 ⑭节引:导引。 ⑮飨:宴席。

古者必有命民①,然后乃得衣缯彩而乘车马。今者既不能尽复古,细民诚可不须,乃踰于古昔孝文②,衣必细致,履必獐麂,组必文采,饰袜必緰此③,挍④饰车马,多畜奴婢。诸能若此者,既不生谷,又坐为蠹⑤贼也。

[**注释**]①命民:指被帝王授予官爵或名号的人。 ②孝文:汉孝文帝。 ③緰(tòu)此:当为"緰赀",一种精细的麻布。 ④挍(jiào):同校(jiào)。校饰:装饰。 ⑤蠹(dù):蛀虫。

子曰:"古之葬者,厚衣之以薪,葬之中野,不封不树,丧期无时:后世圣人易之以棺椁。"①桐木为棺,葛采为缄②,下不及泉,上不泄臭。后世以楸梓槐柏杙樗③,各取方土所出,胶漆所致,钉细要④,削除铲靡⑤,不见际会⑥,其坚足恃,其用足任,如此可矣。其后京师贵戚,必欲江南檽梓豫章楩柟⑦;边远下土,亦竞相仿效。夫檽梓豫章,所出殊远,又乃生于深山穷谷,经历山岑⑧,立千步之高,百丈之溪,倾倚险阻,崎岖不便,求之连日然后见之,伐斫连月然后讫,会众然后能动担,牛列然后能致水,由江入海⑨,连淮逆河,行数千里,然后到雒。工匠雕治,积累日月,计一棺之成,功将千万。夫既其终用,重且万斤,非大众不能举,非大车不能輓。东至乐浪⑩,西至敦煌,万里之中,相竞用之。此之费功伤农,可为痛心!

[注释]①见《周易·系辞下传》。 ②葛采:葛蔓。缄(jiān):绳索。 ③楸(qiū):落叶乔木。梓(zǐ):落叶乔木。杙:可能是杝(yí)之误。杝,即椴木,形似白杨,古人多用以作棺。樗(huā),即桦树。 ④细要:用来连接棺板的零件,用硬木而制。今俗称"定榫"。 ⑤靡:研磨。 ⑥际会:接缝。 ⑦檽(nòu):南方产的一种树,皮可染紫。豫章:樟树。楩(pián):黄楩,南方产的一种树。柟(nān):即楠。 ⑧岑:小而高的山。 ⑨原作"油溃入海",据《四库全书》本改。 ⑩乐浪:汉代边郡,今朝鲜境内,汉武帝时建置。

古者墓而不崇。仲尼丧母,冢高四尺,遇雨而堕,弟子请治之。夫子泣曰:"礼不修墓。"鲤①死,有棺而无椁②。文帝葬于芷阳③,明帝④葬于洛南⑤,皆不藏珠宝,不造庙,不起山陵⑥。陵墓虽卑而德⑦高。今京师贵戚,郡县豪家,生不极养,死乃崇丧。或至刻金镂玉,檽梓楩柟,良田造茔⑧,黄壤⑨致藏,多埋珍宝偶人车马,造起大冢,广种松柏,庐舍祠堂,崇侈上⑩僭。宠臣贵戚,州郡世家,每有丧葬,都官⑪属县,各当遣吏赍⑫奉,车马帷帐,贷假待客之具,竞为华观。此无益于奉终,无增于孝行,但作烦搅扰,伤害吏民。

[注释]①鲤:即孔鲤,孔子的儿子。 ②椁:外棺。 ③芷阳:地名,今西安市东。 ④明帝:汉明帝刘庄,公元58年至公元76年在位。 ⑤洛南:地名,今洛阳市北。 ⑥山陵:帝王高大的陵墓。 ⑦原作"圣",据《后汉书·王符传》改。 ⑧茔(yīng):坟墓。 ⑨黄壤:当为"黄肠",汉代用黄心柏木在墓室中堆砌而成的顶端向内的墓壁,叫做"黄肠题凑"。 ⑩上:通"尚"。 ⑪都官:京师诸官府。 ⑫赍(jī):赠送。

今按鄗、毕之郊①,文、武之陵,南城之垒,曾晳之冢②。周公非不忠也,曾子非不孝也,以为褒君显父,不在聚财;扬名显祖,不在车马。孔子曰:"多货财伤于德,弊则没礼。"③晋灵厚赋以雕墙,春秋以为非君。华元、乐吕厚葬文公④,春秋以为不臣。况于群司士庶,乃可僭侈主上,过天道乎?

[注释]①鄗(hào)、毕之郊:指周文王、周武王的葬地。 ②指孔子弟子曾晳的墓葬,南城在今山东费县西南。 ③引文见《仪礼·聘礼》。是否孔子之言,待考。 ④华元、乐吕:春秋时宋国大夫。文公:宋文公,名鲍,春秋宋国国君,公元前610年到前589年在位。宋文公死后,大臣采用四重棺椁葬制,并杀人殉葬、用车马厚葬。

景帝时,武原侯卫不害①坐葬过律夺国。明帝时,桑民搅阳侯②坐冢过制髡削③。今天下浮侈离本,僭奢过上,亦已甚矣!

[**注释**]①卫不害:汉景帝时人,为武原侯,其子以厚葬卫不害触犯法律,被削夺侯位。 ②桑民摐(chuāng)阳侯:文献失载。 ③髡(kūn):剃去头发的刑罚。削:削减封地。

凡诸所讥,皆非民性,而竞务者,乱政薄化使之然也。王者统世,观民设教,乃能变风易俗,以致太平。

慎微第十三

凡山陵之高,非削成而崛起也,必步增而稍上焉;川谷之卑,非截断而颠陷也,必陂池①而稍下焉。是故积上不止,必致嵩②山之高;积下不已,必极黄泉之深。

[注释]①陂池(pō tuó):倾斜不平。 ②嵩:崇,山体高大。

非独山川也,人行亦然,有布衣积善不怠,必致颜、闵之贤①;积恶不休,必致桀、跖之名②。非独布衣也,人臣亦然,积正不倦,必生节义之志;积邪不止,必生暴弑之心。非独人臣也,国君亦然,政教积德,必致安泰之福;举错③数失,必致危亡之祸。故仲尼曰:"汤、武非一善而王也,桀、纣非一恶而亡也。三代之废兴也,在其所积。积善多者,虽有一恶,是为过失,未足以亡。积恶多者,虽有一善,是为误中,未足以存。"④人君闻此,可以悚惧。布衣闻此,可以改容。

[注释]①颜、闵之贤:颜,颜回。闵,闵子骞。春秋时鲁国人,孔子弟子,均以德行著称。 ②桀:夏朝末代君主,历史上有名的暴君。跖(zhí):春秋

战国之际东方的大盗,又称为"盗跖"。 ③错:通"措"。 ④孔子的这段话出处不明。

是故君子战战栗栗,日慎一日,克己三省①,不见是图②。孔子曰③:"善不积不足以成名,恶不积不足以灭身。小人以小善谓无益而不为也,以小恶谓无伤而不去也,是以恶积而不可掩,罪大而不可解也。"此蹶、踽④所以迷国而不返,三季⑤所以遂往而不振者也。

[注释]①三省:《论语·学而》:"曾子曰:'吾日三省吾身。'" ②见:通"现"。不见是图,指把事态消灭于萌芽之中。 ③见《周易·系辞下》。 ④蹶(guǐ)、踽(jǔ):人名,周幽王时朝中佞臣,以邪道蛊惑幽王。 ⑤三季:指夏商周三代之末世。

夫积微成显,积著成①;鄂誉鄂誉,鄂致存亡②,圣人常慎其微也。文王小心翼翼,武王夙夜敬止③,思慎微眇④,早防未萌⑤,故能太平而传子孙。

[注释]①成后脱字,当为"象"。 ②鄂誉鄂誉,鄂致存亡:当为"鄂鄂誉誉,以至存亡"。鄂鄂,直言。誉誉通"喻(yū)喻",谄媚。 ③夙夜敬止:从早到晚,恭敬谨慎。 ④思慎微眇:谨慎对待微小之事。 ⑤早防未萌:及早防备尚未萌发的危害。

且夫邪之与正,犹水与火不同原,不得并盛。正性胜,则遂重己①不忍亏也,故伯夷饿死而不恨;邪性胜,则忸忕②而不忍舍也,故王莽窃位而不惭,积恶习之所致也。夫积恶习非久,致死亡非一也。世品人遂③。

[**注释**]①重己:看重自身的德性。 ②忸:通"狃",忕当为"忕",狃忕(niǔ shì),习惯。 ③下有脱文。

　　夫圣贤卑革①,则登②其福。庆封、伯有③,荒淫于酒,沉湎无度,以弊其家。晋平殆政,惑以丧志④,良臣弗匡,故俱有祸⑤。楚庄、齐威⑥,始有荒淫之行,削弱之败,几于乱亡,中能感悟,勤恤民事,劳精苦思,孜孜不怠,夫出陈应⑦,爵命管苏⑧;召即墨⑨,烹阿大夫⑩,故能中兴,强霸诸侯,当时尊显,后世见思,传为令名,载在图籍。由此言之,有希⑪人君,其行一也,知己曰明,自胜曰强。

[**注释**]①卑革:当为"卑恭"。 ②登:成,获。 ③庆封:春秋时齐国大夫,字子家。伯有:春秋时郑国大夫良霄,二人均因嗜酒误政,导致身亡家破。 ④晋平殆政:指春秋时期晋平公沉淫声色,不理朝政,迷惑女色而丧失神志。 ⑤良臣弗匡:指贤臣赵孟不谏,后一同受害。 ⑥楚庄、齐威,指楚庄王、齐威王。楚庄王公元前613年至公元前590年在位。齐威王公元前356年至公元前319年在位。 ⑦陈应,楚国大臣。为何被放逐,原因已不可考。 ⑧管苏,春秋时楚国大臣,又作"莞苏",以贤能著称。这两件事指的是楚庄王事迹。 ⑨即墨:齐国城邑。后脱"大夫"两字。 ⑩烹阿大夫:阿,齐国城邑。阿大夫,指治理阿地的大夫。这两件事指的是齐威王事迹。 ⑪有希:疑为"布衣"。

　　夫有不善未尝不知,知之未尝复行,此颜子所以称庶几也①。《诗》曰②:"天保定尔,亦孔之固。俾尔亶③厚,胡福不除④?俾尔多益,以莫不庶⑤。"盖此言也,言天保佐王者,定其性命,甚坚固也。使汝信厚,何不治?而多益之,甚庶众焉。不遵履五常⑥,顺养性命,以保南山之寿,松柏之茂也？

[注释]①见《周易·系辞下传》。庶几：差不多。孔子称赞颜回差不多达到圣人境界。 ②见《诗经·小雅·天保》。 ③亶：厚实。 ④除：开出，获得。 ⑤引文意思是："上天保佑安定你，真是非常的坚定。使你忠实又厚道，什么福气不降临？使你多多获益，因此没什么不富足。" ⑥五常：指五种伦常，具体是君臣有义、父子有亲、兄弟有叙、夫妇有别、朋友有信。

"德輶如毛①"，"为仁由己②"。"莫与并蠚，自求辛螫③"。"祸福无门，惟人所召④"。"天之所助者，顺也；人之所尚者，信也。履信思乎顺，又以尚贤，是以吉无不利也⑤"。亮哉⑥，斯言！可无思乎？

[注释]①见《诗经·大雅·烝民》。輶（yóu），轻。道德轻得如毛发，指行德不难。 ②见《论语·颜渊》。 ③见《诗经·周颂·小毖》。并蠚：今本作"莽蜂"，当为一种蜇人的毒蜂。辛螫：毒虫蜇人使酸痛。没有人给你毒蜂，酸痛的毒害都是自找的。 ④见《左传·襄公二十三年》。 ⑤见《周易·系辞上》。此处引用时有删改。 ⑥亮：明白透彻。

实贡第十四

国以贤兴,以谄衰;君以忠安,以忌危。此古今之常论,而世所共知也。然衰国危君继踵不绝者,岂世无忠信正直之士哉?诚苦忠信正直之道不得行尔。

夫十步之闲①,必有茂草;十室之邑,必有俊士。贤材之生,日月相属②,未尝乏绝。是故乱殷有三仁③,小卫多君子④。以汉之广博,士民之众多,朝廷之清明,上下之修治,而官无直吏,位无良臣。此非今世之无贤也,乃贤者废锢而不得达于圣主之朝尔。

[注释]①闲:间。 ②属:连接。 ③三仁:指商纣王时朝中有三位贤臣,即微子、箕子和比干。 ④小卫:卫国原为西周初年分封的大国,但后来被狄人击败,被迫迁都,自此成为春秋诸侯中的小国。战国时吴国公子季札曾赞美"卫多君子"。

夫志道者少友,逐俗者多俦①。是以举世多朋党而行私,竞背质而趋华②。贡士者,非复依其质干,准其材行也,直虚造空美,扫地洞说③。择能者而书之。公卿、刺史、掾从事④,茂才孝廉⑤且二百员。历察其状,德侔颜渊、卜、冉⑥,最⑦其行能,多不及中⑧。诚使皆如状文,则是为岁得大贤二百也。然则灾异曷为讥⑨？此非其实之效。

[注释]①俦:同党。 ②原作"是以举世多党而用私,竞比质而行趋华",据《后汉书·王符传》改。 ③扫地:比喻掩盖其污秽之行为。洞说:空无根据的大肆赞美。 ④掾(yuàn)从事:佐吏统称,汉代凡丞相府、公府、州、郡、县皆置掾。 ⑤茂才孝廉:汉代察举选官的两种主要科目。茂才是从现任官吏中选拔人才,东汉时定为岁举,由三公和州刺史推荐。孝廉是以孝道和廉洁为标准由郡国推举人才。东汉和帝时定为郡国每二十万人口岁举一人。 ⑥颜渊、卜、冉:卜即子夏,冉即子有,均为孔门德行杰出的弟子。 ⑦最:总计。 ⑧中:中等之人。 ⑨讥:谴责。

夫说粱饭食肉,有好于面目,而不若粝粢藜烝①之可食于口也。图西施、毛嫱②,有悦于心,而不若丑妻陋妾之可御于前也。虚张高誉,强蔽疵瑕,以相诳耀,有快于耳,而不若忠选实行可任于官也。周显③拘时,故④苏秦⑤;燕哙利虚誉,故让子之⑥,皆舍实听声,呕哇⑦之过也。

[注释]①粝粢(lì cī):粗米稻饼。藜烝:蒸熟的野菜。 ②西施、毛嫱:古代的两位美女。 ③周显:周显王姬扁,公元前368年至公元前321年在位。《史记·苏秦列传》:"苏秦求说周显王。显王左右素习知苏秦,皆少之,弗信。" ④"故"后脱"疏"字。 ⑤苏秦:战国时著名纵横家,善游说。 ⑥燕哙:战国时燕王。子之:燕国丞相。燕王因慕虚誉,将王位禅让给子之,结果酿成燕国大乱,子之为齐兵醢杀。 ⑦呕哇:呕吐。呕哇之过,典出《吕氏春秋·介立》和《孟子·滕文公下》,指追求虚名而舍弃实利的过失。

夫圣人纯,贤者驳①,周公不求备,四友②不相兼,况末世乎？是故高祖所辅佐,光武所将相,不遂伪举,不责兼行,亡秦之所弃,王莽之所捐,二祖任用以诛暴乱,成致治安。太平之世,而云无士。数开横③选,而不得真,甚可愤也！

[注释]①驳:驳杂。 ②四友:指周文王的四位贤友南宫括、散宜生、闳夭、太颠。 ③横:广泛。

夫明君之诏也若声,忠臣之和也当如响应,长短大小,清浊疾徐,必相和也。是故求马问马,求驴问驴,求鹰问鹰,求駹问駹①。由此教令,则赏罚必也。

[注释]①駹(máng):面额白色的马。或青色的马。

夫高论而相欺,不若忠论而诚实。且攻玉以石,治金以盐,濯①锦以鱼,浣②布以灰。夫物固有以贱治贵,以丑治好者矣。智者弃其所短而采其所长,以致其功,明君用士亦犹是也。物有所宜,不废其材,况于人乎？

[注释]①濯(zhuó):洗。鱼:指鱼胶。 ②浣:漂白。

夫修身慎行,敦方正直,清廉洁白,恬淡无为,化之本也。忧君哀民,独睹乱原,好善嫉恶,赏罚严明,治之材也。明君兼善而两纳之,恶行之器也为金玉,宝政之材刚铁用。无此二宝①,苟务作异以求名,诈静以惑众,则败俗伤化。今世慕虚者,动谓坚白②。坚白之行,明君所憎,而王制所不取。

[注释]①从"恶行之器也"至"刚铁用",其间有错乱和脱文,文意难解。②坚白:坚白指石头的坚硬和石头的白色,先秦的名家人物公孙龙善为坚白之辩。后世引申指诡辩。

是故选贤贡士,必考核其清素①,据实而言,其有小疵,勿强衣饰,以壮虚声。一能之士,各贡所长,出处默语②,勿强相兼,则萧、曹、周、韩③之论④,何足得矣?吴、邓、梁、窦⑤之徒,而致十⑥。各以所宜,量材授任,则庶官无旷⑦,兴功可成,太平可致,麒麟⑧可臻。

[注释]①清素:即情愫。 ②出处默语:指出仕、隐居、沉默、讲话四种选择。 ③萧、曹、周、韩:指萧何、曹参、周勃、韩信,均为辅佐刘邦取天下的功臣。 ④论:通"伦",类。 ⑤吴、邓、梁、窦:指吴汉、邓禹、梁统、窦融,均为辅佐刘秀建立东汉皇朝的名臣。 ⑥汪继培疑为"可得而致"四字,其说可从。 ⑦旷:指在位官员不胜任,使得职位形同虚设。 ⑧麒麟:传说中的仁兽,只有太平盛世时才降临人间。

且燕小,其位卑,然昭王①尚能招集他国之英俊,兴诛暴乱,成致治强。今汉土之广博,天子尊明,而曾无一良臣,此诚不愍②兆黎之愁苦,不急贤人之佐治尔。孔子曰:"未之思也,夫何远之有?"③忠良之吏诚易得也,顾圣王欲之不尔。

[注释]①昭王:指燕昭王,公元前311年至前277年在位。 ②愍:通"悯"。 ③引文见《论语·子罕》。

班禄第十五

太古之时,烝黎初载①,未有上下,而自顺序,天未事焉,君未设焉。后稍矫虔②,或相陵虐,侵渔不止,为萌③巨害。于是天命圣人使司牧④之,使不失性,四海蒙利,莫不被德,佥⑤共奉戴,谓之天子。

[**注释**]①烝黎:本义为众多,指百姓。初载,初始。 ②矫虔:矫,诈称。虔,强取。 ③萌:通"氓(méng)",百姓。 ④司牧:管理,统治。 ⑤佥(qiān):都。

故天之立君,非私此人也以役民,盖以诛暴除害利黎元①也。是以人谋鬼谋②,能者处之。《诗》云③:"皇矣上帝!临下有赫。监观四方,求民之瘼④。惟此二国⑤,其政不获。惟彼四国⑥,爰究爰度⑦。上帝耆⑧之,憎其式廓⑨。乃眷⑩西顾,此惟与宅。"盖此言也,言夏、殷二国之政不得,乃用奢夸廓大,上帝憎之,更求民之瘼圣人,与天下四国究度而使居之也。

[**注释**]①黎元:黎民,百姓。 ②人谋鬼谋:详见《思贤》篇注释。③见《诗经·大雅·皇矣》。原引文与《十三经注疏》本有出入,今据后者改。

④瘼:病,疾苦。 ⑤二国:指殷、夏两朝。 ⑥四国:四方之国。 ⑦爰:句首的发语词。究,研究。度,考虑。 ⑧耆:厌恶。 ⑨式廓:式,用。廓,大。任用奢侈之臣。 ⑩睠:通"眷",回头看。

前哲良人,疾□□①无纪极也,乃惟度法象,明著礼秩②,为优宪艺③,县④之无穷。故传曰:"制礼,上物不过十二,天之道也。"⑤是以先圣籍田⑥有制,供神有度,奉己有节,礼贤有数,上下大小,贵贱亲疏,皆有等威⑦,阶级衰杀⑧,各足禄其爵位,公私达其等级,礼行德义。

[注释]①所缺之字当为"奢夸"。 ②秩:爵位的次序。 ③宪艺:法则。 ④县:通"悬"。 ⑤传:古书的记载。引文见《左传·哀公七年》,但文字有出入。 ⑥籍田:依照礼制传统,古代帝王在每年春耕之前举行亲耕仪式,以示重农。 ⑦威:威仪。 ⑧衰杀(cuī shài):等级自上而下的递减。

当此之时也,九州之内,合三千里,尔八百国①。其班禄②也,以上农为正③,始于庶人在官者,禄足以代耕,盖食④九人。诸侯下士亦然。中士倍下士,食十八人。上士倍中士,食三十六人。大夫倍之,食七十二人。小国之卿,二于大夫。次国之卿,三于大夫。大国之卿,四于大夫,食二百八十八人。君各什其卿。天子三公采⑤视公侯,盖方百里。卿采视伯,方七十里。大夫视子男,方五十里。元士视附庸,方三十里。功成者封。是故官政专公,不虑私家;子弟事学,不干⑥财利,闭门自守,不与民交争,而无饥寒。之道而不陷⑦;臣养优而不隘⑧,吏爱官而不贪,民安静而强力,此则太平之基立矣。乃惟慎贡选,明必黜陟,官得其人,人任其职;钦若昊天,敬授民时,同我妇子,馌⑨彼南亩。上务节礼,正身示下,下悦其政,各乐竭己奉戴其上。是以天地交泰,阴阳和平,民无奸匿,玑衡⑩不倾,德气流布而颂声作也。

[注释]①《汉书·贾山传》:"昔者周盖千八百国。""尔"当为"千"之误。②班:分别等级。班禄,规定俸禄等级。 ③以上农为正:以上等农夫的收获为标准。 ④食:供养。 ⑤采:采邑,封地。 ⑥干:求。 ⑦陷:陷落。 ⑧隘:狭隘。 ⑨饁(yè):送饭到田里。 ⑩玑衡:天玑、玉衡,指代北斗七星,比喻朝政。

其后忽养贤而《鹿鸣》①思,背宗族而《采蘩》②怨,履亩税而《硕鼠》③作,赋敛重而谭告通④,班禄颇而倾甫⑤刺,行人定⑥而《绵蛮》⑦讽,故遂耗⑧乱衰弱。

[注释]①《鹿鸣》:《诗经·小雅》中的一篇,其意讽刺时政。 ②《采蘩》:《诗经·召南》中的一篇,为怨恨之诗。 ③《硕鼠》:《诗经·魏风》中的一篇,讽刺统治者的横征暴敛。 ④谭告通:据《诗经·小雅·大东序》,谭大夫作《大东》以诉说赋敛重的痛苦。通:痛苦。 ⑤倾甫:当为"祈父",即《诗经·小雅·祈父》篇,讽刺了祈父(即司马之官)的征敛。 ⑥定,当作"乏"。⑦《绵蛮》:《诗经·小雅》中的一篇。 ⑧耗(mào):通"眊"(mào),昏暗不明。

及周室微而五伯作,六国弊而暴秦兴,背义理而尚威力,灭典礼而行贪叨①,重赋敛以厚己,强臣下以弱枝,文德不获封爵,列侯不获②。是以贤者不能行礼以从道,品臣③不能无枉以从利。君又骤④赦以纵贼,民无耻而多盗窃。何者?咸⑤气加而化上风,患害切而迫饥寒,此臧纥⑥所以不能诘其盗者也。《诗》云:"大风有隧,贪人败类⑦。""尔之教矣,民斯效矣⑧。"是故先王将发号施令,谆谆如也,惟恐不中而道于邪,故作典以为民极,上下共之,无有私曲。三府⑨制法,未闻赦彼有罪、狱货惟宝⑩者也。

[注释]①叨(tāo):同"饕",贪婪。 ②列侯不获:当为"列侯不获治民"。 ③品臣:众臣。 ④骤:屡次。 ⑤咸:当为"戚",暴戾。 ⑥臧纥:春秋时鲁国大臣。曾以季武子纵容盗贼批评执政者。 ⑦见《诗经·大雅·桑柔》。 ⑧见《诗经·小雅·角弓》。 ⑨三府:东汉时的三公(太尉、司徒、司空),皆开府理政,叫做三府。 ⑩狱货:狱,诉讼。货,贿赂。这句意思是说,由于先王时朝政严明,没有听说因赦免罪人,将审理诉讼时接受的贿赂当作宝物的贪官。

是故明君临众,必以正轨,既无有厌①,务节礼而厚下,复德而崇化,使皆阜②于养生而竞于廉耻也。是以官长正而百姓化,邪心黜而奸匿绝,然后乃能协和气而致太平也。《易》曰③:"圣人养贤,以及万民。"为本④,君以臣为基,然后高能可崇也;马肥,然后远能可致也。人君不务此而欲致太平,此犹薄趾⑤而望高墙,骥瘠⑥而责远道,其不可得也必矣。

[注释]①有厌:厌,通"餍",饱。有,占有。 ②阜:丰厚。 ③见《周易·颐·象》。 ④"为本"前面有脱字,当作"国以民为本"。 ⑤趾:通"址",地基。 ⑥瘠,瘦。

述赦第十六

凡治病者,必先知脉之虚实,气之所结,然后为之方,故疾可愈而寿可长也。为国者,必先知民之所苦,祸之所起,然后设之以禁,故奸可塞,国可安矣。

今日贼良民之甚者,莫大于数赦。赦赎数,则恶人昌①而善人伤矣。奚以明之哉?曰:孝悌之家,修身慎行,不犯上禁,从生至死,无铢两②罪;数有赦赎,未尝蒙恩,常反为祸。何者?正直之士之为吏也,不避强御,不辞③上官。从事督察,方怀不快,而奸猾之党,又加诬言,皆知赦之不久,则且共横枉侵冤,诬奏罪法。令主上妄行刑辟④,高至死徙,下乃沦冤。而被冤之家,乃甫当⑤乞鞫⑥、告故⑦以信⑧直,亦无益于死亡矣⑨。

[注释]①昌:通"猖",猖獗。 ②铢两:丝毫。 ③辞:辞谢。 ④原作"今",据《汉魏丛书》本改为"令"。辟:法律。 ⑤甫当:开始。 ⑥乞鞫:乞求重新审讯。 ⑦告故:诉说缘故。 ⑧信:同"申",申冤。 ⑨这几句意思是,蒙冤之家就是在开始判罪时乞求重审,诉说缘故以求申冤,对蒙冤而死的人也毫无裨益了。

及隐逸行士，淑人君子，为谗佞利口所加诬覆冒①，下土冤民，能至阙者，万无数人，其得省问者，不过百一，既对尚书，空遣去者，复十六七。虽蒙考覆②，州郡转相顾望，留苦其事。春夏待秋冬，秋冬复涉春夏，如此行逢赦者，不可胜数。

又谨慎之民，用天之道，分地之利，择莫犯土③，谨身节用，积累纤微，以致小过，此言质良盖④民，惟国之基也。

[注释]①覆冒：诬陷。 ②覆：审核。 ③择莫犯土：当作"捽草杷土"。 ④盖：当作"善"。

轻薄恶子，不道①凶民，思彼奸邪，起作盗贼，以财色杀人父母，戮人之子，灭人之门，取人之贿，及贪残不轨，凶恶弊吏，掠杀不②辜，侵冤小民，皆望圣帝当为诛恶治冤，以解蓄怨。反一门赦之，令恶人高会③而夸诧④，老盗服臧⑤而过门，孝子见雠而不得讨，亡主见物而不得取，痛莫甚焉。故将赦而先暴寒者，以其多冤结悲恨之人也⑥。

[注释]①不道：无道。 ②不：无。 ③高会：聚会。 ④夸诧：夸耀。 ⑤臧：赃物。 ⑥故将两句：所以将要大赦时而天气先突然变冷，是因为有许多蒙冤者的悲情凝结而感动天地啊。

夫养稊稗①者伤禾稼，惠奸宄者贼良民。《书》曰："文王作罚，刑兹无赦。"②是故先王之制刑法也，非好伤人肌肤，断人寿命者也，乃以威奸惩恶除民害也。天下本以民不能相治，故为立王者以统治之。天子在于奉天威命，共行赏罚。故经称③"天命有德，五服五章④；天罚有罪,五刑⑤五用"。《诗》⑥刺"彼宜有罪,汝反脱之"。古者惟始受命之君,承大乱之极,被前王之恶,其民乃并为敌雠,罔不寇贼消义、奸宄夺攘,以革命受祚⑦,为之父母,故得一赦。继体⑧以下,则无违⑨焉。何者?人君配乾坤⑩而仁,顺育万物以成大功,非得以养奸活罪为仁,放纵天贼为贤也。

[注释]①稊稗(tí bài):生在稻田的野草。 ②见《尚书·康诰》。③见《尚书·皋陶谟》。 ④五服:天子、诸侯、卿、大夫、士五种等级服装。章,彰明。 ⑤五刑:古代五种刑罚,指墨、劓、剕、宫、大辟。 ⑥见《诗经·大雅·瞻卬》。 ⑦祚:即阼,帝位。 ⑧继体:继位。 ⑨违:当为"遵"。⑩人君配乾坤:《周易》中的乾坤两卦象征天地,指君主德配天地。

今夫性恶之人,居家不孝悌,出入不恭敬,轻薄慢傲,凶悍无辨①,明以威侮侵利②为行,以贼残酷虐为贤,故数陷王法者,此乃民之贼,下愚极恶之人也。虽脱桎梏③而出囹圄④,终无改悔之心,自诗以赢赦头⑤,出狱踧踖⑥,复犯法者,何不然?

[注释]①无辨:无变。不肯改悔从善。 ②威:施暴。侵,侵犯。利,贪利。 ③桎梏(zhì gù):刑具。 ④囹圄(yǔ):牢狱。 ⑤自诗以赢赦头:当为"自恃以数赦赎"。 ⑥踧踖(cù jí):恭敬而局促不安。

洛阳至有主谐合杀人者①,谓之会任之家②,受人十万,谢客③数千。又重馈部吏④,吏与通奸,利入深重,幡觉盘牙⑤,请至贵戚宠臣,说听于上,谒行于下。是故虽严令、尹⑥,终不能破攘⑦断绝。何者?凡敢为大奸者,材必有过于众,而能自媚于上者也。多散苟得之财,奉以谄谀之辞,以转相驱,非有第五公⑧之廉直,孰能不为顾⑨?今案洛阳主杀人者,高至数十,下至四五,身不死则杀不止,皆以数赦之所致也。由此观之,大恶之资,终不可化,虽岁赦之,适劝奸耳。

[注释]①谐合:纠合。主谐合杀人,指雇佣杀手替人刺杀仇人。 ②会任:纠合任侠之人。 ③谢客:酬谢刺客。 ④部吏:汉代乡部、亭部之吏,掌管乡里治安诉讼之事。 ⑤幡:通"蕃",众多。盘牙:盘根错节,相互勾结。 ⑥令、尹:此处指洛阳令、河南尹。 ⑦攘:即"坏"。 ⑧第五公:第五,复姓。此指东汉名臣第五伦,为政廉洁奉公著称。 ⑨顾:思顾,动心思念。

或云:"三辰①有候,天气②当赦,故人主顺之而施德焉。"未必然也。王者至贵,与天通精,心有所想,意有所虑,未发声色,天为变移。或若休咎庶征③,月之从星④,此乃宜有是事。故见瑞异,或戒人主,若忽不察⑤,是乃己所感致,而反以为天意欲然,非直⑥也。

[注释]①三辰:日、月、星。 ②天气:天象气候。 ③休咎庶征:休,美好。咎:灾祸。庶征,众多的征兆。 ④月之从星:本句见《尚书·洪范》,意思是月亮运行到特定星的位置,则会刮风或下雨。 ⑤或戒人主,若忽不察:这两句当后移至"非直也"一句前面。 ⑥直:当为"真"。

俗人又曰:"先世欲赦,常先遣马①分行市里,听于路隅,咸云当赦,以知天之教也,乃因施德。"若使此言也而信,则殆过矣。夫民之性,固好意度②者也,见久阴则称将水,见久阳则称将旱,见小贵则言将饥,见小贱则言将穰③,然或信或否。由此观之,民之所言,未必天下④。前世赎赦稀疏,民无觊觎⑤。近时以来,赦赎稠数,故每春夏,辄望复赦;或抱罪之家,侥幸蒙恩,故宣此言,以自悦喜。诚令仁君闻此,以为天教而辄从之,误莫甚焉。

[注释]①遣马:遣人骑马出行。 ②意度:臆度,妄断。 ③穰:丰收。 ④下:当为"示"。 ⑤觊觎(jì yú):非分的希望。

论者多曰:"久不赦则奸宄炽,而吏不制,故赦赎以解之。"此乃招乱之本原,不察祸福之所生者之言也。凡民之所以轻为盗贼,吏之所以易作奸慝①者,以赦赎数而有侥②望也。若使犯罪之人终身被命③,得而必刑,则计奸之谋破,而虑恶之心绝矣。

[注释]①慝(tè):通"愿"(tè),邪恶,恶念。 ②侥:侥幸。 ③被命:被通缉。

夫良赎可①,孺子可令姐②,中庸之人,可引而下,故其谚曰:"一岁载赦,奴儿噫嗟③。"言王诛不行,则痛瘀之子皆轻犯④,况狡乎?若诚思畏盗贼多而奸不胜故赦,则是为国为奸宄报⑤也。夫天道赏善而刑淫;天工,人其代之。故凡立王者,将以诛邪恶而养正善。而以逞邪恶逆,妄莫甚焉。

[注释]①夫良赎可:当为"夫赦赎行"。 ②姐(jù):骄。 ③奴:同"驽",弱。噫嗟:颐指气使。 ④痛瘀之子:指体弱多病之人。轻犯:轻易犯罪。 ⑤报:断狱,判决罪人。本句意思是:那就是在治国时替奸佞之人来判案了。

且夫国无常治，又无常乱。法令行则国治，法令弛则国乱；法无常行，亦无常弛。君敬法则法行，君慢法则法弛。昔孝明帝时，制举茂才，过阙①谢恩，赐食事讫，问何异闻，对曰："巫②有剧贼九人，刺史数以窃③郡，讫不能得。"帝曰："汝非部④南郡从事邪？"对曰："是。"帝乃振⑤怒，曰："贼发部中而不能擒，然材何以为茂？"捶⑥数百，便免官，而切让⑦州郡，十日之闲，贼即伏诛。由此观之，擒灭盗贼，在于明法，不在数赦。

[**注释**]①阙：指朝廷。　②巫：巫县，在今巫山县北。　③窃：当为"察"。　④部：统领，指挥。　⑤振：通"震"。　⑥捶：棒打。　⑦切让：严厉责备。

　　今不显行赏罚以明善恶，严督牧守①以擒奸猾，而反数赦以劝之，其文常曰②："谋反大逆不道诸犯，不当得赦，皆除之，将与士大夫洒心③更始。"岁岁洒之，然未尝见奸人冗吏，有肯变心悔服称诏者也。有司奏事，又俗④以赦前之微过，妨今日之显举。然则改往修来，更始之诏，亦不信也。

[**注释**]①牧守：州牧和太守。　②《后汉书·顺帝纪》阳嘉三年诏曰："嘉与海内洗心更始，其赦天下，自殊死以下谋反大逆不道不当得赦者，皆赦除之。"　③洒心：洗心。　④俗：当为"欲"。

　　《诗》讥"君子屡盟，乱是用长"。①故不若希其令，必其言。若良不能了无赦者，罕之为愈②，令世岁老古时一赦③，则奸宄之减十八九，可胜必也。昔大司马吴汉④老病将卒,世祖⑤问以遗戒,对曰:"臣愚不智,不足以知治,慎无赦而已矣。"⑥

[注释]①见《诗经·小雅·巧言》。 ②愈:较好。 ③令世岁老古时一赦:世,三十年为一世。老,当为"仿"。即每隔三十年仿效古代赦免罪犯一次。 ④吴汉:东汉名臣,曾任大司马之职。 ⑤世祖:即光武帝刘秀,世祖为其庙号。 ⑥事见《后汉书·吴汉传》。

夫方以类聚,物以群分。人之情皆见①乎辞,故诸言不当赦者,非修身慎行,则必忧哀谨慎而嫉毒②奸恶者也。诸利数赦者,非不达赦③务,则必内怀隐忧有愿为者也。人君之发令也,必谘于群臣,群臣之奸邪者,固必伏罪,虽正直吏,犹有公过,自非鬻拳、李离④,孰肯刑身以正国⑤?然则是皆接⑥私计以论公政也。与狐议裘,无时焉可⑦!

[注释]①见:通"现"。 ②毒:憎恨。 ③赦:当为"政"。 ④鬻拳、李离:鬻拳,春秋时楚国大夫,曾以武力强谏楚文王,文王从之。鬻拳曰:"吾惧君以兵,罪莫大焉。"于是自刖,以表忠心。李离,晋文公时司法大臣,听信下属之言而误杀人,引以为责,遂自囚伏剑而死。 ⑤正国:端正国法。 ⑥接:狭持。 ⑦无时焉可:没有任何时候是可行的。

《传》曰:"民之多幸,国之不幸也。"①夫有罪而备辜②,冤结而信③理,此天之正也,而王之法也。故曰④:"无纵诡随,以谨⑤无良。"若枉善人以惠奸恶,此谓"敛怨以为德"。先帝制法,论⑥衷刺刀⑦者。何则?以其怀奸恶之心,有杀害之意也。圣主有子爱之情,而是有杀害之意,故诛之,况成罪乎?《尚书·康诰》:王曰:"於戏⑧!封⑨,敬明乃罚。人有小罪匪省,乃惟终,自作不典,戒尔⑩,有厥罪小,乃不可不杀。"言恶人有罪虽小,然非以过差为之也,乃欲终身行之,故虽小,不可不杀也。何则?是本顽凶思恶而为之者也。"乃有大罪,匪终⑪,乃惟眚哉,适尔⑫,既道极厥罪,时亦不可杀。"言杀人虽有大罪,非欲以终身为恶,乃过误尔,是不杀也。若此者,虽曰赦之可也。金作赎刑⑬,赦作宥罪,皆谓良人吉士,时有过误,不幸陷离⑭者尔。

[注释]①见《左传·宣公十六年》。 ②备:古"服"字。备辜,伏罪。 ③信:通"申"。 ④见《诗经·大雅·民劳》。 ⑤谨:严格,约束。 ⑥论:判罪。 ⑦衷刺刀:将刺刀藏在衣中。 ⑧於戏:通"呜呼"。 ⑨封:康叔的名字。 ⑩戒尔:当为"式尔",故意那样做。 ⑪匪终:不是坚持错误。 ⑫适尔:偶然如此。 ⑬原作"赎形",据《丛书》本改。 ⑭离:通"罹",遭遇,此指犯罪。

先王议谳①狱以制,原情论意,以救善人,非欲令兼纵恶逆以伤人也。是故《周官》②差③八议之辟④,此先王所以整⑤万民而致时雍⑥也。《易》故"观民设教"⑦,变通移时之议。今日救⑧世,莫乎⑨此意。

[注释]①谳:此为衍字。 ②《周官》:即《周礼》。 ③差:依次罗列。 ④八议之辟:八种对于特殊犯罪者优待的法律。辟,法律。 ⑤整:整顿。 ⑥雍:和谐。 ⑦引文见《周易·观·象辞》。 ⑧原作"捄"(jiù),据《四库全书》改。 ⑨乎:当为"忽"。

三式第十七

高祖定汉,与群臣约,自非刘氏不得王,非有武功不得侯①。孝文皇帝始封外祖②,因为典式,行之至今。孝武皇帝封爵丞相③,以褒有德,后亦承之,建武乃绝④。

[注释]①事见《史记·绛侯世家》:"高皇帝约,非刘氏不得王,非有功不得侯,不如约,天下共击之。" ②指汉文帝封薄太后之父为灵文侯。 ③指汉武帝封丞相公孙弘为平津侯。 ④建武:东汉光武帝的年号。

传记所载,稷、禹、伯夷、皋陶、伯翳①,日②受封土。周宣王时③,辅相大臣,以德佐治,亦获有国。故尹吉甫④作封颂二篇⑤,其诗⑥曰:"亹亹申伯⑦,王缵⑧之事,于邑于谢⑨,南国于是⑩式。"又曰⑪:"四牡彭彭⑫,八鸾锵锵,王命仲山甫⑬,城彼东方。"此言申伯、山甫文德致升平,而王封以乐土,赐以盛服也。

[注释]①伯夷:尧舜时大臣,任秩宗主祭祀。伯翳,又作伯益,舜帝封为虞官。 ②日:当为"同"。 ③周宣王:名静,西周中期在位,被誉为中兴之主。 ④尹吉甫:周宣王时名臣,尹为官名。受命北伐俨狁,功勋卓越。⑤作封颂二篇:吉甫曾作诗多篇赞颂宣王,见《诗经·大雅》。 ⑥见《诗

经·大雅·崧高》。 ⑦亹亹(wěi)：勤勉不倦。申伯,周宣王大臣,封于申国,伯为爵位。 ⑧王缵(zuǎn)：王指宣王。缵：继承。 ⑨谢：地名。 ⑩于是：为衍字。 ⑪见《诗经·大雅·烝民》。 ⑫彭彭：象声词,形容马蹄声。 ⑬仲山甫：宣王时卿士,辅佐治国的名臣。

《易》曰①："鼎折足,覆公𫗧②,其刑渥③。凶。"此言公不胜任,则有渥刑也。是故三公在三载之后,宜明考绩黜刺④,简练其材。其有稷、禹、伯夷、申伯、仲山甫致治之效者,封以列侯,令受南土八蛮之赐。其尸禄素餐,无进治之效、无忠善之言者,使从渥刑。是则所谓明德慎罚,而简练能否之术也。诚如此,则三公竞思其职,而百寮⑤争竭其忠矣。

[注释]①引文见《周易·鼎》。 ②𫗧(sù)：美食。 ③渥：重。 ④黜刺：即黜陟,依据政绩对官员予以升或降。 ⑤寮：通"僚"。

先王之制,继体立诸侯,以象贤也。子孙虽有食旧德之义,然封疆立国,不为诸侯,张官置吏,不为大夫,必有功于民,乃得保位,故有考绩黜刺九锡①三削②之义。《诗》云："彼君子兮,不素餐兮。"③由此观之,未有得以无功而禄者也。当今列侯,率皆袭先人之爵,因祖考之位,其身无功于汉,无德于民,专国南面,卧食重禄,下殚百姓,富有国家,此素餐之甚者也。孝武皇帝患其如此,乃令酎金以黜之④,而益多怨。

[注释]①九锡：将九种器物（车马、衣服、虎贲、鈇钺等）赐予大臣以示荣宠。 ②三削：对违法诸侯依其所犯罪行的大小,逐次削减封地和爵位。

③见《诗经·魏风·伐檀》。　④酎(zhòu)金：酎，醇酒，祭祀用酒。酎金，诸侯为朝廷助祭的献金。汉武帝以诸侯所献酎酒成色不足为借口削其爵土。

今列侯或有德宜子民，而道不得施；或有凶顽丑，不宜有国，而恶不上闻。且人情莫不以己为贤而效其能者，周公之戒，"不使大臣怨乎不以"。①《诗》云②："驾彼四牡，四牡项领③。"今列侯年卅以来④，宜皆试补长吏墨绶⑤以上，关内侯⑥补黄绶，以信⑦其志，以旌其能。其有韩侯、邵虎⑧之德，上有功于天子，下有益于百姓，则稍迁位益土，以彰有德。其怀奸藏恶尤无状⑨者，削土夺国，以明好恶。

[注释]①引语见《论语·微子》。不以：不任用。　②见《诗经·小雅·节南山》。　③项领：项，肥硕。领，脖颈。　④年卅(sà)以来：卅，三十岁。以来，以上。　⑤墨绶：结在印纽上墨色的丝带，汉代用以表明官爵等级。⑥关内侯：汉代爵位，仅次于列侯。　⑦信：通"伸"。　⑧韩侯：周宣王时韩国贤能之君。邵虎：周厉王时名臣。　⑨无状：罪恶深重，不可言状。

且夫列侯皆剖符受策①，国大臣也，虽身在外，而心在王室。宜助聪明与智贤虑②，以佐天子。何得坐作奢僭，骄育负责③，欺枉小民，淫恣酒色，职为乱阶④，以伤风化而已乎？诏书横选，犹乃特进，而不令列侯举，此于主德大洽，列侯大达，非执术督责总览⑤独断御下方也。今虽未使典始⑥治民，然有横选，当循王制，皆使贡士，不宜阙⑦也。

[注释]①剖符受策：剖符，将符券剖开，分一半给受封的人作为凭证，以

示信用。策：册封的文书。 ②原作"愚"，据《丛书》本改。 ③骄育负责："育"当为"盈"；责："债"的意思。 ④职为乱阶：职，主要。乱阶，祸乱的由来。 ⑤览：通"揽"。 ⑥始：当作"司"。 ⑦阙：缺。

是诚封三公以旌①积德，试列侯以除素餐，上合建侯之义，下合黜刺之法。贤材任职，则上下蒙福，素餐委②国，位无凶人。诚如此，则诸侯必内思制行而助国矣。今则不然，有功不赏，无德不削，甚非劝善惩恶、诱进忠贤、移风易俗之法术也。

[注释]①旌：表。 ②委：舍弃，交出。

昔先王抚世，选练明德，以统理民，建正封不过百①，取法于《震》②，以为贤人聪明不是过③也；又欲德能优而所治纤，则职修理而民被泽矣。今之守、相，制地千里，威权势力，盛于列侯，材明德义，未必过古，而所治逾百里，此以所治多荒乱也。是故守、相不可不审也。

[注释]①正封不过百：正封，诸侯享有的疆域。百下脱"里"字。 ②取法于《震》：指《周易》的"震卦"。《象传》认为，闻雷声不失其常，可以做封疆百里的诸侯。 ③聪明：指视力和听力。不是过，不超过方百里范围。

昔宣皇帝①兴于民间，深知之，故常叹曰："万民所以安田里无忧患者，政平讼治也。与我共此者，其惟良二千石②。"于是明选守相，其初除③者，必躬见之，观其志趣，以昭其能，明察其治，重其刑赏。奸宄减少、户口增息者，赏赐金帛，爵至封侯。其耗④乱无状者，皆衔刀沥血于市。

赏重而信，罚痛而必，群臣畏劝，竞思其职。故能致治安而世升平，降凤皇而来麒麟，天人悦喜，符瑞并臻，功德茂盛，立为中宗⑤。由此观之，牧守大臣者，诚盛衰之本原也，不可不选练⑥也；法令赏罚者，诚治乱之枢机也，不可不严行也。

[注释]①宣皇帝：指汉宣帝刘询，治国有方，史称中兴之君。 ②引语见《汉书·循吏传》。二千石，汉代俸禄等级，相当郡太守和封国的相。 ③除：任命。 ④耗：通"眊"，昏昧不明。 ⑤中宗：汉宣帝的庙号，东汉光武帝时议定。 ⑥选练：选择。

昔仲尼有言："政宽则民慢，慢则纠之以猛；猛则民残，残则施之以宽。宽以济猛，猛以济宽，政是以和。"①今者刺史、守相，率多怠慢，违背法律，废忽诏令，专情务利，不恤②公事。细民冤结，无所控告，下土边远，能诣阙者，万无数人，其得省治，不能百一。郡县负③其如此也，故至敢延期，民日往上书。此皆太宽之所致也。

[注释]①引文见《左传·昭公二十年》。 ②恤：忧虑。 ③负：依仗。

《噬嗑》①之卦，下动上明②，其《象》③曰："先王以明罚敕法。"夫积怠之俗，赏不隆则善不劝，罚不重则恶不惩。故凡欲变风改俗者，其行赏罚者也，必使足惊心破胆，民乃易视。

[注释]①《噬嗑》(shì hé)：《周易》的卦名。 ②上动下明：该卦下面为震，象征雷，雷声振动，故曰动，上面为离，象征火，故曰明。 ③《象》：即《象传》，《易经》的解说文字。

圣主诚肯明察群臣,竭精称职有功效者,无爱金帛封侯之费,其怀奸藏恶别无状者,图铁锧钺①之决②。然则良臣如王成、黄霸、龚遂、邵信臣③之徒,可比郡④而得也;神明瑞应,可期年⑤而致也。

[**注释**]①铁锧钺:锧字后当脱"斧"字。铁锧斧钺,指刑具。　②决:判决。　③王成、黄霸、龚遂、邵信臣:均为汉代地方官吏,以勤政爱民著称,事迹见《汉书·循吏传》。　④比郡:每郡。　⑤期(jī)年:每年。

爱日第十八

国之所以为国者,以有民也;民之所以为民者,以有谷也;谷之所以丰殖者,以有人功也;功之所以能建者,以日力也。治国之日舒以长,故其民闲暇而力有余;乱国之日促以短,故其民困务而力不足。

所谓治国之日舒以长者,非谒羲和①而令安行也,又非能增分度而益漏刻②也。乃君明察而百官治,下循正而得其所,则民安静而力有余,故视日长也。所谓乱国之日促以短者,非谒羲和而令疾驱也,又非能减分度而损漏刻也。乃君不明则百官乱而奸宄兴,法令謷而役赋繁,则希民③困于吏政,仕者穷于典礼,冤民就狱乃得直,烈士④交私⑤乃见保,奸臣肆心于上,乱化流行于下,君子载质⑥而车驰,细民怀财而趋走,故视日短也。

[**注释**]①羲和:神话中太阳的御者。 ②分度:指黄道即太阳每年在天球上运行的轨道的度数,古人将其划分为365度。漏刻:漏指漏壶,古代计时器,刻指计时符号,汉代一昼夜共一百刻左右。 ③希民:疑为"布衣"之误。 ④烈士:重视节操的士人。 ⑤交私:交接私门权贵。 ⑥质:礼物,通"贽"。

《诗》云①:"王事靡盬②,不遑将③父。"言在古闲暇而得行孝,今迫促不得养也。孔子称庶则富之,既富则教之④。是故礼义生于富足,盗窃起于贫穷,富足生于宽暇,贫穷起于无日。圣人深知,力者乃民之本也,而国之基,故务省役而为民爱日。是以尧敕羲和⑤,钦若昊天,敬授民时;邵伯⑥讼不忍烦民,听断棠下⑦,能兴时雍而致刑错⑧。

[注释]①引文见《诗经·小雅·四牡》。 ②靡盬(gǔ):没有止息。 ③将:养。 ④出处见《论语·子路》。 ⑤羲和:尧时主管天象历法之官。 ⑥邵伯:指周成王时召公。 ⑦断:判决。棠:甘棠树。 ⑧错:通"措",弃置不用。

今则不然。万官挠民,令长自衒①,百姓废农桑而趋府庭者,非朝晡②不得通,非意气③不得见,讼不讼辄连月日,举室释作,以相瞻视。辞人④之家,辄请邻里应对送饷⑤,比事讫,竟亡一岁功,则天下独有受其饥者矣,而品人⑥俗士之司典者,曾不觉也。郡县既加冤枉,州司不治,令破家活⑦,远诣公府⑧。公府不能照察真伪,则但欲罢⑨之以久困之资,故猥说⑩一科令,此注⑪百日,乃为移书,其不满百日,辄更造数,甚违邵伯讼棠之义。此所谓"诵《诗》三百,授之以政,不达,虽多,亦奚以为"⑫者也。

[注释]①自衒:自我夸耀,自视甚高。 ②晡:下午三时至五时。 ③意气:馈送财礼。 ④辞人之家:诉讼之家。 ⑤饷:饭食。 ⑥品人:众人。 ⑦原作"令破家活",据《丛书》本改。家活,家中的活计。 ⑧公府:三公官署。 ⑨罢:疲乏。 ⑩猥说:说,当为"设"。随便设立。 ⑪注:投入。 ⑫引文见《论语·子路》。

孔子曰:"听讼,吾犹人也。"①从此观之,中材以上,皆议曲直之辨,刑法之理。乡亭②部吏,足以断决,使无怨言。然所以不者,盖有故焉。《传》曰:"恶直丑正,实繁有徒。"③夫直者贞正而不挠志,无恩于吏。怨家务主者④,结以货财,故乡亭与之为排⑤直家,后反覆时吏坐之⑥,故共枉之于庭。以羸民与豪吏讼,其势不如也。是故县与部⑦并,后有反覆,长吏坐之,故举县排之于郡。以一人与一县讼,其势不如也。故郡与县并。后有反覆,太守坐之,故举郡排之于州。以一人与一郡讼,其势不如也。故州与郡并,而不肯治,故乃远诣公府尔。公府不能察,而苟欲以钱刀课之⑧,则贫弱少货者终无以旷旬满祈⑨。豪富饶钱者取客使往,可盈千日,非徒百也。治讼若此,为务助豪猾⑩而镇贫弱也,何冤之能治?

[注释]①见《论语·颜渊》。 ②乡亭:汉代的基层行政单位,十里一亭,十亭一乡。 ③见《左传·昭公二十八年》。 ④怨家:仇人。务,当为"赂"。主者,主持审理的官员。 ⑤排:排挤,陷害。 ⑥坐:定罪。 ⑦部:指乡部。 ⑧课:征收赋税,指收取诉讼费。 ⑨旷:历时久远。祈:当为"期"。 ⑩豪猾:豪民猾吏。

非独乡部辞讼也。武官断狱,亦皆始见枉于小吏,终重冤于大臣。怨故未仇①,辄逢赦令,不得复治。正士怀冤结而不得信②,猾吏崇奸宄而不痛③坐。郡县所以易侵小民,而天下所以多饥穷也。

[注释]①故:通"固",本来。仇:报仇。 ②信:伸。 ③痛:指严厉。

除上天感动，降灾伤谷，但以人功见事①言之，今自三府以下，至于县道②乡亭，及从事、督邮③，有典之司，民废农桑而守之，辞讼告诉，及以官事应对吏者，一人之④，日废十万人。人⑤复下计之，一人有事，二人获⑥饷，是为日三十万人离其业也。以中农率之，则是岁三百万口⑦受其饥也。然则盗贼何从消，太平何从作？

[注释]①人功：人力。见事：被役使。　②道：秦汉在少数民族地区设置的县级行政区。　③督邮：汉代郡国守、相的辅佐官，主督察属县行政及其长吏。　④一人之："之"下脱"日废"二字。　⑤人：当为"又"。　⑥获：当为"护"，经营。　⑦三百万口：据《孟子·万章下》的说法，中等农夫耕百亩可供养七人，则此处当为"二百万口"。

孝明皇帝尝问："今旦何得无上书者？"左右对曰："反支①故。"帝曰："民既废农远来诣阙，而复使避反支，是则又夺其日而冤之也。"乃敕公车②受章，无避反支。上明圣主为民爱日如此，而有司轻夺民时如彼，盖所谓有君无臣，有主无佐，元首聪明，股肱怠惰者也。《诗》曰③："国既卒斩④，何用不监！"伤三公居人尊位，食人重禄，而曾不肯察民之尽瘁也。

[注释]①反支：汉代历法术语。古代干支纪日，反支就是不吉利的支日。确定反支日是以每月朔日的地支为标准。　②公车：汉代官署名，掌管接受吏民上书。　③见《诗经·小雅·节南山》。　④卒：尽。斩：断。指国运灭绝。

孔子病夫"未之得也，患不得之；既得之，患失之"①者。今公卿始起州郡而致宰相，此其聪明智虑，未必暗也，患其苟先私计而后公义尔。《诗》云②:"莫肯念③乱,谁无父母!"今民力不暇,谷何以生?"百姓不足,君孰与足?"④嗟哉,可无思乎!

[**注释**]①见《论语·阳货》。 ②见《诗经·小雅·沔水》。 ③念:虑。 ④见《论语·颜渊》。

断讼第十九

五代①不同礼,三家②不同教,非其苟相反③也,盖世推移而俗化异也。俗化异则乱原殊,故三家符④世,皆革定法。高祖制三章之约⑤,孝文除克肤之刑⑥,是故自非杀伤盗臧,文罪⑦之法,轻重无常,各随时宜,要取足用劝善消恶而已。

[注释]①五代:指唐、虞、夏、商、周。 ②三家:指三王,即夏商周的开国帝王。 ③苟相反:苟且违背。 ④符:当为"拊",拊通"抚"。 ⑤三章之约:刘邦灭秦后,与关中父老豪杰约法三章,规定"杀人者死,伤人及盗抵罪"。 ⑥克肤之刑:指各种肉刑,克通"刻"。 ⑦文罪:文当为"攵"(pū),攵同支(pū),支罪即轻罪。

夫制法之意,若为藩篱沟堑以有防矣,择禽兽之尤可数犯者,而加深厚焉。今奸宄虽众,然其原少;君事虽繁,然其守约①。知其原少奸易塞,见其守约政易持。塞其原则奸宄绝,施其术则远近治。

今一岁断狱,虽以万计,然辞讼之辩,斗贼之发,乡部之治,狱官之治者,其状一也。本皆起民不诚信,而数相欺给②也。舜敕龙②以"谗说殄行,震惊朕师"③,乃自上古患之矣。故先慎己喉舌,以元④示民。孔子曰:"乱之所生也,则言语以为阶。"⑤"小人不耻不仁,不畏不义。"脉脉规规⑥,常怀奸唯⑦,昧冒前利⑧,不顾廉耻,苟且中⑨,后则榆解奴抵⑩,以致祸变者,比屋是也。

[注释]①守:遵守的原则。约:简要。 ②给:通"诒",欺骗。 ③引语见《尚书·尧典》。殄(tiǎn):灭绝。师:指众臣。 ④元:善。 ⑤见《周易·系辞上》、《系辞下》。 ⑥脉脉规规(kuī):偷偷摸摸,四处窥视。 ⑦奸唯:当为"奸回"。奸回,邪恶。 ⑧昧冒前利:贪图眼前的利益。 ⑨苟且中:"中"下有脱漏。 ⑩此句有误文,难以读通。

非唯细民为然,自封君①王侯贵戚豪富,尤多有之。假举骄奢,以作淫侈,高负千万,不肯偿责②。小民守门号哭啼呼,曾无怵惕惭怍哀矜之意。苟崇③聚酒徒无行之人,传空引满④,啁啾⑤骂詈,昼夜鄂鄂⑥,慢⑦游是好。或殴击责主,入于死亡,群盗攻剽⑧,劫人无异。虽会赦赎,不当复得在选辟⑨之科,而州司公府反争取之。且观诸敢妄骄奢而作大责者,必非救饥寒而解困急,振⑩贫穷而行礼义者也,咸以崇骄奢而奉淫湎⑪尔。

[注释]①封君:受有封邑的列侯和公主。 ②责:债。 ③崇:通"丛",聚集。 ④传空引满:空,空杯。满,饮酒满杯。 ⑤啁啾(zhōu jiū):众声嘈杂。詈(lì):骂。 ⑥鄂鄂:辩说声色俱厉。 ⑦慢:通"漫"。 ⑧剽:抢劫。 ⑨辟:征召。 ⑩振:通"赈",救济。 ⑬淫湎:沉迷于酒。

《春秋》之义①,责知诛率②。孝文皇帝至寡动③欲任德,然河阳侯陈信④坐负六月,免国。孝武仁明,周阳侯田彭祖⑤坐当归轵侯⑥宅而不与,免国,黎阳侯邵延⑦坐不出持马⑧,身斩国除。二帝岂乐以钱财之故而伤大臣哉?乃欲绝诈欺之端,必国家之法,防祸乱之原,以利民也。故一人伏正罪而万家蒙乎福者,圣主行之不疑。永平⑨时,诸侯负责,辄有削绌⑩之罚。此其后皆不敢负民,而世自节俭,辞讼自消矣。

[注释]①此处指《春秋公羊传》之义。 ②责知诛率:知指明知故犯,率指罪犯的魁首。 ③"动"疑为衍字。寡欲任德,指汉文帝为政清静无为。④陈信:汉文帝时大臣,为河阳侯。 ⑤田彭祖:汉武帝时大臣,为周阳侯。⑥轵侯:名李朔,汉武帝时大臣。 ⑦邵延:汉武帝时大臣,为黎阳侯。⑧持马:当为"特马",即牡马。 ⑨永平:东汉明帝年号。 ⑩削绌:削,削地。绌通"黜",废免。

今诸侯贵戚,或曰勅民①慎行,德义无违,制节谨度,未尝负责,身絜规避②,志厉青云。或既欺负百姓,上书封租③,愿且偿责,此乃残掠官民,而还依县官④也,其诬罔慢易,罪莫大焉。

[注释]①民:当为"身"。 ②身絜规避:絜,通"洁"。规避,当为"珪璧"。 ③封:厚。封租,加重租税。 ④县官:天子。

《孝经》曰:"陈之以德义而民兴行,示之以好恶而民知禁。"①今欲变巧伪以崇美化,息辞讼以闲官事者,莫若表显有行,痛诛无状,导文、武之法②,明诡诈之信③。

[注释]①《孝经》:儒家经典。引文见《孝经》第七章。 ②文、武:指汉文帝和汉武帝。 ③信:当为"罚"。

今侯王贵戚不得①浸广②,奸宄遂多。岂谓每有争斗辞讼,妇女必致此乎?亦以传③见。凡诸祸根不早断绝,则或转而滋蔓,人若斯邪?是故原官察之所以务念,臣主之所以忧劳者,其本皆乡亭之所治者,大半诈欺之所生也。故曰:知其原少则奸易塞也,见其守约则政易持也。

[注释]①得:当为"德"。 ②浸:渐。 ③传:古书。

或妇人之行,贵令鲜絜,今以适矣①,无颜复入甲门,县官②原之,故令使留所既入家。必③未昭乱之本原,不惟④贞絜所生者之言也。贞女不二心以数变,故有"匪石"之诗⑤;不枉行以遗忧,故美归宁之志⑥。一许不改,盖所以长贞絜而宁父兄也。其不循此而二三其德者,此本无廉耻之家,不贞专之所也。若然之人,又何丑吝⑦?轻薄父兄,淫僻妇女,不惟义理,苟疏一德⑧,借本治生,逃亡抵中⑨,乎⑩以致于刳腹芟颈灭宗之祸者,何所无之?

[注释]①以:已。适:出嫁,此处指改嫁。"矣"当为"乙"。 ②县官:此处指官吏。 ③必:当为"此"。 ④惟:思虑。 ⑤"匪石"之诗:《诗经·邶风·柏舟》中有"我心匪石不可转也"之句,故称。 ⑥归宁:出嫁女子回家省亲。美归宁之志,指《诗经·周南·葛覃》:"归宁父母。" ⑦丑:羞耻。吝:耻辱。 ⑧疏:疏远。一德:从一而终的妇德。 ⑨抵中:赖债。 ⑩乎:当为"卒",最终。

先王因人情喜怒之所能已者,则为之立礼制而崇德让;人所可已者,则为之设法禁而明赏罚。今市卖勿相欺,婚姻无相诈,非人情之不可能者也。是故不若立义顺法①,遏绝其原。初虽惭吝于一人,然其终也,长利于万世。小惩而大戒,此所以全小②而济顽凶也。

夫立法之大要,必令善人劝其德而乐其政,邪人痛其祸而悔其行。诸一女许数家,虽生十子,更③百赦,勿令得蒙一还私家,则此奸绝矣。不则髡其夫妻④,徙千里外剧县⑤,乃可以毒其心而绝其后,奸乱绝则太平兴矣。

[注释]①顺法:设立法规。　②此所以全小:"小"后脱"人"字。③更:经。　④不则:否则。髡:剃去头发的刑罚。　⑤剧县:难于治理而条件恶劣的县。

又贞絜寡妇,或男女备①具,财货富饶,欲守一醮之礼②,成同穴之义,执节坚固,齐怀③必死,终无更许之虑。遭值不仁世叔④,无义兄弟,或利其娉币,或贪其财贿,或私其儿子,则强中⑤欺嫁,处迫胁遣送,人有自缢房中,饮药车上,绝命丧躯,孤捐⑥童孩。此犹迫胁人,命自杀也。

[注释]①男女备具:儿子女儿都有。　②醮(jiào):婚礼一种仪式,指出嫁。　③齐怀:一心一意。　④世叔:伯父叔父。　⑤中:中介,做媒。⑥捐:抛弃。

或后夫多设人客,威力胁载,守将①抱执,连日乃缓,与强掠人为妻无异。妇人软弱,猥②为众强所扶与③执迫,幽阸④连日,后虽欲复修本志,婴绢吞药⑤。

[注释]①将:扶。　②猥:委屈。　③与:操持,控制。　④阸:关闭。⑤婴绢:自缢。绢,应为"组",丝制品。

衰制第二十

无慢①制而成天下者,三皇②也;画则象③而化四表④者,五帝也;明法禁而和海内者,三王也;行赏罚而齐万民者,治国也;君立法而下不行者,乱国也;臣作政而君不制者,亡国也。

是故民之所以不乱者,上有吏;吏之所以无奸者,官有法;法之所以顺行者,国有君也;君之所以位尊者,身有义也。义者,君之政也;法者,君之命也。人君思正以出令,而贵贱贤愚莫得违也,则君位⑤于上,而民氓⑥治于下矣。人君出令而贵臣骄吏弗顺也,则君几于弑,而民几于乱矣。

[注释]①慢:当为"宪"。 ②三皇:传说中的远古部落领袖,本书中指天皇、地皇、人皇。 ③画则象:绘制象征刑罚的图像,代替行刑。 ④四表:四方。 ⑤位:通"莅"。 ⑥氓:民众。

夫法令者,君之所以用其国也。君出令而不从,是与无君等。主令不从则臣令行,国危矣。

夫法令者,人君之衔辔棰策①也,而民者,君之舆马也。若使人臣废君法禁而施己政令,则是夺君之辔策,而己独御之也。愚君暗主托坐于左,而奸臣逆道执辔于右,此齐驺马繻所以沈胡公于具水②,宋羊叔牂所以弊华元于郑师③,而莫之能御也。是故陈恒执简公于徐州④,李兑害主父于沙丘⑤,皆以其毒素夺君之辔策也。《文言》故曰⑥:"臣弑其君,子弑其父,非一朝一夕之故也,其所由来者渐矣,由变之不蚤变⑥也。"是故妄违法之吏,妄造令之臣,不可不诛也。

[注释]①衔辔(pèi):马缰绳。棰策:马鞭。 ②驺(zōu)马繻(xū):西周时齐国人,齐国国君胡公的御车者。因受过胡公虐待,后将胡公沉杀于具水。沈,同"沉"。 ③羊叔牂(zāng):春秋时宋国人,大臣华元的御车者。宋国与郑国交战,华元为宋军统帅,赐羊羹犒劳将士时羊叔牂未能分到,遂怀恨在心。交战时故意将车驱入郑军,致使华元被擒,宋军大败。 ④陈恒执简公:指齐国大臣陈恒(即田常)发动叛乱,齐简公出逃,被执捕于徐州,后被杀。 ⑤李兑害主父:李兑,战国时赵国大臣,主父即赵武灵王。武灵王传位于少子,公子章不服作乱,李兑与公子成起兵平乱,主父被围困饿死于沙丘离宫。 ⑥引文见《周易·坤·文言》。 ⑦变之不蚤变:变通"辨"。蚤,早。

议者必将以为刑杀当不用,而德化可独任。此非变通者之论也,非叔世①者之言也。夫上圣不过尧、舜,而放四子②,盛德不过文、武,而赫斯怒③。《诗》云④:"君子如怒,乱庶遄沮⑤;君子如祉⑥,乱庶遄已。"是故君子之有喜怒也,盖以止乱也。故有以诛止杀,以刑御⑦残。

[注释]①叔:通"淑",救。叔世,救世。 ②四子,指舜时流放的四凶,即共工、欢兜、三苗、鲧。 ③赫斯:满脸怒气。赫斯怒,指周文王而言,见《诗经·大雅·皇矣》。 ④引文见《诗经·小雅·巧言》。 ⑤庶:差不多。遄(chuán):快。沮:阻止。 ⑥祉(zhǐ):福。 ⑦御:止。

且夫治世者若登丘矣，必先蹑其卑者，然后乃得履其高。是故先致治国，然后三王之政乃可施也；道齐三王，然后五帝之化乃可行也；道齐五帝，然后三皇之道乃可从也。

且夫法也者，先王之政也；令也者，己之命也。先王之政所以与众共也，己之命所以独制人也，君诚能授法而时贷①之，布令而必行之，则群臣百吏莫敢不悉心从己令矣。己令无违，则法禁必行矣。故政令必行，宪禁必从，而国不治者，未尝有也。此一弛一张，以今行古，以轻重尊卑之术也②。

[注释]①贷：发布。　②轻重：指法令被轻视或受到重视。尊卑：指君主地位的高低。

劝将第二十一

太古之民，淳厚敦朴，上圣抚之，恬澹无为，体道履德，简刑薄威，不杀不诛，而民自化①，此德之上也。德稍弊薄，邪心孳生，次圣继之，观民设教，作为诛赏，以威劝之，既作五兵②，又为之宪，以正厉之。《诗》云③："修尔舆马，弓矢戈兵，用戒作则，用逖④蛮方。"故曰：兵之设也久矣。涉历五代，以迄于今，国未尝不以德昌而以兵强也。

[注释]①化：指向善。 ②五兵：通常指矛、戟、弓、剑、戈。引申泛指各种兵器。 ③引诗见《诗经·大雅·抑》。 ④逖(tì)：远，此处使动用法，驱退之义。

今兵巧之械，盈乎府库，孙、吴之言①，聒②乎将耳，然诸将用之，进战则兵败，退守则城亡。是何也哉？曰：彼此之情，不闻乎主上，胜负之数，不明乎将心，士卒进无利而自退无畏，此所以然也。

[注释]①孙、吴：指春秋战国时军事家孙武、吴起。 ②聒(guō)：喧扰噪耳。

夫服重上阪①,出驰千里,马之祸也。然节马②乐之者,以王良③足为尽力也。先登陷阵,赴死严敌,民之祸也。然节士④乐之者,以明君可为效死也。凡人所以肯赴死亡而不辞者,非为趋利,则因以避害也。无贤鄙愚智皆然,顾其所利害有异尔。不利显名,则利厚赏也;不避耻辱,则避祸乱也。非此四者,虽圣王不能以要⑤其臣,慈父不能以必其子。明主深知之,故崇利显害以与下市⑥,使亲疏贵贱贤鄙愚智,皆必顺我令乃得其欲,是以一旦军鼓雷震,旌旗并发,士皆奋激,竞于死敌者,岂其情厌久生,而乐害死⑦哉?乃义士且以徼⑧其名,贪夫且以求其赏尔。

[注释]①服:拉车。阪:山坡。　②节马:训练有素的马匹。　③王良:晋大夫邮无恤,字子良,号伯乐,又名御良,以善于御马、相马而闻名。　④节士:有操守之士。　⑤要:约束。　⑥市:做交易。　⑦害死:当为"空死",白白地送死。　⑧徼(yāo):通"邀",求取。

今吏从军败没死公事者,以十万数,上不闻吊唁嗟叹之荣名,下又无禄赏之厚实①,节士无所劝慕,庸夫无所贪利。此其所以人怀沮懈②,不肯复死者也。

[注释]①厚实:丰厚的财物。　②原作"解",据《丛书》本改。沮懈,沮丧懈怠,心无斗志。

军起以来,暴师①五年,典兵之吏,将以千数,大小之战,岁十百合,而希有功。历察其败,无他故焉,皆将不明于变势,而士不劝于死敌也。其士之不能死也,乃其将不能效②也,言赏则不与,言罚则不行,士进有独死之祸,退蒙众生之福。此其所以临阵亡战,而竞思奔北者也。

[注释]①暴(pù)师:指将军队集结于野外。 ②效:当为"故",缘故。《韩非子·初见秦》:"非其士民不能死也,上不能故也。"

《孙子》①曰:"将者,智也,仁也,敬也,信也,勇也,严也。"是故智以折敌②,仁以附众,敬以招贤,信以必赏,勇以益气,严以一令。故折敌则能合变,众附爱则思力战,贤智集则英谋得,赏罚必则士尽力,勇气益则兵势自倍,威令一则惟将所使。必有此六者,乃可折冲③擒敌,辅主安民。

[注释]①《孙子》:春秋时著名的军事家孙武所著,全称为《吴孙子兵法》。引文出自《始计篇》。 ②折:判断。 ③折冲:冲,兵车,用于冲击攻城。折冲:击败敌人的冲车,引申指击退敌人进攻。

前羌始反时①,将帅以定②令之群,藉富厚之蓄,据列城而气③利势,权④十万之众,将勇杰之士,以诛草创新叛散乱之弱虏,击自至之小寇,不能擒灭,辄为所败,令遂云蒸起⑤,合从连横,扫涤并、凉⑥,内犯司隶⑦,东寇赵、魏⑧,西钞蜀、汉⑨,五州⑩残破,六郡削迹⑪。此非天之灾,长吏过尔。

[注释]①羌:古代西部民族之一,汉时多次侵袭中原地区。据记载,先零羌开始反叛,在汉安帝永初元年,即公元107年。 ②定:当为"守"。群:汇合。 ③气:当为"处"。 ④权:执掌指挥。 ⑤遂云蒸起:"蒸"字下脱漏一字。 ⑥并、凉:指西北地区的并州、凉州。 ⑦司隶:指司隶校尉部统辖地区,东汉时管辖两京之地,即长安和洛阳七郡。 ⑧赵、魏:指东汉时赵国、魏郡所统地区,隶属冀州。 ⑨蜀、汉:指蜀郡、汉中郡,隶属益州。 ⑩五州:指文中提及的并州、凉州、司隶、冀州和益州。 ⑪六郡:指西北六郡即金

城、陇西、天水、安定、北地和上郡。削迹：削除踪迹。指汉安帝时先后将金城、陇西、安定、北地、上郡等郡治所内迁之事。

《孙子》曰①："将者，民之司命，而国家安危之主也。"是故诸有寇之郡，太守令长不可以不晓兵。今观诸将，既无断敌合变之奇，复无明赏必罚之信，然其士民又甚贫困，器械不简②习，将恩不素结，卒③然有急，则吏以暴发④虐其士，士以所拙遇敌巧。此为将吏驱怨以御雠，士卒缚手以待寇也。夫将不能劝其士，士不能用其兵，此二者与无兵等。无士无兵，而欲合战，其败负也，理数也然。故曰：其败者，非天之所灾，将之过也。

[注释]①引文见《孙子·作战篇》。　②简：练习。　③卒（cù）：通"猝"，突然。　④暴发：突然征发。

饶士①处世，但患无典②尔。故苟有土地，百姓可富也；苟有市列，商贾可来也；苟有士民，国家可强也；苟有法令，奸邪可禁也。夫国不可从外治，兵不可从中御。郡县长吏，幸得兼此数者之断已③，而不能以称明诏安民氓哉，此亦陪克④、阘茸⑤，无里⑥之尔。

[注释]①饶士：有才德之士。　②典：掌管。　③数者：指上文提及的土地、市列、士民和法令等。断：治理。　④陪：通"掊"（pǒu），聚敛。克：压制。⑤阘茸：才能低劣。　⑥里：当作"俚"，依赖。

夫世有非常之人，然后定非常之事，必道①非常之失，然后见②。是故选诸有兵之长吏，宜踔跞③豪厚，越取幽奇④，材明权变，任将帅者。不可苟惟基序⑤，或阿⑥亲戚，使典兵官。此所谓以其国与敌者也。

[**注释**]①道：由。 ②然后见：下脱文。当为"非常之败"。 ③踔跞(chuō luò)：提拔。 ④越取：破格提拔。幽奇：民间的奇材。 ⑤惟：考虑。基序：门阀官阶。 ⑥阿(ē)：偏爱。

救边第二十二

圣王之政,普覆兼爱,不私近密,不忽疏远,吉凶祸福,与民共之,哀乐之情,恕以及人,视民如赤子①,救祸如引②手烂。是以四海欢悦,俱相得用。

[注释]①赤子:出生的婴儿。 ②引:救治。

往者羌虏背叛,始自凉、并,延及司隶,东祸赵、魏,西钞蜀、汉,五州残破,六郡削迹,周迴千里,野无孑遗,寇钞祸害,昼夜不止,百姓灭没,日月焦尽。而内郡之士不被殃者,咸云当且放纵,以待天时。用意若此,岂人心也哉!

前羌始反,公卿师尹①咸欲捐弃凉州,却保三辅②,朝廷不听。后羌遂侵,而论者多恨不从惑议。余窃笑之,所谓媾③亦悔,不媾亦有悔者尔,未始识变之理。地无边,无边亡国。是故失凉州,则三辅为边;三辅内入,则弘农④为边;弘农内入,则洛阳为边。推此以相况⑤,虽尽东海犹有边也。今不厉武以诛虏,选材以全境,而云边不可守,欲先自割,示偄⑥寇敌,不亦惑乎!

[注释]①师尹：泛指朝廷中公卿以下的大夫。　②三辅：指右扶风、左冯翊、京兆尹。为京师的辅卫地区。　③媾：讲和。　④弘农：郡名，东汉时西至华阴，东至函谷关。　⑤况：比喻。　⑥偄(ruǎn)：软弱。

　　昔乐毅①以慱慱②之小燕，破灭强齐，威震天下，真可谓良将矣。然即墨③大夫以孤城独守，六年不下，竟完其民。田单④帅穷卒五千，击走骑劫⑤，复齐七十余城，可谓善用兵矣。围聊、莒⑥连年，终不能拔。此皆以至强攻至弱，以上智图下愚，而犹不能克者，何也？曰：攻常不足，而守恒有余也⑦。前日诸郡，皆据列城而拥大众。羌虏之智，非乃乐毅、田单也；郡县之厄⑧，未若聊、莒、即墨也。然皆不肯专心坚守，而反强驱劫其民，捐弃仓库，背城邑走。由此观之，非苦城乏粮也，但苦将不食尔。

[注释]①乐(yuè)毅：战国时燕国名将，率军击破齐国。　②慱慱(tuán)：忧愁。　③即墨：战国时齐国城市。　④田单：战国时齐国人，用火牛阵大破燕军，收复齐地七十余城。　⑤骑劫：燕国将军，燕惠王因误信齐反间计，夺乐毅兵权用骑劫统军，后被齐军所杀。　⑥聊、莒：即聊城、莒城，齐国城市。但莒城未尝降燕，当作聊城。　⑦攻常不足：此句出自临沂银雀山汉墓发现的《孙子·刑》，该文作"守则有余，攻则不足"。　⑧厄：困厄。

　　折冲安民，要在任贤，不在促境①。齐、魏却守，国不以安②；子婴自削③，秦不以在。武皇帝攘夷柝境④，面数千里，东开乐浪⑤，西置墩煌⑥，南踰交趾⑦，北筑朔方⑧，卒定南越⑨，诛斩大宛⑩，武军所向，无不夷灭。今虏近发封畿⑪之内，而不能擒，亦自痛尔，非有边之过也。唇亡齿寒，体伤心痛，必然之事，又何疑焉？君子见机⑫，况已著乎？

[注释]①促:同"蹙",收缩。　②齐魏却守:指战国时齐湣王在燕军入侵时退却和魏安釐王面对秦军蚕食让步两件事。　③子婴:秦王子婴。自削:指子婴上台后,在起义军攻势之下,主动放弃帝位,改称为秦王。　④武皇帝:指汉武帝。柝(tuò):开拓。　⑤乐浪:汉郡名,在今朝鲜境内。　⑥墩煌:又作敦煌,汉郡名,在今甘肃。　⑦交趾:汉郡名,在今越南境内。　⑧朔方:郡名,在今内蒙古自治区。　⑨南越:秦汉时国名。在今两广、海南和越南一带。汉武帝时平定该国,设立南海等九郡。　⑩大宛:西域古国,在今吉尔吉斯坦与乌兹别克斯坦一带。　⑪封畿(jī):京城所直辖的地区。　⑫机:通"几",预兆。

乃者①,边害震如雷霆,赫如日月,而谈者皆讳之,曰猋并窃盗②。浅浅善靖③,俾君子怠,欲令朝廷以寇为小,而不蚤忧,害乃至此,尚不欲救。谚曰:"痛不著身言忍之,钱不出家言与之。"假使公卿子弟有被羌祸,朝夕切急如边民者,则竞言当诛羌矣。

[注释]①乃者:过去,往昔。　②猋(biāo)并窃盗:猋,犬奔跑之貌。意为鸡鸣狗盗。　③浅浅善靖:浅浅,短视。靖,通"诤"(jìng),杜撰。

今苟以己无惨怛①冤痛,故端坐相仍②,又不明修守御之备,陶陶闲澹,卧委天听③。羌独往来,深入多杀,己乃陆陆④,相将诣阙,谐辞礼谢,退云状⑤,会坐朝堂,则无忧国哀民恳恻之诚,苟转相顾望,莫肯违止⑥,日晏时移,议无所定,己且须后⑦。后得小安,则恬然弃忘。旬时之间,房复为害,军书交驰,羽檄狎至⑧,乃复惼忪⑨如前。若此以来,出入九载,"庶曰式臧,覆出为恶"⑩,佪佪溃溃⑪,当何终极!《春秋》讥"郑弃其师"⑫,况弃人乎?一人吁嗟,王道为亏,况百万之众,叫号哭泣,感天心乎?

[注释]①怛(dá):痛苦忧伤。 ②相仍:因袭如旧。 ③委:放弃。天听:天生的听力。委天听:指不闻不问。 ④陆陆:通"碌碌",平庸无能。 ⑤"云"后当脱"无"字。 ⑥违止:止通"旨"。 ⑦须:待。 ⑧羽檄:带羽毛的军中文书。狎:交替。 ⑨怔忪(zhēng zhōng):仓皇恐惧。 ⑩庶曰式臧,覆出为恶:出自《诗经·小雅·雨无正》。庶:希望。式:用。臧:贤人。覆:反而。 ⑪佪佪(huí)溃溃(kuì):糊涂昏乱。 ⑫见《春秋·闵公二年》。指郑文公憎恶将帅高克,连高克所率军队也不要了。

且夫国以民为基,贵以贱为本。是以圣王养民,爱之如子,忧之如家,危者安之,亡者存之,救其灾患,除其祸乱。是故鬼方之伐①,非好武也,猃狁②于攘,非贪土也,以振民育德,安疆宇也。古者,天子守在四夷③,自彼氐、羌④,莫不来享,普天思服,行苇赖德⑤。况近我民蒙祸若此,可无救乎?

[注释]①鬼方:商朝时北方民族。商王武丁三十二年讨伐并灭之。②猃狁(xiǎn yǔn):古代西北的民族。攘:排斥,打击。周宣王时屡次对猃狁用兵。 ③四夷:指东夷西戎南蛮北狄。守在四夷:指四夷皆为王者守边。 ④氐、羌:古代西部的民族。 ⑤行(háng)苇赖德:行苇,路边的芦苇。典出《诗经·小雅·行苇》,歌颂周人祖先公刘仁慈,驱车不碾芦苇,爱及草木。

凡民之所以奉事上者,怀义恩也。痛则无耻,祸则不仁。忿戾怨怼①,生于无耻。今羌叛久矣!伤害多矣!百姓急矣!忧祸深矣!上下相从,未见休时。不一命大将以扫丑虏,而州稍稍②兴役,连连不已。若排廉障风,探沙拥河③,无所能御,徒自尽尔。今数州屯兵十余万人,皆廪食④县官,岁数百万斛,又有月直⑤。但此人耗,不可胜供,而反惮暂出之费,甚非计也。

[**注释**]①怨怼(duì):怨恨。 ②稍稍:逐渐。 ③探:掏。拥:通"壅",堵塞。 ④廪(lǐn)食:官府供给粮食。 ⑤月直:每月的薪俸。

且夫危者易倾,疑者易化。今虏新擅①边地,未敢自安,易震荡②也。百姓新离旧壤,思慕未衰,易奖厉③也。诚宜因此遣大将诛讨,迫胁离逖④破坏之。如宽假日月,蓄积富贵,各怀安固之后,则难动矣。《周书》曰:"凡彼圣人必趋时。"⑤是故战守之策,不可不早定也。

[**注释**]①擅:占据。 ②震荡:惊恐动摇。 ③奖厉:通"奖励"。 ④离逖(tì):使离远,驱散。 ⑤见《逸周书·周祝解》。

边议第二十三

明于祸福之实者,不可以虚论惑也;察于治乱之情者,不可以华饰移也。是故不疑之事,圣人不谋;浮游之说,圣人不听。何者?计不背见实而更争言也。是以明君先尽人情,不独委夫良将,修己之备,无恃于人,故能攻必胜敌,而守必自全也。

羌始反时,计谋未善,党与未成,人众未合,兵器未备,或持竹木枝,或空手相附①,草食②散乱,未有都督,甚易破也。然太守令长,皆奴③怯畏愞不敢击。故令虏遂乘胜上强,破州灭郡,日长炎炎④,残破三辅⑤,覃⑥及鬼方。若此已积十岁矣。百姓被害,迄今不止。而痴儿騃子⑦,尚云不当救助,且待天时。用意若此,岂人也哉!

[注释]①附:当"搏"。 ②草食:当为"草创"。 ③奴:通"驽",才能低下。 ④炎炎:火盛之貌,喻其势力壮大。 ⑤三辅:指右扶风、左冯翊、京兆尹。 ⑥覃(tán):延伸。 ⑦騃(ái):愚。痴儿騃子:愚蠢之人。

夫仁者恕己以及人,智者讲功而处事。今公卿内不伤士民灭没之痛,外不虑久兵之祸,各怀一切①,所脱避前②，苟云不当动兵，而不复知引帝王之纲维，原祸变之所终也。

[注释]①一切：权宜之计。　②所脱避前：当为"苟脱目前"。

《易》制"御寇"，①《诗》美"薄伐②"，自古有战，非乃今也。《传》曰③："天生五材④，民并用之，废一不可，谁能去兵？兵所以威不轨而昭文德也，圣人所以兴，乱人所以废。"齐桓、晋文、宋襄⑤，衰世诸侯，犹耻天下有相灭而己不能救，况皇天所命四海主乎？晋、楚大夫，小国之臣，犹耻己之身而有相侵，况天子三公典世任者乎？公刘⑥仁德，广被行苇，况含血之人，己同类乎？一人吁嗟，王道为亏，况灭没之民百万乎？《书》曰："天子作民父母。"⑦父母之于子也，岂可坐观其为寇贼之所屠剥，立视其为狗豕之所啖食乎？

[注释]①引语见《周易·蒙·上九》。制，当为"利"。　②引语见《诗经·小雅·六月》。薄：语助词。　③引文见《左传·襄公二十七年》。④五材：指金木水火土。　⑤齐桓：指齐桓公小白。晋文：指晋文公重耳。宋襄：指宋襄公兹父。三人均为春秋时霸主。　⑥公刘：古代周族的先公。夏朝末年率部众迁徙到豳，修复后稷之业，明德勤业，为周的兴盛立下根基。⑦引文见《尚书·洪范》。

除其仁恩，且以计利言之。国以民为基，贵以贱为本。愿察开辟以来，民危而国安者谁也？下贫而上富者谁也？故曰："夫君国将民之以①，民实瘠，而君安得肥？""夫以小民受天永命②"，窃愿圣主深惟国基③之伤病，远虑祸福之所生。

　　[注释]①民之以：以民的倒装。此句出处见《国语·楚语》。　②引语见《尚书·召诰》。　③深惟：深思。国基：承上文指民众。

　　且夫物有盛衰，时有推移，事有激会，人有变化。智者揆象①，不其宜乎！孟明补阙于河西②，范蠡收责于姑胥③，是以大功建于当世，而令名传于无穷也。

　　[注释]①揆(kuí)：测度，考察。象：情况。　②孟明：春秋时秦国将领。前627年孟明率军东征，在秦晋崤之战中兵败被俘。获释后秦穆公继续重用，后出师称霸西戎。　③范蠡：春秋时越国大夫。吴败越后，随越王勾践入吴为人质三年。返越后辅佐勾践灭吴国。收责：责同债。指报仇雪恨。

　　今边陲搔扰，日放族祸①，百姓昼夜望朝廷救己，而公卿以为费烦不可。徒窃笑之，是以②晏子轻困仓之蓄而惜一杯之馂③何异？今但知爱见薄④之钱谷，而不知未见之待民先也；知徭役之难动，而不知中国之待边宁也。

　　[注释]①放：当为"被"。族祸：宗族灭绝之祸。　②以：同"与"。③馂(zàn)：用汤拌饭。　④薄：通"簿"，指官府登记钱粮的账簿。

　　《诗》痛"或不知叫号，或惨惨劬劳"①。今公卿苟以己不被伤，故竞割国家之地以与敌，杀主上之民以餧②羌。为谋若此，未可谓知③；为臣若此，未可谓忠，才智未足使议。

　　[注释]①见《诗经·小雅·北山》。劬(qú)：劳苦。　②餧：即"喂"，喂养。　④知：通"智"。

且凡四海之内者，圣人之所以遗子孙也；官位职事者，群臣之所以寄其身也。传子孙者，思安万世；寄其身者，各取一阕①。故常其言不久行②，其业不可久厌③。夫此诚明君之所微察也，而圣主之所独断。今言不欲动民以烦可也。即然④，当修守御之备。必今之计，令虏不敢来，来无所得；令民不患寇，既⑤无所失。今则不然，苟惮民力之烦劳，而轻⑥使受灭亡之大祸。非人之主，非民之将，非主之佐，非胜之主者也。

[注释]①阕：一任。 ②故常其言不久行：当为"故其言常不久行"。③厌(yān)：安。 ④即然：即使这样。 ⑤既：当为"寇"，指敌人来犯。⑥轻：看轻。

且夫议者，明之所见也；辞者，心之所表也。维其有之，是以似之。谚曰："何以服佷？①莫若听之。"今诸言边可不救而安者，宜诚②以其身若③子弟补边太守令长丞尉④，然后是非之情乃定，救边乃无患。边无患，中国乃得安宁。

[注释]①佷(hěn)：不听从。 ②宜诚：当为"诚宜"。 ③若：或。④丞：汉代各级官吏的副职。尉：此指郡尉和县尉。

实边第二十四

夫制国者,必照察远近之情伪,预祸福之所从来,乃能尽群臣之筋力,而保兴其邦家。

前羌始叛,草创新起,器械未备,虏或持铜镜以象兵,或负板案以类楯①,惶惧扰攘,未能相持。一城易制尔②,郡县皆大炽③。及百姓暴被殃祸,亡失财货,人哀奋怒,各欲报雠,而将帅皆怯劣软弱,不敢讨击,但坐调文书,以欺朝廷。实杀民百则言一,杀虏一则言百;或虏实多而谓之少,或实少而谓之多。倾侧巧文④,要取便身利己,而非独忧国之大计,哀民之死亡也。

[注释]①案:有短脚盛食物的木托盘。楯:盾。　②一城易制尔:当作"诚易制也"。　③郡县皆大炽:"郡县"下有脱漏文字。　③倾侧巧文:弄虚作假,欺骗文饰。

又放散钱谷,殚尽府库,乃复从民假贷,强夺财货。千万之家①,削身无余,万民匮竭,因随以死亡者,皆吏所饿杀也。其为酷痛,甚于逢虏。寇钞贼虏,忽然而过,未必死伤。至吏所搜索剽夺,游踵涂地②,或覆宗灭族,绝无种类。或孤③妇女,为人奴婢,远见贩卖,至令不能自活者,不可胜数也。此之感天致灾,尤逆阴阳。

[注释]①千万之家:汉代一金值万钱,千万之家即千金之家。 ②游踵:当为"旋踵"。涂地:指肝脑涂地,比喻死亡。 ③孤:使妇女变为寡妇。

且安土重迁①,恋慕坟墓,贤不肖之所同也。民之于徙,甚于伏法。伏法不过家一人死尔。诸亡失财货,夺土远移,不习风俗,不便水土,类多灭门,少能还者。代马望北,狐死首丘②,边民谨顿③,尤恶内留。虽知祸大,犹愿守其绪业,死其本处,诚不欲去之极④。太守令长,畏恶军事,皆以素非此土之人,痛不著身,祸不及我家,故争郡县以内迁⑤。至遣吏兵,发⑥民禾稼,发彻⑦屋室,夷⑧其营壁,破其生业,强劫驱掠,与⑨其内人,捐弃羸弱,使死其处。当此之时,万民怨痛,泣血叫号,诚愁鬼神而感天心。然小民谨劣,不能自达阙廷,依官吏家,迫将威严,不敢有挚⑩。民既夺土失业,又遭蝗旱饥匮,逐道东走,流离分散,幽、冀、兖、豫、荆、扬、蜀、汉,饥饿死亡,复失太半⑪。边地遂以丘荒,至今无人。原祸所起,皆吏过尔。

[注释]①安土:原作"夫士",据《四库全书》本改。 ②代马望北,狐死首丘:指动物都有依恋故土的习惯。代,春秋战国时北方小国。 ③谨:谨慎。顿:通"钝",迟钝,朴实。 ④极:远。 ⑤故争郡县以内迁:"争"字下当有"坏"字。 ⑥发:当为"癹"(bá),以足踏平草。 ⑦发彻:掀开,拆毁。 ⑧夷:平。 ⑨与:使。其:通"之"。 ⑩挚:当为"违"。 ⑪太半:三分之二以上。

夫土地者，民之本也，诚不可久荒以开敌心。且扁鹊①之治病也，审闭结而通郁滞，虚者补之，实者泻之，故病愈而名显。伊尹之佐汤也，设轻重而通有无②，损积余，以补不足，故殷治而君尊。贾谊痛于偏枯躄痱之疾③。今边郡千里，地各有两县，户财④置数百，而太守周回万里，空无人民，美田弃而莫垦发；中州内郡，规地拓境，不能半边⑤，而口户百万，田亩一全⑥，人众地荒，无所容足，此亦偏枯躄痱之类也。

[**注释**]①扁鹊：战国名医，名秦越人。师事长桑君，创造切脉医术，精通内科、妇科、五官科等。 ②轻重：传说伊尹辅佐商汤治国，善于运用轻重之术。设轻重而通有无，指政权通过调节物资供求和物价的高低来维持经济秩序。 ③躄（bì）：偏瘫。痱（fèi）：中风。躄痱指近于瘫痪的状态。 ④财：同"才"。 ⑤规地拓境，不能半边：指中州内郡之地狭小，即便充分开发也不及边郡的一半。 ⑥一全：当为"不全"。

《周书》曰①："土多人少，莫出其材，是谓虚土，可袭伐也②。土少人众，民非其民，可匮竭也。"是故土地人民必相称也。今边郡多害而役剧③，动入祸门。不为兴利除害，有以劝之，则长无与复之④，而内有寇戎之心。西羌北虏，必生窥欲，诚大忧也。

[**注释**]①见《逸周书·文传解》，但文字有出入。 ②袭伐：袭击讨伐。 ③剧：繁重。 ④与：通"以"。复：免除徭役。

百工制器，咸填其边，散①之兼倍，岂有私哉？乃所以固其内尔。先圣制法，亦务实边，盖以安中国也。譬犹家人遇寇贼者,必使老小羸软②居其中央,丁强武猛卫其外。内人奉其养,外人御其难,蛩蛩距虚③,更相恃仰,乃俱安存。

[注释]①散:当为"敦",厚。 ②软:弱。 ③蛩蛩(qióng)距虚:传说中的一种小兽,与叫做蹶的动物相依为命。

诏书法令:二十万口,边郡十万,岁举孝廉一人;员除①世举廉吏一人②。羌反以来,户口减少,又数易太守,至十岁不得举。当职勤劳而不录,贤俊蓄积而不悉,衣冠③无所觊望,农夫无所贪利,是以逐稼,中灾莫肯就外。古之利其民,诱之以利,弗胁以刑。《易》曰④:"先王以省方⑤观民设教。"是故建武⑥初,得边郡,户虽数百,令岁举孝廉,以召来⑦人。今诚宜权时令边郡举孝一人,廉吏世举一人,益置明经百石⑧一人。内郡人将妻子来占著⑨,五岁以上,与居民同均,皆得选举。又募运民耕边入谷,远郡千斛,近郡二千斛,拜爵五大夫⑩。可不欲爵者,使食倍贾⑪于内郡。如此,君子小人各有所利,则虽欲令无往,弗能止也。此均苦乐,平徭役,充边境,安中国之要术也。

[注释]①除:任官授职。 ②世:当为"卅"之误。世举廉吏一人,指三十人中举荐一人。 ③衣冠:指士大夫。 ④见《周易·观·象辞》。 ⑤省方:巡视邦国。 ⑥建武:东汉光武帝的纪元号,自公元25年至公元56年。 ⑦召来:通"招徕"。 ⑧百石:疑为"百户"。 ⑨占著:到官府登记户口。 ⑩五大夫:秦汉爵位分为二十级,五大夫为第九级。 ⑪贾:通"价"。

卜列第二十五

天地开辟有神民,民神异业精气通①。行有招召②,命有遭随③,吉凶之期,天难谌④斯。圣贤虽察不自专,故立卜筮⑤以质神灵。孔子称⑥"蓍之德圆而神,卦之德方以智"。又曰:"君子将有行也,问焉而以言,其受命而向⑦。"是以禹之得皋陶,文王之取吕尚,皆兆告其象,卜底⑧其思,以成其吉。夫君子闻善则劝乐而进德,闻恶则循省⑨而改尤,故安静而多福;小人闻善⑩,闻恶即慑惧而妄为,故狂躁而多祸。是故凡卜筮者,盖所问吉凶之情,言兴衰之期,令人修身慎行以迎福也。

[注释]①民神异业精气通:神灵和人间的事有异,但精气相通。 ②招召:指招祸福。 ③遭随:汉代人关于命运的两种说法。随命,是指善恶之行获得相应福祸之报。遭命,指行善得恶,非所冀望。 ④谌(chén):信。 ⑤卜筮(shì):卜指龟卜,筮指用蓍草算卦。 ⑥见《周易·系辞上》。 ⑦而向:《周易·系辞上》作"如响"。 ⑧底:致。 ⑨循省:修省。 ⑩闻善:善字后脱六字。

且圣王之立卜筮也,不违民以为吉,不专任以断事。

故《鸿范》①之占，大同是尚②。《书》又曰③："假尔元龟，罔敢知吉。"《诗》云④："我龟既厌，不我告犹⑤。"从此观之，蓍龟之情⑥，傥⑦有随时俭易⑧，不以诚邪？将世无史苏之材⑨，识神者少乎？及⑩周史之筮敬仲⑪，庄叔之筮穆子⑫，可谓能探赜索隐，钩深致远者矣。使献公早纳史苏之言⑬，穆子宿⑭备庄叔之戒，则骊姬、竖牛之谗，亦将无由而入，无破国危身之祸也。

[注释]①《鸿范》：即《尚书·洪范》。 ②大同：《洪范》篇云"汝从、龟从、筮从、卿士从、庶民从，是之谓大同"。 ③引文见《尚书·西伯戡黎》。 ④引文见《诗经·小雅·小旻》。 ⑤犹：通"猷"，谋划。 ⑥蓍(shī)龟：蓍草、龟甲。用于占卜的两种工具。 ⑦傥：或许。 ⑧俭易：通"险易"，此处指善恶。 ⑨史苏：春秋时晋国史官，擅长卜筮。 ⑩及：至于。 ⑪周史之筮敬仲：指史官为陈厉公儿子敬仲占卜，遇观之姤卦，周史断定敬仲子孙将建国立业。 ⑫庄叔之筮穆子：指春秋时鲁国人庄叔为其子穆子卜筮，卦得明夷之谦，楚丘据此断定穆虽老寿，却不得善终。 ⑬史苏之言：指晋献公欲伐骊戎，史苏占卜为胜而不吉，力劝献公不纳。献公败骊戎俘骊姬，后骊姬受宠乱晋国之政。 ⑭宿：早。

圣人甚重卜筮，然不疑之事，亦不问也。甚敬祭祀，非礼之祈，亦不为。故曰："圣人不烦卜筮"①，"敬鬼神而远之"②。夫鬼神与人殊气异务，非有事故，何奈于我？故孔子善楚昭之不祀河③，而恶季氏之旅泰山④。今俗人筴⑤于卜筮，而祭非其鬼，岂不惑哉！

[注释]①见《左传·哀公十八年》。 ②见《论语·雍也》。 ③孔子善楚昭之不祀河：指春秋时楚昭王有疾，术士占为黄河作祟，大夫请求祭祀，昭王以黄河非楚境内山川故不祭。此举受到孔子赞扬。 ④恶季氏之旅泰山：

指孔子讥刺鲁季氏祭泰山，认为他僭越礼制。旅：一种祭祀之名。　⑤筴（cè）：同"策"，策划。

　　亦有妄传姓于五音①，设五宅之符第②，其为诬也甚矣！古有阴阳，然后有五行。五帝③右据行气④，以生人民，载世远，乃有姓名敬民⑤。名字者，盖所以别众猥⑥而显此人尔，非以纪五音而定刚柔也。今俗人不能推纪⑦本祖，而反欲以声音言语定五行，误莫甚焉。

　　[注释]①妄传姓于五音："传"当为"傅"，附会。五音：即宫商角徵羽五个音级。汉代术士将姓氏与五音相配。　②设五宅之符第：指一种流传于汉代的相宅方术。　③五帝：指汉代纬书中的五帝，即黄帝、苍帝、赤帝、白帝、黑帝。　④右：当为"各"。行气：即五行之气。　⑤敬民：当为"号氏"。⑥猥：众多。　⑦推纪：推求整理。

　　夫鱼处水而生，鸟据巢而卵。即①不推其本祖，谐音而可，即呼鸟为鱼，可内之水乎②？呼鱼为鸟，可栖之木邪？此不然之事也。命驹曰犊，终必为马。是故凡姓之有音也，必随其本生祖所王也。太皞木精，承岁而王，夫其子孙咸当为角③。神农火精④，承荧惑而王⑤，夫其子孙咸当为徵。黄帝土精，承镇而王⑥，夫其子孙咸当为宫。少皞金精⑦，承太白而王⑧，夫其子孙咸当为商。颛顼水精⑨，承辰而王⑩，夫其子孙咸当为羽。虽号百变，音行不易。

　　[注释]①即：如果。　②内：纳。　③角：五音之一。古代以五音配五行，角配木，徵配火，宫配土，商配金，羽配水。　④神农：传说远古帝王。神农发明耒耜，教民农业生产，故称神农。以火德而王，后世称为炎帝。　⑤荧惑：火星。　⑥镇：镇星，即土星。　⑦少皞：传说远古帝王。又作少昊，名

挚。以金德王,都曲阜。　⑧太白:金星。　⑨颛顼:传说远古帝王。号高阳氏,姬姓。以水德王。生于若水,居于帝丘(今河南濮阳东南)。　⑩辰:辰星,即水星。

俗工①又曰:"商家之宅②,宜西出门。"此复虚矣。五行当出乘其胜③,入居其隩乃安吉④。商家向东入,东入反以为金伐木,则家中精神日战斗也。五行皆然。又曰:"宅有宫商之第,直符之岁⑤。"既然者,于其上增损门数,即可以变其音而过其符邪?今一宅也,同姓相代,或吉或凶;一官也,同姓相代,或迁或免;一宫也,成、康居之日以兴⑥,幽、厉居之日以衰⑦。由此观之,吉凶兴衰不在宅明矣。

[注释]①俗工:指民间方士。　②商家:指姓氏属于商音的人家。③乘其胜:指五行之相胜,即水胜火,火胜金,金胜木,木胜土,土胜水。④隩(ào):室内西南角,古时为尊位。　⑤宫商之第:术数家将宅户东西南北中的五种方位与五音、五行配合,根据五行相生和相克的理论来推算宅户的吉凶。直符之岁:指符合太岁星所在方位为凶方。　⑥成、康:指周成王、康王。他们在位时期,治国有方,号称成康之治。　⑦幽、厉:指周幽王、厉王。厉王任用佞臣,实行专利,被国人逐出京城。周幽王为西周末代君主,宠爱褒姒,烽火戏诸侯,被杀于骊山下。

及①诸神祇太岁、丰隆、钩陈、太阴将军之属②,此乃天吏,非细民所当事也。天之有此神也,皆所以奉成阴阳而利物也,若人治之有牧守令长矣。向之何怒?背之何怨?君民道近,不宜相责,况神致贵③,与人异礼,岂可望乎④?

[注释]①及：至于。　②太岁：虚设的星名，后被附会为神。丰隆、钩陈：均为星名，后被附会为神。太阴将军：神名，主杀伐。　③致：极。　④望：责难。

　　且欲使人而避鬼，是即道路不可行，而室庐不复居也。此谓贤人君子秉心方直，精神坚固者也。至如世俗小人，丑妾婢妇，浅陋愚戆，渐染既成，又数扬精破胆。今不顺精诚所向，而强之以其所畏，直亦增病尔。何以明其然也？夫人之所以为人者，非以此八尺之身也，乃以其有精神也。人有恐怖死者，非病之所加也，非人功之所辜也①。然而至于遂不损者②，精诚去之也。孟贲③狎猛虎而不惶，婴人④畏蝼蚁而发闻⑤。今通士或欲强羸病之愚人，必之其所不能，吾又恐其未尽善也。

[注释]①辜：罪，指处死。　②损：减轻。　③孟贲：战国时著名勇士。④婴人：婴儿。　⑤发闻：发声而惊动他人。

　　移风易俗之本，乃在开其心而正其精。今民生不见正道，而长于邪淫诳惑之中，其信之也①，难卒②解也。惟王者能变之。

[注释]①其信之也：指民众的上述信仰。　②卒：通"猝"，仓促之间。

巫列第二十六

凡人吉凶,以行①为主,以命为决。行者,己之质也;命者,天之制也。在于己者,固可为也;在于天者,不可知也。巫觋祝请②,亦其助也,然非德不行。巫史祝祈者,盖所以交鬼神而救细微尔,至于大命,末如之何。譬民人之请谒于吏矣,可以解微过,不能脱正罪。设有人于此,昼夜慢侮君父之教,干犯先王之禁,不克③己心,思改过善④,而苟骤发请谒,以求解免,必不几矣⑤。不若修己,小心畏慎,无犯上之必令也。故孔子不听子路⑥,而云"丘之祷久矣"。《孝经》云⑦:"夫然,故生则亲安之,祭则鬼享之。"由此观之,德义无违,鬼神乃享;鬼神受享,福祚乃隆。故《诗》云⑧:"降福穰穰⑨,降福简简⑩,威仪板板⑪。既醉既饱,福禄来反。"此言人德义美茂,神歆享醉饱,乃反报之以福也。

[注释]①行:品行。 ②祝:祈祷。 ③克:克制。 ④过后当脱一"迁"字。 ⑤几:成功。 ⑥子路:孔子弟子,以勇力著称。 ⑦见《孝经·孝治章》。 ⑧见《诗经·周颂·执竞》。 ⑨穰穰(ráng):通"禳禳"(ráng),福泽厚盛。 ⑩简简:丰厚。 ⑪板板:慎重和善。

虢公延神而亟亡①,赵婴祭天而速灭②,此盖所谓神不歆③其祀,民不即④其事也。故鲁史书曰⑤:"国将兴,听于民;将亡,听于神。"楚昭不禳云⑥,宋景不移咎⑦,子产距裨灶⑧,邾文公违卜史⑨,此皆审己知道,身以俟命者也。晏平仲⑩有言:"祝有益也,诅亦有损也。"⑪季梁之谏随侯⑫,宫之奇说虞公⑬,可谓明乎天人之道,达乎神民之分矣⑭。

[注释]①虢公延神而亟亡:春秋时有神降于虢国,虢公使官员祭祀,史官认为无德而佞神乃灭亡之兆,后虢国为晋国所灭。 ②赵婴祭天而速灭:春秋时晋国大夫赵婴祭天求福,但次日即被放逐齐国。 ③歆:享。 ④即:就。 ⑤见《左传·庄公三十二年》。 ⑥楚昭不禳云:指春秋时楚昭公不祭妖云以移祸于大臣。 ⑦宋景不移咎:指宋景公不将天所降之灾难转移给他人。 ⑧子产距裨灶:指春秋时郑国执政子产拒绝大夫裨灶的建议,不同意祭祀火星以避火灾。 ⑨邾(zhū)文公违卜史:指春秋时邾文公在听到迁都将利于民而不利于君的说法后,以民为重,毅然迁都于绎地。 ⑩晏平仲:即晏婴,春秋时齐国政治家。 ⑪见《左传·昭公二十年》。 ⑫季梁之谏随侯:指春秋时季梁劝谏随侯应先成民而后致力于神。随侯纳其谏。 ⑬宫之奇说虞公:春秋时晋国向虞国借道攻虢国。宫之奇以唇亡齿寒为喻劝谏虞公,虞公不听,后为晋所灭。 ⑭原作"神明",据《汉魏丛书》本改。

夫妖不胜德,邪不伐正,天之经①也。虽时有违,然智者守其正道,而不近于淫鬼。所谓淫鬼者,闲邪精物,非有守司②真神灵也。鬼之有此,犹人之有奸言卖平③以干求者也。若或诱之,则远来不止,而终必有咎。鬼神亦然,故申繻④曰:"人之所忌,其气炎以取之。人无衅焉⑤,妖不自作。"⑥是谓人不可多忌,多忌妄畏,实致妖祥。

[注释]①经:常规。 ②守司:职掌。 ③卖平:指商贩哄抬物价。

④申繻(xū)：春秋时鲁国大夫。 ⑤衅：缝隙，过失。 ⑥见《左传·庄公十四年》。

且人有爵位，鬼神有尊卑。天地山川、社稷五祀①、百辟卿士②有功于民者，天子诸侯所命祀也。若乃巫觋之谓独语，小人之所望畏，土公、飞尸、咎魅、北君、衔聚、当路、直符七神③，及民间缮治微蔑小禁④，本非天王⑤所当惮也。

[注释]①社稷五祀：古代祭祀的五种神灵，一般指句芒、蓐收、玄冥、祝融、后土。 ②百辟：辟，君主。百辟指诸侯。卿士指各诸侯国执政。 ③七神：这七种神为民间信仰的低级神，多数已不可考。 ④缮治：修缮房屋。蔑，微小。禁，禁忌。 ⑤天王：指帝王。

旧时京师不防动功造禁以来，吉祥应瑞，子孙昌炽，不能过前。且夫以君畏臣，以上需①下，则必示弱而取陵②，殆非致福之招也。

[注释]①需：畏惧。 ②陵：欺凌，凌辱。

尝观上记①，人君身修正、赏罚明者，国治而民安；民安乐者，天悦喜而增历数②。故《书》曰③："王以小民受天永命。"孔子曰④："天之所助者顺也，人之所助者信也。履信思乎顺，又以尚贤，是以自天佑之，吉无不利。"此最却凶灾而致福善之本也。

[注释]①上记：上古之书。 ②历数：上天所定王朝的统治年限。③见《尚书·召诰》。 ④见《周易·系辞上》。

相列第二十七

《诗》所谓"天生烝民,有物有则"①。是故人身体形貌皆有象类,骨法角肉各有分部,以著性命之期,显贵贱之表,一人之身,而五行八卦之气具焉。故师旷曰"赤色不寿"②,火家性易灭也。《易》之说卦:"巽③,为人多白眼",相扬四白者兵死④,此犹金伐木也。《经》曰:"近取诸身,远取诸物。"⑤"圣人有见天下之至赜⑥,而拟诸形容,象其物宜。"⑦此亦贤人之所察,纪往以知来,而著为宪则也。

[**注释**]①见《诗经·大雅·烝民》。烝民:万民。 ②师旷:春秋时晋国著名乐师。引语参见《逸周书·太子晋解》。 ③巽(xùn):《周易》巽卦。 ④相:古代的相面术。扬:露。扬四白,指眼珠四面都露出白。兵死:死于兵器之下。 ⑤见《周易·系辞下》。 ⑥赜(zé):幽微,玄妙。 ⑦见《周易·系辞上》。

人之相法,或在面部,或在手足,或在行步,或在声响。面部欲溥平①润泽,手足欲深细明直,行步欲安稳覆载②,音声欲温和中宫③。头面手足,身形骨节,皆欲相副称。

此其略要也。

[注释]①溥(pǔ)平:宽而平。 ②覆载:如天覆地载。 ③中宫:中,符合。古人认为宫音是最悦耳的正音。

夫骨法为禄相表①,气色为吉凶候,部位为年时,德行为三者招②,天授性命决然③。表有显微,色有浓淡,行有薄厚,命有去就④。是以吉凶期会⑤,禄位成败,有不必⑥。非聪明慧智,用心精密,孰能以中?

[注释]①禄相表:所得禄位的标志。 ②招:准则。 ③决然:取决于这些。 ④去就:去留进退。 ⑤期会:约期会合。 ⑥"必"下脱"至"字。

昔内史叔服过鲁①,公孙敖②闻其能相人也,而见其二子③焉。叔服曰:"谷也食子,难也收子④,谷也丰下⑤,必有后于鲁。"及穆伯之老也,文伯居养;其死也,惠叔典哭。鲁竟立献子⑥,以续孟氏之后。及王孙说相乔如⑦,子上几商臣⑧,子文忧越椒⑨,叔姬恶食我⑩,单襄公察晋厉⑪,子贡观邾鲁⑫,臧文听御说⑬,陈咸见张□⑭,贤人达士,察以善心,无不中矣。及唐举之相李兑、蔡泽⑮,许负之相邓通、条侯⑯,虽司命班禄,追叙行事,弗能过也。

[注释]①叔服:指周太史叔服,精于相术。 ②公孙敖:鲁国大臣,为人无行,后死于齐国,谥号穆伯。 ③见:使动用法。二子,即下文提到的长子谷(谥号为文,史称文伯)和次子难(谥号为惠,史称惠叔)。 ④收:收葬。 ⑤丰下:下巴丰满。 ⑥献子:文伯之子。 ⑦王孙说:周朝的大夫,善相面。见鲁国的大夫乔如,预言其将冒犯他人。 ⑧子上几商臣:春秋时,楚国令尹子上认为楚成王之子商臣蜂目豺声,有反叛之相,劝楚君勿立。几,通"讥",

评价。 ⑨子文忧越椒：春秋时楚国令尹子文相其侄越椒，认为其熊虎之状而豺狼之声，将兴难灭本宗族。 ⑩叔姬恶食我：春秋时晋国叔向生子名食我，其母叔姬认为其声如豺狼，将灭本宗族。 ⑪单(shàn)襄公察晋厉：指周朝卿士单襄公见晋厉公，预言其君位难能持久。 ⑫子贡观邾(zhū)鲁：指邾隐公朝鲁时，子贡往观礼，分析二君的行礼动作，断言其均为变乱死亡之兆。 ⑬臧文听御说：指鲁国臧文仲预言公子御将为宋主。 ⑭陈咸见张：史实失考。 ⑮唐举：战国时著名相士唐举，曾预言李兑百日将为相、蔡泽前程无量等事。 ⑯许负：汉代著名相士。许负曾预言邓通、周亚夫终将饿死。

虽然，人之有骨法也，犹万物之有种类，材木之有常宜①。巧匠因象，各有所授②，曲者宜为轮，直者宜为舆，檀宜作辐，榆宜作毂，此其正法通率③也。若有其质，而工不材④，可如何？故凡相者，能期其所极⑤，不能使之必至。十种⑥之地，膏壤虽肥，弗耕不获；千里之马，骨法虽具，弗策不致。

[注释]①常宜：常规的用处。 ②授：委任。 ③率：规则。 ④材：通"裁"。 ⑤期其所极：期，预期。极，至。 ⑥十种：多年耕种。

夫觚而弗琢①，不成于器；士而弗仕，不成于位。若此者，天地所不能贵贱，鬼神所不能贫富也。或王公孙子，仕宦终老，不至于谷②。或庶隶厮贱，无故腾跃，穷极爵位。此受天性命，当必然者也。《诗》称"天难忱斯"③，性命之质，德行之招④，参错授受，不易者也。

[注释]①觚(gū)：酒器。琢，雕琢。 ②谷：禄。 ③见《诗经·大雅·大明》。忱，信赖。 ④质、招：均为箭靶，引申为归宿。

然其大要,骨法为主,气色为候。五色①之见,王废②有时。智者见祥,修善迎之,其有忧色,循③行改尤。愚者反戾,不自省思,虽休征④见相,福转为灾。于戏⑤君子,可不敬哉!

[**注释**]①五色:青黄赤白黑五色。古代五行家将五色与五行相配。 ②王废:指兴衰。 ③循:修。 ④休征:吉祥的征兆。 ⑤于戏:即"呜呼"。

梦列第二十八

凡梦:有直,有象,有精,有想,有人,有感,有时,有反,有病,有性。

在昔武王,邑姜①方震②太叔③,梦帝谓己:"命尔子虞④,而与之唐⑤。"及生,手掌曰"虞",因以为名。成王灭唐,遂以封之。此谓直应之梦也。诗云:"维熊维罴,男子之祥;维虺维蛇,女子之祥。"⑥"众维鱼矣,实维丰年;旐维旟矣,室家溱溱。"⑦此谓象之梦也。孔子生于乱世,日思周公之德,夜即梦之。此谓意精⑧之梦也。人有所思,即梦其到;有忧即梦其事。此谓记想之梦也。今事,贵人梦之即为祥,贱人梦之即为妖,君子梦之即为荣,小人梦之即为辱。此谓人位之梦也。晋文公于城濮之战⑨,梦楚子⑩伏己而监⑪其脑,是大恶也。及战,乃大胜。此谓极反之梦也。阴雨之梦,使人厌迷;阳旱之梦,使人乱离;大寒之梦,使人怨悲;大风之梦,使人飘飞。此谓感气之梦也。春梦发生,夏梦高明,秋冬梦熟藏。此谓应时之梦也。阴病梦寒,阳病梦热,内病梦乱,外病梦发,百病之梦,或散或集。此谓气之梦也。人之情心,好恶不同,或以此吉,或以此凶。当各自察,常占⑫所从。此谓性情之梦也。

[注释]①邑姜:人名,周武王的王后,姜太公之女。 ②震:通"娠"。③太叔:武王之子,姬姓,名虞。 ④虞:人名,即太叔。 ⑤唐:古国名,相传为陶唐氏尧后裔的封国。在今山西翼城县西。 ⑥以上四句见《诗经·小雅·斯干》。意为梦见熊、罴,主生男孩;梦见虺蛇,主生女孩。 ⑦以上四句见《诗经·小雅·无羊》。意为梦见鱼,主丰收年成;梦见旐旟,主家庭人丁兴旺。 ⑧意精:意念精诚。 ⑨城濮之战:春秋时前632年,晋军在城濮(今山东鄄城县西南)击败楚军。 ⑩楚子:指楚成王,公元前671年—前625年在位。 ⑪鹽(gǔ):吸取。 ⑫占:预测。

故先有所梦,后无差忒①者,谓之直;比拟相肖,谓之象;凝念注神,谓之精②;昼有所思,夜梦其事,乍吉乍凶,善恶不信者,谓之想;贵贱贤愚,男女长少,谓之人;风雨寒暑,谓之感;五行王相③,谓之时;阴极即吉,阳极即凶,谓之反;观其所疾,察其所梦,谓之病;心精④好恶,于事有验⑤,谓之性。凡此十者,占梦之大略也。

[注释]①差忒(tè):差错。差字前原缺"所梦后无"四字,今人张觉据明代何士元著《梦占逸旨》引文补。 ②精字前原无"直;比拟相肖,谓之象。凝念注神,谓之"14个字,据《梦占逸旨》引文补。 ③五行王相:阴阳五行学说认为,五行相生相克,五行交替主事,如春季木主事,称木王,木王的时候,火为相,水为休,金为囚,土为死;夏季则火王、土相,木休,水囚,金死;季夏则土王、金相、火休、木囚、水死。秋季则金王,水相、土休、火囚、木死。冬季则水王,木相、金休、土囚、火死。 ④精:通"情"。 ⑤于事有验:验字前原无"有"字,据《梦占逸旨》引文补。

而决吉凶者之类以多反①,其何故哉?岂人觉为阳,人寐为阴,阴阳之务相反故邪?此亦谓其不甚②者尔。借如使梦吉事而己意大喜乐,发于心精③,则真吉矣。梦凶事而己意大恐惧忧悲,发于心精,即真恶矣。所谓秋冬梦死伤也吉者,顺时也。虽然,财④为大害尔,由⑤弗若勿梦也。

[注释]①之类以多反:"之"为衍字。　②甚:当为"慎",据《梦占逸旨》引文改。　③精:通"情"。　④财:通"才"。　⑤由:通"犹"。

凡察梦之大体:清絜鲜好,貌坚体健①,竹木茂美,宫室器械新成,方正开通,光明温和,升上向兴之象皆为吉喜,谋从事成。诸臭汙腐烂,枯槁绝雾,倾倚征②邪,劓刖③不安,闭塞幽昧,解落④坠下,向衰之象皆为⑤,计谋不从,举事不成。妖孽怪异,可憎可恶之事皆为忧患⑥。图画胎卵⑦,刻镂非真,瓦器虚空,皆为见欺绐⑧。倡优俳儛,侯⑨小儿所戏弄之象,皆为欢笑。此其大部⑩也。

[注释]①"健"前原无体字,据《梦占逸旨》引文增补。　②征:当为"微",通"违"。邪的意思。　③劓刖(yì yuè):不安的样子。　④解落:解散。　⑤皆为:后面脱漏两字。　⑥"忧"字后原无"患"字,据《梦占逸旨》引文补。　⑦胎卵:原作"衃胎",据《梦占逸旨》引文改。　⑧绐:通"诒",欺骗。　⑨侯:当为"及"。　⑩大部:大体。

梦或甚显而无占,或甚微而有应,何也？曰:本所谓之梦者,困不了察之称,而懵愦①冒名也。故亦不专信以断事。人相对②计事,起而行之,尚有不从,况于慌忽③杂梦,亦可必乎？惟其时有精诚之所感薄④,神灵之所告者,乃有占尔。

[注释]①懜愦(měng kuì):昏乱不明。 ②"对"字前原无"相"字,据《梦占逸旨》引文增补。 ③慌:原作"忘",据《梦占逸旨》引文改。慌忽,通"恍惚"。 ④薄:通"迫"。感薄,感动。

是故君子之异梦,非妄而已也,必有事故焉;小人之异梦,非桀①而已也,时有祯祥焉。是以武丁②梦获圣而得傅说,二世梦白虎而灭其封②。

[注释]①桀:当为误字。疑为"乖"字。 ②武丁:即殷高宗。武丁即位,思复兴商朝,未得良佐,后梦得一贤者名说,遂依梦中所见,果于岩下得傅说。 ②二世梦白虎:指秦二世梦白虎咬死其驾车之马,后被赵高逼死于望夷宫。封:即"邦",国家。

夫奇异之梦,多有故而少无为者矣。今一寝之梦,或屡迁化,百物代至,而其主不能究道之,故占者有不中也。此非占之罪也,乃梦者过也。或言梦审①矣,而说者不能连类博②观,故其善恶有不验也。此非书之罔,乃说之过也。是故占梦之难者,读其书为难也。

[注释]①审:详尽。 ②博:原作"传",据《梦占逸旨》引文改。

夫占梦必谨其变故,审其征候,内考情意,外考王相,即①吉凶之符,善恶之效,庶可见也。

[注释]①即:则。

且凡人道,见瑞而修德者,福必成,见瑞而纵恣者,福转为祸;见妖而骄侮者,祸必成,见妖而戒惧者,祸转为福。

是故太姒有吉梦①,文王不敢康吉,祀于群神,然后占于明堂,并拜吉梦。修省戒惧,闻喜若忧,故能成吉以有天下。虢公梦见蓐收②赐之上田,自以为有吉,囚史嚚,令国人③贺梦。闻忧而喜,故能成凶以灭其封。

[注释]①太姒(sì):周文王之妃,梦见商朝皇宫生荆棘,周太子姬发取梓树栽于阙间,梓树化为松柏。醒后讲梦告诉文王。 ②蓐(rù)收:西方神名,司秋。春秋时虢公曾梦见蓐收赐其上田,后遭亡国之祸。 ③"国"后原无"人"字,据《梦占逸旨》引文补。

《易》曰①:"使知惧,又明于忧患与故。"凡有异梦感心,以及人之吉凶,相之气色,无问善恶,常恐惧修省,以德迎之,乃其逢吉,天禄永终。

[注释]①引文见《周易·系辞下》。

释难第二十九

庚子①问于潜夫②曰:"尧、舜道德,不可两美,实若韩子戈伐③之说邪?"

[注释]①庚子:此处当为假托的人名。 ②潜夫:即作者王符。 ③韩子:指韩非子。戈伐之说:见《韩非子·难一》。戈伐,矛盾。

潜夫曰:"是不知难①而不知类②。今夫伐者盾也,厥性利;戈者矛也,厥性害。是戈为贼③,伐为禁④也,其不俱盛,固其术也。夫尧、舜之相於⑤,人也,非戈与伐也,其道同仁,不相害也。舜、伐何如弗得俱坚⑥?尧、伐何如不得俱贤哉⑦?且夫尧、舜之德,譬犹偶⑧烛之施明于幽室也,前烛即尽照之矣,后烛入而益明。此非前烛昧而后烛彰也,乃二者相因而成大光,二圣相德⑨而致太平之功也。是故大鹏之动,非一羽之轻也;骐骥之速,非一足之力也。众良相德,而积施⑩乎无极也。尧、舜两美,盖其则也。"

[注释]①难:辩难。 ②类:类比。 ③贼:害。 ④禁:避免伤害。 ⑤於:处。 ⑥"舜"当为"戈"字。 ⑦"伐"当为"舜"字。 ⑧偶:两支。 ⑨相德:即相得。 ⑩积:通"绩"。施:延续。

伯叔曰①:"吾子过矣。韩非之取矛盾以喻者,将假其不可两立,以诘尧、舜之不得并之势。而论其本性之仁与贼,不亦失是譬喻之意乎?"

[注释]①伯叔:作者假托的人名。

潜夫曰:"夫譬喻也者,生于直告之不明,故假物之然否以彰之。物之有然否也,非以其文也,必以其真也。今子举其实文之性以喻,而欲使鄙①也释其文,鄙也惑焉。且吾闻问阴对阳,谓之强说;论西诘东,谓之强难。子若欲自必以则②,昨反思,然后求,无苟自强。"

[注释]①鄙:鄙人,自谦之词。 ②必:肯定。

庚子曰:"周公知管、蔡①之恶,以相武庚②,使肆厥毒,从而诛之,何不仁也?若其不知,何不圣也?二者之过,必处一焉。"

[注释]①管蔡:管叔和蔡叔。均为周公的兄弟。 ②武庚:商纣王子。

潜夫曰:"书二子挟庚子父①以叛,然未知其类之与?抑抑相反?且天知桀恶而帝之夏,又知纣恶而王之殷,使虐二国,残贼下民,多纵厥毒,灭其身,亦可谓不仁不知②乎?"

[注释]①庚子父:当为"武庚、禄父",均为商纣王子。 ②知:通"智"。

庚子曰:"不然。夫桀、纣者,无亲于天,故天任之而勿忧,诛之而勿哀。今管、蔡之与周公也,有兄弟之亲,有骨肉之恩,不量能而使之,不堪①命而任之,故曰异于桀、纣之与天也。"

[**注释**]①堪:经得起,承当。

潜夫曰:"皇天无亲,帝王继体之君,父事天。王者为子,故父事天也。率土之民,莫非王臣也。将①而必诛,王法公也。无偏无颇,亲疏同也。大义灭亲,尊王之义也。立弊之天为?周公之德因斯也②。过此而往者,未之或知。"

[**注释**]①将:图谋,加害。 ②斯:此。

秦子问于潜夫曰:"耕种,生之本也;学问,业之末也。老聃有言①:'大丈夫处其实,不居其华。'而孔子曰②:'耕也,馁在其中;学也,禄在其中。'敢问今使举世之人,释耨耒而程相群于学③,何如?"

[**注释**]①这句话节引自《老子》第三十八章。 ②引文见《论语·卫灵公》。 ③程相群于学:当为"群相程于学",程,效法。

潜夫曰:"善哉问!君子劳心,小人劳力。故孔子所称,谓君子尔。今以目所见,耕,食之本也。以心原道,即①学又耕之本也。《易》曰②:'立天之道,曰阴与阳;立地之道,曰柔与刚;立人之道,曰仁与义。'天反德③者为灾。"

[**注释**]①即:则。 ②见《周易·说卦》。 ③天:当为"夫"。反德:违反道德。

潜夫曰:"呜呼!而未之察乎?吾语子。夫君子也者,其贤宜君国而德宜子民也。宜处此位者,惟仁义人。故有仁义者,谓之君子。昔荀卿①有言②:'夫仁也者爱人,爱人,故不忍危也;义也者聚人,聚人,故不忍乱也。'是故君子夙夜箴规,謇謇③匪懈者,忧君之危亡,哀民之乱离也。故贤人君子,推其仁义之心,爱④之君犹父母也,爱居世之民犹子弟也。父母将临颠陨之患,子弟将有陷溺之祸者,岂能墨⑤乎哉!是以仁者必有勇,而德人必有义也。"

[**注释**]①荀卿:名况,战国时赵国人,思想家,著有《荀子》。 ②这句话节引自《荀子·议兵篇》。 ③謇謇(jiǎn):通"謇謇",忠贞正直。 ④"爱"字后脱落两字。 ⑤墨:沉默。

"且夫一国尽乱,无有安身。《诗》云①:'莫肯念乱,谁无父母。'言将皆为害,然有亲者忧将深也。是故贤人君子,既忧民,亦为身作。夫盖满②于上,沾溥③在下,栋折榱④崩,惧有厥患。故大屋移倾,则下之人不待告令,各争其柱⑤之。仁者兼护人家者,且自为也。《易》曰⑥:'王明,并受其福'是以次室倚立而叹啸⑦,楚女揭幡而激王⑧。仁惠之恩,忠爱之情,固能已乎?"

[**注释**]①见《诗经·小雅·沔水》。 ②作:为。 ②满:当为"漏"。 ③沾:湿。溥:普遍。 ④榱(cuī):盖屋的椽子。 ⑤柱:支撑。 ⑥见《周

易·井·九三》)。 ⑦次室:春秋时鲁国邑名。指春秋时鲁国次室邑之女子,担忧鲁国危亡而依柱慨叹。 ⑧楚女揭幡而激王:指战国时楚国少女庄姪心忧国家,举幡劝阻楚顷襄王远游。

交际第三十

语曰:"人惟旧,器惟新。昆弟世疏,朋友世亲。"此交际之理,人之情也。今则不然,多思远而忘近,背故而向新;或历载而益疏,或中路而相捐,悟①先圣之典戒,负久要②之誓言。斯何故哉?退而省之,亦可知也。势有常趣②,理有固然。富贵则人争附之,此势之常趣也;贫贱则人争去之,此理之固然也。

[注释]①悟:当为"牾",违背。 ②久要:旧约。 ③趣:趋势。

夫与富贵交者,上有称举①之用,下有货财之益。与贫贱交者,大有赈贷之费,小有假借之损。今使官人虽兼桀、跖②之恶,苟结驷③而过士,士犹以为荣而归焉,况其实有益者乎?使处子④虽苞⑤颜、闵之贤,苟被褐⑥而造门,人犹以为辱而恐其复来,况其实有损者乎?

[注释]①称举:推举。 ②桀、跖:参见《慎微》篇注。 ③结驷:单车套四马驾车。 ④处子:处士,平民。 ⑤苞:通"包",怀有。 ⑥被褐:被同"披"。褐,粗布衣。

故富贵易得宜,贫贱难得适。好服谓之奢僭,恶衣谓之困厄,徐行谓之饥馁,疾行谓之逃责①,不候②谓之倨慢,数来谓之求食,空造以为无意,奉贽以为欲贷③,恭谦以为不肖,抗扬④以为不德。此处子之羁薄⑤,贫贱之苦酷也。

[注释]①责:同"债"。 ②候:问候。 ③贷:施舍。 ④抗:高。抗扬,志气高扬。 ⑤薄:同"缚"。羁薄,羁绊。

夫处卑下之位,怀《北门》①之殷忧,内见谪②于妻子,外蒙讥于士夫。嘉会不从礼,饯御不逮众,货财不足以合好,力势不足以杖急③。欢忻④久交,情好旷而不接,则人无故自废疏矣。渐疏则贱者逾自嫌而日引⑤,贵人逾务党而忘之。夫以逾疏之贱,伏于下流⑥,而望日忘之贵,此《谷风》⑦所为内摧伤,而介推所以赴深山也⑧。

[注释]①《北门》:即《诗经·邶风·北门》。 ②谪(zhé):谴责。③杖急:救急。 ④欢忻:欢欣。 ⑤引:退去。 ⑥下流:低下的地位。⑦《谷风》:即《诗经·小雅·谷风》。 ⑧介推:见《遏利》篇注。

夫交利相亲,交害相疏。是故长誓而废,必无用者也;交渐而亲,必有益者也。俗人之相与①也,有利生亲,积亲生爱,积爱生是,积是生贤,情苟贤之,则不自觉心之亲之,口之誉之也。无利生疏,积疏生憎,积憎生非,积非生恶,情苟恶之,则不自觉心之外之,口之毁之也。是故富贵虽新,其势日亲;贫贱虽旧,其势日疏,此处子所以不能与官人竞也。世主不察朋交之所生,而苟信贵臣之言,此絜②

士所以独隐翳③,而奸雄所以党能臣④也。

[**注释**]①原作"相于",据《汉魏丛书》本改。相与:相处。 ②絜:同"洁"。 ③翳(yì):遮蔽。 ④原作"党飞扬",据《汉魏丛书》本改。党:结党。

昔魏其①之客,流于武安②;长平③之吏,移于冠军④;廉颇、翟公⑤,载盈载虚⑥。夫以四君之贤,藉旧贵之夙恩,客犹若此,则又况乎生贫贱者哉？惟有古烈之风,志义之士,为不然尔。恩有所结,终身无解；心有所矜⑦,贱而益笃。《诗》云⑧:"淑人君子,其仪一兮,心如结兮。"故岁寒然后知松柏之后凋也,阨隘⑨然后知其人之笃固也。

[**注释**]①魏其:指西汉魏其侯窦婴。 ②武安:指西汉武安侯田蚡。窦婴失势后,门下宾客皆离开而归武安侯。 ③长平:指长平侯卫青。 ④冠军:指冠军侯霍去病。卫青失势后,故人门下多去事霍去病。 ⑤廉颇:战国时赵国名将。翟公为汉朝廷尉。两人尊贵时宾客门庭若市,及遭贬斥,门可罗雀。 ⑥载:再。 ⑦矜:注重,追求。 ⑧引文见《诗经·曹风·鸤鸠》。 ⑨阨隘:困窘。

侯嬴、豫让①,出身以报恩；专诸、荆轲②,奋命以效用。故死可为也,处之难尔。庞勋、勃貂③,一旦见收,亦立为义报,况累旧乎？故邹阳④称之曰:"桀之狗可使吠尧,跖之客可使刺由⑤。"岂虚言哉？俗士浅短,急于目前,见赴有益则先至,顾无用则后背。是以欲速之徒,竞推上而不暇接下,争逐前而不遑恤后。是故韩安国能遗田蚡五百金⑥,而不能赈一穷；翟方进称淳于长⑦,而不能荐一士。夫安国、方进,前世之忠良也,而犹若此,则又况乎末涂之下相哉？此奸雄所以逐党进，而处子所以愈拥⑧蔽也。非明圣之君，孰能照察？

[注释]①侯嬴、豫让：侯嬴，战国时魏国信陵君的门客。豫让，春秋时晋国智伯的门客。两人均以生命报答主人的知遇之恩。 ②专诸、荆轲：专诸，春秋时吴国刺客。荆轲，战国刺客。两人受托于吴公子光和燕太子，分别行刺吴王僚和秦王嬴政。 ③庞勋、勃貂：庞勋，疑为庞煖之误。庞煖，战国末人，赵悼襄王任用为将，屡建战功。勃貂，春秋晋国人，即寺人披，助晋文公免祸。 ④邹阳：西汉名士。 ⑤由：许由，相传为尧时隐居高士。 ⑥韩安国：西汉人。为求仕进，韩安国向太尉田蚡行贿五百斤黄金，获得任用。 ⑦翟(zhái)方进：西汉成帝时丞相，为固位而逢迎权贵，与时任卫尉的外戚淳于长深相交结。 ⑧拥：通"壅"。

且夫怨恶之生，若二人偶①焉。苟相对也，恩情相向，推极其意，精诚相射，贯心达髓，爱乐之隆，轻相为死，是故侯生、豫子刎颈而不恨②。苟相背也，心情乖互③，推极其意，分背奔驰，穷东极西，心尚未快④，是故陈馀、张耳⑤老相全灭⑥而无感痛。从此观之，交际之理，其情大矣。非独朋友为然，君臣夫妇亦犹是也。当其欢也，父子不能间；及其乖也，怨雠不能先。是故圣人常慎微以敦其终。

[注释]①二人偶：指二人相处。 ②侯生、豫子：即上文的侯嬴、豫让。 ③乖互：乖忤。 ④原作"决"，从汪笺注本改。 ⑤陈馀、张耳：秦末人。两人年少时为刎颈之交，共同参与反秦起义。后有隙反目为仇，以张耳杀陈馀告终。 ⑥老相全灭：当为"卒相吞灭"。

富贵未必可重，贫贱未必可轻。人心不同好，度量相万亿。许由让其帝位①，俗人有争县职；孟轲辞禄万钟，小夫贪于升食②。故曰：鹑鷃③群游，终日不休，乱举聚跱，不离蒿茆④；鸿鹄高飞，双别乖离，通千达万，志在陂池。鸾凤翱翔黄历⑤之上，徘徊太清之中，随景风而飘飖，时抑扬以从容，意犹未得，嘈嘈然长鸣，蹶⑥号振翼，陵⑦朱云，薄斗极⑧，呼吸阳露，旷旬不食，其意尚犹嗛嗛如⑨也。三者殊务，各安所为。是以伯夷采薇而不恨，巢父⑩木栖而自愿。由斯观诸，士之志量，固难测度。凡百君子⑪，未可以富贵骄贫贱，谓贫贱之必我屈也。

[注释]①许由让其帝位：尧以天下让许由，许由不受。 ②升食：当为"斗食"之误。汉代小吏有斗食级别的俸禄。 ③鹑（chún）：鹌鹑。鷃（yàn）：鷃雀。 ④茆：即"茅"。 ⑤黄历：当为"万仞"。 ⑥蹶：竭力。 ⑦陵：同"凌"。 ⑧薄：迫近。斗：北斗星。极：北极星。 ⑨嗛嗛（qiàn）如：不满足貌。 ⑩巢父：尧时隐士，筑巢树上栖息。 ⑪君子：指官员。百，众多。

《诗》云①："德輶②如毛，民鲜克举之。"世有大难者四，而人莫之能行也，一曰恕，二曰平，三曰恭，四曰守。夫恕者仁之本也，平者义之本也，恭者礼之本也，守者信之本也。四者并立，四行乃具，四行具存，是谓真贤。四本不立，四行不成，四行无一，是谓小人。

[注释]①见《诗经·大雅·烝民》。 ②輶（yóu）：轻。

所谓恕者，君子之人，论彼恕于我，动作消息于心①。己之所无，不以责下；我之所有，不以讥②彼；感己之好敬也，故接士以礼；感己之好爱也，故遇人有恩。己欲立而立人,己欲达而达人③。善人之忧我也,故先劳④人。恶人之忘我也,故常念人。凡品则不然,论人不恕己,动作不思心。无之己而责之人,有之我而讥之彼。己无礼而责人敬,己无恩而责人爱。贫贱则非人初不我忧也,富贵则是⑤我之不忧人也。行己若此,难以称仁矣。

[**注释**]①消息于心:当作"则思之于心"。　②讥:指责。　③这两句为孔子名言,见《论语·雍也》。　④劳:忧。　⑤是:认为正确。

所谓平者,内怀鸤鸠之恩①,外执砥矢之心②。论士必定于志行,毁誉必参于效验。不随俗而雷同,不逐声而寄论。苟善所在,不讥贫贱;苟恶所错③,不忌富贵。不谄上而慢下,不厌故而敬新。凡品则不然,内偏颇于妻子,外僭惑于知友。得则誉之,怨则谤之。平议无埻⑤,讥誉无效验。苟阿贵以比党,苟剽声以群吠。事富贵如奴仆,视贫贱如佣客。百至秉权之门,而不一至无势之家。执心⑤若此,难以称义矣。

[**注释**]①鸤鸠之恩:公平对待,一视同仁。鸤鸠,布谷鸟。　②砥矢之心:公平正直之心。　③错:通"措",置放。　④平:通"评"。埻:箭靶,引申指准则。　⑤执心:居心。

所谓恭者,内不敢傲于室家,外不敢慢于士大夫。见贱如贵,视少如长。其礼先入①,其言后出。恩意无不答,礼敬无不报。睹贤不居其上,与人推让。事处其劳,居从其陋;位安其卑,养甘其薄。凡品则不然,内慢易②于妻子,外轻侮于知友;聪明③不别真伪,心思不别善丑;愚而喜傲贤,少而好陵④长;恩意不相答,礼敬不相报;睹贤不相推,会同不能让;动欲择其佚⑤,居欲处其安;养欲擅其厚,位欲争其尊;见人谦让,因而嗤之;见人恭敬,因而傲之;如是而自谓贤能智能。为行如此,难以称忠矣。

[注释]①入:当为"人"。 ②慢易:轻慢。 ③聪明:指耳与目。④陵:通"凌"。 ⑤佚:通"逸",安逸。

所谓守者,心也。有度①之士,情意精专,心思独睹②,不驱于险墟③之俗,不惑于众多之口。聪明悬绝,秉心塞渊④,独立不惧,遁世无闷,心坚金石,志轻四海⑤,故守其心而成其信。凡器则不然,内无持操,外无准仪。倾侧险诐⑥,求同于心,口无定论,不恒其德,二三其行⑦。秉操如此,难以称信矣。

[注释]①度:法度。 ②睹:明察。 ③险墟:当为"险巇"(xī),险恶。④秉心塞渊:秉,操持。塞:充实。渊,深。 ⑤四海:指拥有四海。 ⑥诐(bì):邪僻。 ⑦二三其行:行为不专一。

夫是四行者,其轻如毛,其重如山;君子以为易,小人以为难。孔子曰:"仁远乎哉?我欲仁,仁斯至矣①。"又称:"知德者尠②。"俗之偏党,自古而然,非乃今也。凡百君子,竞于骄僭,贪乐慢傲,如贾一倍以相高③。苟能富贵,虽积奸恶,争称誉之,终不见非;苟处贫贱,恭谨④祇为不肖,终不见是。此俗化之所以浸败,而礼义之所以消衰也。

[注释]①见《论语·述而》。 ②尠:俗"鲜"字。见《论语·卫灵公》。

③如贾一倍:买卖成倍赚钱。　④恭谨:根据上文"虽积狡恶,争称誉之,终不见非",可推知"恭谨"之前脱"虽积"二字。

　　世有可患者三。三者何?曰:情实薄而辞称厚,念实忽而文想忧①,怀不来而外克期②。不信则惧失贤,信之则诖③误人。此俗士可厌之甚者也。是故孔子疾夫言之过其行者,《诗》伤"蛇蛇④硕言,出自口矣。巧言如簧,颜之厚矣⑤"。

　　[注释]①文想忧:文,文饰。想忧,思念担忧。　②怀不来而外克期:"克"通"刻"。表面上约定相会之期,心里却没有践约诚意。　③诖(guà):连累。　④蛇蛇(yí):通"訑訑"(yí),欺诈。　⑤见《诗经·小雅·巧言》。

　　今世俗之交也,未相照察而求深固,探怀扼腕,拊心祝诅①,苟欲相护论议而已,分背之日,既得之后,则相弃忘。或受人恩德,先以济度②,不能拔举③,则因毁之,为生瑕衅④,明言我不遗力,无奈自不可尔。《诗》云⑤:"知我如此,不如无生。"先合而后忤,有初而无终,不若本无生意,强自誓也。

　　[注释]①拊(fǔ)心祝诅(zǔ):拊:拍。祝诅:祈祷发誓。　②济度:达到目的。　③拔举:提拔举荐。　④瑕衅:间隙。　⑤引文见《诗经·小雅·苕之华》。

　　"君子屡盟,乱是用长①。"大人之道,周而不比②,微言相感,掩若同符③,又焉用盟?孔子恂恂④,似不能言者,又称"誾誾⑤言,惟谨也"。士贵有辞,亦憎多口。故曰:"文质彬彬,然后君子⑥。"与其不忠,刚毅木纳,尚近于仁⑦。

[注释]①见《诗经·小雅·巧言》。　②周:合群。比:勾结。　③掩若同符:掩,遮盖,引申为契合。两人合在一起像信符一样默契。　④恂恂(xún):恭敬谨慎。　⑤訚訚(yín):正直貌。　⑥见《论语·雍也》。　⑦此句本于《论语·子路》。

　　呜呼哀哉!凡今之人,言方行圆,口正心邪,行与言谬,心与口违;论古则知称夷、齐、原、颜①,言今则必官爵职位;虚谈则知以德义为贤,贡荐则必阀阅②为前。处子虽躬颜、闵之行,性劳谦③之质,秉伊、吕④之才,怀救民之道,其不见资⑤于斯世也,亦已明矣!

[注释]①夷、齐、原、颜:见《遏利》篇注。　②阀阅:指功劳、资历。引申指祖先功劳和家世门第。　③劳谦:谦逊。　④伊、吕:即伊尹、吕尚。伊尹为商代名相,吕尚即姜太公,为周朝开国功臣。　⑤资:取也,用也,被任用。

明忠第三十一

人君之称,莫大于明;人臣之誉,莫美于忠。此二德者,古来君臣所共愿也。然明不继踵,忠不万一者,非必愚暗不逮而恶名扬也,所以求之非其道尔。

夫明据下起,忠依上成。二人同心,则利断金。能知此者,两誉俱具。要在于明操法术,自握权秉①而已矣。所谓术者,使下不得欺也;所谓权者,使势②不得乱也。术诚明,则虽万里之外,幽冥之内,不得不求效;权诚用,则远近亲疏,贵贱贤愚,无不归心矣。周室之末则不然,离其术而舍其权,怠于己而恃于人。是以公卿不思忠,百僚不尽力,君王孤蔽于上,兆黎③冤乱于下,故遂衰微侵夺而不振也。

[注释]①权秉:权柄。 ②势:指政局。 ③兆黎:百姓。

夫帝王者,其利①重矣,其威②大矣。徒悬重利,足以劝善;徒设严威,可以惩奸。乃张重利以诱民,操大威以驱之,则举世之人,可令冒白刃而不恨,赴汤火而不难,岂云但率之以共治而不宜哉？若鹰，野鸟也，然猎夫御之，犹使终日奋击而不敢怠，岂有人臣而不可使尽力者乎？

[**注释**]①利：指君主奖赏爵禄带来的利益。 ②威：指刑罚带来的威势。

《诗》云①："伐柯伐柯，其则不远②。"夫神明之术，具在君身，而君忽之，故令臣钳口结舌而不敢言。此耳目所以蔽塞，聪明所以不得也。制下之权，日陈君前，而君释之，故令群臣懈弛而背朝③。此威德所以不照，而功名所以不建也。

[**注释**]①见《诗经·豳风·伐柯》。 ②柯：斧柄。则：榜样。 ③背朝：背叛朝廷。

《诗》云①："我虽异事，及尔同僚。我即尔谋，听我嚣嚣②。"夫恻隐人皆有之，是故耳闻啼号之音，无不为之惨凄悲怀而伤心者；目见危殆之事，无不为之灼怛惊③而赴救之者。君臣义重，行路④礼轻，过耳悟目之交，未恩未德，非贤非贵，而犹若此，则又况于北面称臣被宠者乎？

[**注释**]①见《诗经·大雅·板》。 ②嚣嚣：傲慢。 ③灼怛(dá)惊：灼后当脱"怛"(dá)字。灼怛，焦灼。怛，惊。 ④行路：指路人。

是故进忠扶危者，贤不肖之所共愿也。诚皆愿之而行违者，常苦其道不利而有害，言未得信而身败尔。历观古来爱君忧主敢言之臣，忠信未达，而为左右所鞠按①，当世而覆被②，更为否③愚恶状之臣者，岂可胜数哉？孝成终没之日，不知王章之直④；孝哀⑤终没之日，不知王嘉⑥之忠也。此后贤虽有忧君哀主之情,忠诚正直之节,然犹且沈吟⑦观听行己者也。

[注释]①鞫按:鞫,审问。按,查验。 ②覆被:即"覆冒",被欺上瞒下地诬陷。 ③更:反而。为:视为。否(pǐ):鄙陋无知。 ④王章之直:见《贤难》篇注释。 ⑤孝哀:汉哀帝刘欣(公元前6—前1年在位)。 ⑥王嘉:西汉哀帝时丞相,批评哀帝宠爱侍中董贤,结果获罪下狱,绝食而死。 ⑦沈吟:沉重地叹息。

"鸣鹤在阴,其子和之①。""相彼鸟矣,犹求友声②。"故人君不开精诚以示贤忠,贤忠亦无以得达。《易》曰③:"王明并受其福。"是以忠臣必待明君乃能显其节,良吏必得察主乃能成其功。君不明,则大臣隐下而遏忠,群司舍法而阿贵。

[注释]①见《周易·中孚·九二》。和:呼应。 ②见《诗经·小雅·伐木》。相:看。 ③见《周易·井·九三》。

夫忠言所以为安也,不贡必危;法禁所以为治也,不奉必乱。忠之贡与不贡,法之奉与不奉,其秉皆在于君,非臣下之所能为也。是故圣人求之于己,不以责下。

凡为人上,法术明而赏罚必者,虽无言语而势自治。治势一成,君自不能乱也,况臣下乎?法术不明而赏罚不必者,虽日号令,然势自乱。乱势一成,君自不能治也,况臣下乎?是故势治者,虽委①之不乱;势乱者,虽勤②之不治也。尧、舜恭己无为而有余③,势治也;胡亥、王莽驰骛而不足,势乱也。故曰:善者求之于势,弗责于人。是以明王审④法度而布教令,不行私以欺法,不黩教以辱命⑤,故臣下敬其言而奉其禁,竭其心而称其职。此由法术明而威权任也。

[注释]①委:放置,弃置。 ②懃(qín):尽力而不懈怠。 ③恭己:拱己。有余:指时间有余。 ④审:彰明。 ⑤黩:亵渎。辱:玷辱。不亵渎教令以至损害自己的权威。

夫术之为道也,精微而神,言之不足,而行有余。有余,故能兼四海而照幽冥;权之为势也,健悍以大,不待贵贱,操之者重;重,故能夺主威而顺当世①。是以明君未尝示人术而借下权也。孔子曰:"未可与权②。"是故圣人显诸③仁,藏诸④用,神而化之,使民宜之,然后致其治而成其功。功业效于民,美誉传于世,然后君乃得称明,臣乃得称忠。此所谓明据下作,忠依上成,二人同心,其利断金也。

[注释]①顺当世:使当世之人皆服从。 ②见《论语·子罕》。"可"字前原缺"未"字,据《论语》补。 ③诸:其。 ④诸:其。

本训第三十二

上古之世,太素之时①,元气窈冥②,未有形兆,万精合并,混而为一,莫制莫御。若斯久之,翻然自化,清浊分别,变成阴阳。阴阳有体,实生两仪③,天地壹郁④,万物化淳,和气生人,以统理之。

[**注释**]①太素:指构成宇宙万物的原始元素。太素之时,指元气尚未分化,万物尚未产生的混沌状态。 ②窈冥:深远昏暗。 ③两仪:天地。 ④壹郁:《周易·系辞下》作"絪缊",指天地阴阳合气产生万物。

是故天本诸阳,地本诸阴,人本中和。三才①异务,相待而成,各循其道,和气乃臻,玑衡②乃平。

[**注释**]①三才:指天地人。 ②玑衡:指北极星。

天道曰施,地道曰化,人道曰为。为者,盖所谓感通阴阳而致珍异也。人行之动天地,譬犹车上御驰马,蓬中擢舟船矣①。虽为所覆载,然亦在我何所之可②。孔子曰:"时乘六龙以御天③。""言行君子所以动天地也,可不慎乎④?"从此观之,天呈其兆,人序其勋⑤,书故曰:"天功,人其代之⑥。"如⑦盖理其政以和天气,以臻其功。

[注释]①擢(zhuó):用船桨划船。蓬:当为"篷"。 ②可:当为"耳"。③见《周易·乾·彖》,注释见《思贤》篇。 ④见《周易·系辞上》。 ⑤序:重复。勋:功勋。 ⑥见《尚书·皋陶谟》。"功"通"工"。 ⑦如:系衍字。

是故道德之用,莫大于气。道者,气之根也。气者,道之使也。必有其根,其气乃生;必有其使,变化乃成。是故道之为物也,至神以妙;其为功也,至强以大。天之以动,地之以静,日之以光,月之以明,四时五行,鬼神人民,亿兆丑类①,变异吉凶,何非气然②?

[注释]①丑:通"俦",种类。 ②然:使动用法,使之然。

及其乖戾,天之尊也气裂之,地之大也气动之,山之重也气徙之,水之流也气绝之,日月神也气蚀之,星辰虚①也气陨之。旦有昼晦,宵有②,大风飞车拔树,偾电为冰③,温泉成汤,麟龙鸾凤,蟊蟘蠉④蝗,莫不气之所为也。

[注释]①虚:通"居"。 ②"宵有"后有两字脱文。 ③大风两句,当为"大风偾车,飞电拔树,寒水为冰"。偾:倾覆。 ④蟊(máo)蟘(zéi)蠉(yuán):指各种各样的害虫。

以此观之,气运感动,亦诚大矣。变化之为,何物不能?所变也神,气之所动也。当此之时,正气所加,非唯于人,百谷草木,禽兽鱼鳖,皆口①养其气。声入于耳,以感于心,男女听,以施精神。资和以兆胚②,民之胎,含嘉以成体③。及其生也,和以养性,美在其中,而畅于四胑④,实于血脉,是以心性志意,耳目精欲,无不贞廉絜怀履行者。此五帝三王所以能画法像⑤而民不违,正己德而世自化也。

[**注释**]①口:当为"胎"字。 ②㕤:当为"胚"。 ③此处文有倒错,当为"民之胎也,资和以兆㕤,含嘉以成体"。 ④胑:肢。 ⑤见《衰制》第二十注释。

是故法令刑赏者,乃所以治民事而致整理尔,未足以兴大化而升太平也①。夫欲历三王之绝迹②,臻帝皇③之极功者,必先原元而本本④,兴道而致和,以淳粹之气,生敦厐⑤之民,明德义之表,作⑥信厚之心,然后化可美而功可成也。

[**注释**]①升:登,达到。 ②绝迹:卓绝的业绩。 ③帝皇:三皇五帝。 ④原元而本本:溯源而求本。 ⑤敦厐(máng):质朴淳厚。 ⑥作:兴起,培养。

德化第三十三

人君之治，莫大于道，莫盛于德，莫美于教，莫神于化。道者所以持之也，德者所以苞①之也，教者所以知之也，化者所以致之也。民有性，有情，有化，有俗。情性者，心也，本也。化俗者，行也，末也。末生于本，行起于心。是以上君抚世②，先其本而后其末，顺其心而理其行。心精③苟正，则奸匿无所生，邪意无所载矣。

[注释]①苞：通"包"，包容。　②抚：安定。　③精：通"情"。

夫化变民心也，犹政变民体也。德政加于民，则多涤①畅姣好坚强考寿；恶政加于民，则多罢癃尫病②夭昏札瘥③。故《尚书》美"考终命"，而恶"凶短折"④。国有伤明之政，则民多病目；有伤聪之政，则民多病耳；有伤贤之政，则贤多横夭。夫形体骨干为坚强也，然犹随政变易，又况乎心气精微不可养哉？《诗》云⑤："敦彼行苇，羊牛勿践履。方苞方体，惟叶柅柅⑥。"又曰⑦："鸢飞厉天⑧，鱼跃于渊。恺悌君子，胡不作人？"公刘厚德，恩及草木，羊牛六畜,且犹感德,仁不忍践履生草,则又况于民萌而有不化者乎？君子修其乐易之德,上及飞鸟,下及渊鱼,无不欢忻悦豫,则又况于士庶而有不仁者乎？

[注释]①涤:同"条",通达。 ②罷癃(pí lóng)尪(wāng)病:指身体畸形。 ③夭昏:夭折。札瘥(cuó):因瘟疫而死。 ④见《尚书·洪范》。 ⑤见《诗经·大雅·行苇》。 ⑥柅柅(ní):当为"苊苊"(ní),茂盛。 ⑦见《诗经·大雅·旱麓》。 ⑧厉:当为"戾",疾速之貌。

圣深知之,皆务正己以为表,明礼义以为教,和德气于未生之前,正表仪于咳笑之后。民之胎也,合中和以成;其生也,立方正以长。是以为①仁义之心,廉耻之志,骨著脉通②,与体俱生,而无粗秽之气,无邪淫之欲。虽放之大荒之外,措之幽冥之内,终无违礼之行；投之危亡之地,纳之锋锷之间③,终无苟全之心。举世之人,行皆若此,则又乌所得亡④夫奸乱之民而加辟⑤哉？上天之载⑥,无声无臭,仪形文王,万邦作孚⑦。此姬氏所以崇美于前,而致刑措于后也。

[注释]①为:犹"其"。 ②骨著脉通:著,附着。附着在骨头上,流通在血脉中。 ③纳之锋锷之间:锋锷,锋刃。置于刀刃之间。 ④亡:为衍字。 ⑤辟:刑罚。 ⑥以下四句引自《诗经·大雅·文王》。 ⑦仪形文王,万邦作孚:孚,信用。以文王为典范,万国都会讲究信用。

是故上圣不务治民事而务治民心,故曰:"听讼,吾犹人也。必也使无讼乎①！""导之以德,齐之以礼②。"务厚其情而明则务义,民亲爱则无相害伤之意,动思义则无奸邪之心。夫若此者,非法律之所使也,非威刑之所强也,此乃教化之所致也。圣人甚尊德礼而卑刑罚,故舜先敕契③以"敬敷五教"④,而后命皋陶以"五刑"、"三居"⑤。是故凡立法者,非以司⑥民短而诛过误,乃以防奸恶而救祸败,检淫邪而内正道尔⑦。

[注释]①孔子语,见《论语·颜渊》。 ②孔子语,见《论语·为政》。 ③契(xiè):人名,为舜之臣,佐禹治水有功,受封于商,为商族始祖。 ④敬敷五教:敷:施行。五教:指父义、母慈、兄友、弟恭、子孝,见《左传·文公十八年》。 ⑤三居:指流放犯人的三种地域,分别是极远的地方、九州之外、千里之外。 ⑥司:通"伺",探察。 ⑦检淫邪而内正道尔:内,通"纳"。限制淫乱邪恶而将民众纳入正轨。

《诗》云①:"民之秉夷,好是懿德②。"故民有心也,犹为种之有园也。遭和气则秀茂而成实,遇水旱则枯槁而生孽。民蒙善化,则人有士君子之心;被恶政,则人有怀奸乱之虑。故善者之养天民也,犹良工之为麴豉③也。起居以其时,寒温得其适,则一荫④之麴豉尽美而多量。其遇拙工,则一荫之麴豉皆臭败而弃捐。今六合亦由⑤一荫也,黔首之属犹豆麦也,变化云为,在将者尔。遭良吏则皆怀忠信而履仁厚,遇恶吏则皆怀奸邪而行浅薄。忠厚积则致太平,奸薄积则致危亡。是以圣帝明王皆敦德化而薄威刑。德者所以修己也,威者所以治人也。上智与下愚之民少,而中庸⑥之民多。中民之生世也,犹铄金之在炉也,从笃⑦变化,惟冶所为,方圆薄厚,随镕⑧制尔。

[注释]①见《诗经·大雅·烝民》。 ②夷:通"彝",伦则。懿:美德。

③麴(qū)豉(chǐ):曲,酿酒的发酵物;豉:豆豉。 ④荫:与"窨"通,地窖。 ⑤由:通"犹"。 ⑥中庸:平常。 ⑦笃:当为"范",范,铸造器物的模子。 ⑧镕:与范同义。

是故世之善否①,俗之薄厚,皆在于君。上圣和德气以化民心,正表仪以率群下,故能使民比屋可封,尧、舜是也。其次躬道德而敦慈爱,美教训而崇礼让,故能使民无争心而致刑错②,文、武是也。其次明好恶而显法禁,平赏罚而无阿私,故能使民辟③奸邪而趋公正,理弱乱以致治强,中兴是也。治天下,身处污而放情④,怠民事而急酒乐,近顽童而远贤才,亲谄谀而疏正直,重赋税以赏无功,妄加喜怒以伤无辜,故能乱其政以败其民,弊其身以丧其国者,幽、厉是也。

[注释]①否(pǐ):恶。 ②错:通"措",弃置。 ③辟:同"避"。 ④放情:"情"后脱一"欲"字。

孔子曰①:"三人行,必有我师焉。择其善者而从之,其不善者,我则改之。"《诗》美"宜鉴于殷,自求多福"②。是故世主诚能使六合之内,举世之人,咸怀方厚之情,而无浅薄之恶,各奉公正之心,而无奸险之虑,则羲、农之俗③,复见于兹,麟龙鸾凤,复畜④于郊矣。

[注释]①见《论语·述而》。 ②见《诗经·大雅·文王》。 ③羲、农之俗:指上古帝王伏羲、神农时淳朴民俗。 ④畜:通"蓄",聚集。

五德志第三十四

　　自古在昔,天地开辟。三皇迭制,各树号谥,以纪其世。天命五代,正朔三复①。神明感生,爰②兴有国。亡于嫚以③,灭于积恶。神微精以④,天命罔极⑤。或皇冯依⑥,或继体育⑦。太暭⑧以前尚矣。迪⑨斯用来,颇可纪录。虽一⑩精思,议而复误。故撰古训,著《五德志》。

[注释]①正朔三复:每年第一个月为正,每月初一为朔,正朔即每年的第一天。古代每个王朝都要颁布自己的历法和正朔。三复,正朔更替了三次,指夏商周三代交替。　②爰:于是。　③嫚(màn)以:当为"慢易",怠慢轻侮。　④神微精以:当为"神微以精"。　⑤罔极:无极。　⑥冯:通"凭"。　⑦继体:继位之君。育:抚育,统治。　⑧太暭:即太皞。　⑨迪:由。　⑩一:专一。

　　世传三皇五帝,多以为伏羲、神农为二皇。其一者或曰燧人①,或曰祝融②,或曰女娲③。其是与非,未可知也。我闻古有天皇、地皇、人皇④,以为或及此谓,亦不敢明。凡斯数,其于五经,皆无正文。故略依《易·系》⑤,记伏羲以来,以遗后贤。虽多未必获正,然军⑥可以浮游博观,共求厥真。

[注释]①燧人:传说中远古帝王。燧人发明钻燧取火,使民熟食。②祝融:传说中远古帝王。据说他以火施化。 ③女娲:传说中远古帝王。传说她与伏羲氏兄妹相婚,繁衍人类。 ④天皇等:传说是天地开辟之时的远古帝王。 ⑤《易·系》:《周易·系辞》。 ⑥罕:少。

大人迹①出雷泽,华胥②履之生伏羲。其相日角③,世号太暤。都于陈④。其德木,以龙纪,故为龙师而龙名。作八卦,结绳为网以渔。

[注释]①迹:足迹。 ②华胥:伏羲之母。 ③日角:额骨中部隆起如日,古人认为属大贵之相。 ④陈:今河南淮阳。

后嗣帝喾①,代颛顼氏。其相戴干②,其号高辛。厥质神灵,德行祇肃,迎送日月,顺天之则,能叙三辰以周民③。作乐《六英》④。世有才子八人:伯奋、仲堪、叔献、季仲、伯虎、仲雄、叔豹、季狸,忠肃恭懿,宣慈惠和,天下之人谓之八元。

[注释]①帝喾(kù):传说中远古帝王。号高辛氏,姬姓。建都于亳(今河南偃师县西)。 ②戴干:据《四库全书》本,为"戴斗",指头方如斗形。③三辰:日、月、星。周,协调。 ④《六英》:帝喾所作乐名,是多种乐器合奏的乐曲。

后嗣姜嫄①,履大人迹生姬弃②。厥相披颐③。为尧司徒,又主播种,农植嘉谷。尧遭水灾,万民以济。故舜命曰"后稷"。初,烈山氏④之有天下也,其子曰柱⑤,能植百谷,故立以为稷,自夏以上祀之。周之兴也,以弃代之,至今祀之。

[注释]①姜嫄(yuán):周弃之母。 ②姬弃:周人祖先,号为后稷。③披颐(yí):指下巴宽阔。 ④烈山氏:即神农。 ⑤柱:神农之子,善于种植百谷,任农官,死后被奉为五谷之神。

太妊①梦长人感②己,生文王。厥相四乳。为西伯,兴于岐③。断虞、芮④之讼而始受命。武王骈⑤齿,胜殷遏刘⑥,成周道。姬之别封众多,管、蔡、成、霍、鲁、卫、毛、聃、郜、雍、曹、滕、毕、原、酆、郇,文之昭⑦也。邢、晋、应、韩,武之穆⑧也。凡、蒋、邢、茅、胙、祭,周公之胤也⑨。周、召、虢、吴、随、郐、方、印、息、潘、养、滑、镐、宫、密、荣、丹、郭、杨、逢、管、唐、韩、杨、觚、栾、甘、鳞虞、王氏,皆姬姓也。

[注释]①太妊(rèn):文王之母。 ②感:交媾。 ③岐:岐山,在今陕西宝鸡境内。 ④虞、芮(ruì):商末周初年的诸侯国。 ⑤骈:并。 ⑥遏刘:遏制杀戮。 ⑦昭:古代贵族宗庙或墓地的辈次排列。始祖庙居中央,二、四、六世位于始祖左方,称为昭。 ⑧穆:三、五、七世居于始祖庙的右边,昭的对面称为穆。 ⑨胤(yìn):后代。

有神龙首出常羊①,感任姒②,生赤帝魁隗。身号炎帝,世号神农,代伏羲氏。其德火纪,故为火师而火名。是始斫③木为耜,揉木为耒耨④。日中为市,致天下之民,聚天下之货,交易而退,各得其所。

[注释]①常羊:传说中的山名。 ②任姒:神农之母,姓任,名女登。

③斫(zhuó):砍削。 ④耒(lěi)耨(nòu):古代的农具。

后嗣庆都①,与龙合婚,生伊尧。代高辛氏。其眉八彩。世号唐。作乐《大章》。始禅位。武王克殷,而封其胄②于铸③。

[注释]①庆都:尧之母。 ②胄:后代。 ③铸:一作祝,今山东肥城东南。

含始①吞赤珠,克②曰"玉英生汉",龙感女媪,刘季③兴。

[注释]①含始:传说刘邦之母姓王,名含始。 ②克:刻。 ③刘季:汉高祖刘邦,字季。

大电绕枢①照野,感符宝②,生黄帝轩辕。代炎帝氏。其相龙颜,其德土行。以云纪,故为云师而云名。作乐《咸池》。是始制衣裳。

[注释]①枢:天枢星,北斗中的第一星。 ②符宝:黄帝之母。

后嗣握登①,见大虹,意感生重华虞舜。其目重瞳②。事尧,尧乃禅位,曰:"格!尔舜!天之历数在尔躬。允执厥中,四海困穷,天禄永终。"③乃受终于文祖。世号有虞。作乐《九韶》。禅位于禹。武王克殷,而封胡公妫满④于陈,庸⑤以元女大姬。

[注释]①握登:舜之母。 ②瞳:瞳仁。 ③这几句话见《论语·尧曰》。 ④妫(guī)满:舜的后裔。姓妫名满。 ⑤庸:乃。大姬后脱落"配

之"二字。

　　大星如虹,下流华渚,女节①梦接,生白帝挚青阳。世号少暤。代黄帝氏,都于曲阜。其德金行。其立也,凤皇适至,故纪于鸟②。凤鸟氏历正也,玄鸟氏司分者也,伯赵氏司至者也,青鸟氏司启者也,丹鸟氏司闭者也。祝鸠氏司徒也,雎鸠氏司马也,尸鸠氏司空也,爽鸠氏司寇也,鹘鸠氏司事也。五鸠,鸠民者也。五雉为五工正,利器用,夷民者也。是始作书契,百官以治,万民以察。有才子四人,曰重,曰该,曰脩,曰熙,实能金木及水,故重为勾芒③,该为蓐收,脩及熙为玄冥。恪恭厥业,世不失职,遂济穷桑④。

　　[注释]①女节:少昊之母。　②纪于鸟:纪,管理。用鸟的名义管理政事。　③勾芒:远古的木正之官。　④穷桑:地名,在今山东曲阜北,少昊以此为号。

　　后嗣修纪①,见流星,意感生白帝文命戎禹。其耳参漏②。为尧司空,主平水土,命③山川,画④九州,制九贡。功成,赐玄珪,以告勋于天。舜乃禅位,命如尧诏,禹乃即位。作乐《大夏》。世号夏后⑤。

　　[注释]①修纪:大禹之母。　②参漏:三孔。　③命:命名。　④画:划分。　⑤后:君王。

　　传嗣子启。启子太康、仲康更立。兄弟五人,皆有昏德,不堪帝事,降须洛汭①,是谓五观②。

[注释]①洛汭:洛指洛水。汭(ruì),河流的北岸。这里是夏王启五个儿子的封地。 ②五观:指夏王启五子。

孙相嗣位①,夏道浸衰。于是后羿②自𨙻③迁于穷石④,因夏民以代夏政,灭相。妃后缗方娠,逃出自窦,奔于有仍⑤,生少康⑥焉。为仍牧正。

[注释]①相:启的孙子。①后羿:夏朝时有穷氏之君。因夏王相昏庸,羿取而代之。 ③𨙻(xú):地名,今河南滑县东。 ④穷石:地名,今河南孟县西。 ⑤有仍:地名,今山东金乡。 ⑥少康:帝相之子。他复兴了夏朝的统治,史称"少康中兴"。

羿恃己射也,不修民事,而淫于原兽①。弃武罗、伯因、熊髡、龙圉②,而用寒浞②。浞,柏明氏谗子弟也。柏明氏恶而弃之。夷羿收之,信而使之,以为己相。浞行媚于内,施赂于外,愚弄于民,虞羿于田,树之诈匿,以取其国家,外内咸服。羿犹不悛,将归自田,家众杀而烹之,以食其子。子不忍食诸,死于穷门③。

[注释]①淫于原兽:放纵于田猎。 ②武罗、伯因等:均为后羿的贤臣。③寒浞(zhuó):后羿的大臣,篡夺羿的王位。 ④穷门:有穷氏国都城门。

靡①奔于有鬲氏②。浞因羿室生浇及豷。恃其谗慝诈伪,而不德于民,使浇用师,灭斟灌及斟寻氏③,处豷于过,处浇于戈,使椒求少康。逃奔有虞④,为之胞正⑤。虞思妻以二姚,而邑诸纶⑥,有田一成,有众一旅,能布其德,而兆其谋,以收夏众,抚其官职。靡自有鬲收二国之烬⑦,

以灭浞,而立少康焉。乃使女艾诱浇,使后杼诱豷,遂灭过、戈,复禹之绩,祀夏配天,不失旧物。十有七世而桀亡天下。

[注释]①靡:夏朝的大臣。羿篡权后事羿。 ②有鬲(lì)氏:夏代国名,在今山东平原县。 ③斟灌:夏代诸侯国,在今山东寿光县东南。斟寻氏:夏代诸侯国,在今山东潍坊市东南。 ④有虞:夏代诸侯国,在今河南虞城县北。 ⑤胞:通"庖"。 ⑥纶:纶邑,在今河南虞城县东南。 ⑦烬:指两国的逃亡者。

武王克殷,而封其后于杞①,或封于缯②。又封少昊之胄于祁③。

[注释]①杞:封夏王遗民之国,今河南杞县。 ②缯:古代国名,封夏王遗裔之国,今山东苍山县西北。 ③祁:当为"郯",为少昊氏后裔所建,今山东郯城县境。

浇才力盖众,骤其勇武而卒以亡。故南宫括①曰:"羿善射,奡②荡舟,俱不得其死也。"

[注释]①南宫括:周武王时大臣。武王克殷之后,命其散鹿台之财,发钜桥之粟。 ②奡(aò),又作"浇"。

姒姓分氏,夏后、有扈、有南、斟寻、泊浕、辛、褒、费、戈、冥、缯,皆禹后也。

摇光①如月正白,感女枢②幽防之宫,生黑帝颛顼。其相骈干③。身号高阳,世号共工。代少暤氏。其德水行,以水纪,故为水师而水名。承少暤衰,九黎乱德,乃命重黎讨训服④。历象日月,东西南北。作乐《五英》。有才子八人,苍舒、隤凯、梼演、大临、尨降、庭坚、仲容、叔达,齐圣广渊,明允笃诚,天下之人谓之"八凯"。共工氏有子曰勾龙,能平九土,故号后土,死而为社,天下祀之。

[**注释**]①摇光:又名瑶光,北斗星中的第七星。 ②女枢:名昌仆,蜀山氏之女,颛顼之母。 ③骈干:如两个躯体合在一起,指身材魁梧。 ④训:通"驯",顺服。

娀简①吞燕卵生子契②,为尧③司徒,职亲百姓,顺五品④。

[**注释**]①娀简:名简狄,有娀氏之女,契之母,商族的母系祖先。 ②契(xiè):商族先祖,辅佐大禹治水有功,封于商,赐姓子氏。 ③据《尚书·舜典》和《史记·殷本纪》,"尧"误,当为"舜"。 ④五品:使五种人伦关系和谐。即父义、母慈、兄友、弟恭、子孝。

扶都①见白气贯月,意感生黑帝子履②,其相二肘。身号汤,世号殷。致太平。

[**注释**]①扶都:主癸之妃,商汤之母。 ②子履:商汤姓子,名履,又号成汤。

后衰,乃生武丁①。即位,默以不言,思道三年,而梦获贤人以为师。乃使以梦像求之四方侧陋,得傅说,方以胥靡②筑于傅岩。升以为大公,而使朝夕规谏。恐其有惮怠也,则敕曰③:"若金,用汝作砺④;若济巨川,用汝作舟楫;若时大旱,用汝作霖雨。启乃心,沃朕心。若药不瞑眩,厥疾不瘳;若跣不视地,厥足用伤。尔交修⑤余,无弃!"故能中兴,称号高宗。及帝辛而亡,天下谓之纣。

[注释]①武丁:见二十八篇注释。 ②胥靡:服役的刑徒。 ③引文见《国语·楚语上》和《尚书·说命》。 ④砺:磨刀石。 ⑤交:多次,再三。修:告诫。

武王封微子①于宋,封箕子②于朝鲜。

[注释]①微子:商纣王庶兄,本名开,微为国名。纣王淫乱,微子直谏不纳。周公将微子封于宋。 ②箕子:商纣王叔父,屡谏不纳。武王灭商之后,将其封于朝鲜。

子姓分氏,殷、时、来、宋、扔、萧、空同、北殷①,皆汤后也。

[注释]①北殷:原作北段,据《史记殷本纪》改。北殷当指亳殷,在今河南安阳县。

志氏姓第三十五

昔者圣王观象于乾坤，考度于神明，探命历之去就，省群臣之德业，而赐姓命氏，因彰德功。传①称民之彻官百，王公之子弟千世②能听其官者，而物赐之姓，是谓百姓。姓有彻品十，于王谓之千品。昔尧赐契姓子，赐弃姓姬；赐禹姓姒，氏曰有夏；伯夷为姜，氏曰有吕。下及三代，官有世功，则有官族，邑亦如之。后世微末，因是以为姓，则不能改也。故或传本姓，或氏号邑谥，或氏于国，或氏于爵，或氏于官，或氏于字，或氏于事，或氏于居，或氏于志。若夫五帝三王之世，所谓号也；文、武、昭、景、成、宣、戴、桓，所谓谥也；齐、鲁、吴、楚、秦、晋、燕、赵，所谓国也；王氏、侯氏、王孙、公孙，所谓爵也；司马、司徒、中行、下军，所谓官也；伯有、孟孙、子服、叔子，所谓字也；巫氏、匠氏、陶氏，所谓事也；东门、西门、南宫、东郭③、北郭，所谓居也；三乌、五鹿、青牛、白马，所谓志④也：凡厥姓氏，皆出⑤属而不可胜纪也。

[注释]①传：书传。　②千世：衍字。　③东郭：衍字。　④志：据《意

林》引文,当为"地"。　⑤出:后面脱"此"字。

卫侯灭邢,昭公娶同姓,言皆同祖也。近古以来,则不必然。古之赐姓,大谛可用,其余则难。周室衰微,吴、楚僭号,下历七国,咸各称王。故王氏、王孙氏、公孙氏及氏谥官,国自有之,千八百国,谥官万数,故元不可同也。及孙氏者,或王孙之班①也,或诸孙之班也,故有同祖而异姓,有同姓而异祖。亦有杂厝②,变而相人,或从母姓,或避怨雠。夫吹律定姓③,惟圣能之。今民散久,鲜克达音律。天主④尊正其祖。故且略纪显者,以待士合挥⑤损焉。

[注释]①班:别支。　②厝:通"错"。　③吹律定姓:相传黄帝时伶伦截竹为管,制成律管,可定五音。转而相杂加上四季吹音不同,有百音,遂有百种姓。　④天主:应为"天王"。　⑤挥:通"挹",贬抑。

伏羲姓风,其后封任、宿、须朐、颛臾①四国,实司太暤与有济②之祀,且为东蒙主。鲁僖公母成风,盖须朐之女也。季氏欲伐颛臾,而孔子讥之。

[注释]①任、宿、须朐、颛臾:四国皆周代封国,风姓。任在今山东微山县西北。宿在今山东东平县东南。须朐(qú)在今山东东平县西南。颛臾(zhuān yú)在今山东平邑县东。　②济:指济水。

炎帝苗胄,四岳伯夷,为尧典礼,折民惟刑,以封申、吕①。裔生尚,为文王师,克殷而封之齐,或封许、向②,或封于纪③,或封于申。申城在南阳宛北序山之下,故《诗》

云："亹亹④申伯,王荐之事,于邑于序,南国为式。"宛西三十里有吕城。许在颍川,今许县是也。姜戎居伊、洛之间,晋惠公徙置陆浑⑤。州、薄、甘、戏、露、怡⑥,及齐之国氏、高氏、襄氏、隰氏、士强氏、东郭氏、雍门氏、子雅氏、子尾氏、子襄氏、子渊氏、子乾氏、公旗氏、翰公氏、贺氏、卢氏,皆姜姓也。

[注释]①申、吕:均为周代国名,在今河南南阳。　②许:古国,在今河南许昌东。向:周代诸侯国,在今山东莒县南。　③纪:周代诸侯国,在今山东寿光县南。　④亹亹(wěi):勤勉不倦。引文见《诗经·大雅·崧高》。⑤陆浑:古代陆浑在敦煌。汉代陆浑,在今河南嵩县东北。　⑥州:西周国名,在今山东安丘县东北。薄:古国名,在今山东曹县南。甘:夏代侯国,在今陕西户县。戏:古国名,在今河南巩县东南。露:黄帝封炎帝之支子于路,在今河北三河县西南。怡:又作"墨台",大禹封炎帝之子于墨台。在今河北卢龙县南。

　　黄帝之子二十五人,班为十二:姬、西、祁、己、滕、葴、任、拘、鳌、姞、嬛、衣氏也。当春秋,晋有祁奚,举子荐雠,以忠直著。莒子姓己氏。夏之兴,有任奚为夏车正,以封于薛①,后迁于邳②,其嗣仲虺居薛,为汤左相。王季之妃大任,及谢、章、昌、采、祝、结、泉、卑、遇、狂大氏,皆任姓也。姞氏女为后稷元妃,繁育周先。姞氏封于燕③,有贱妾燕姞,梦神与之兰,曰:"余为伯鯈④,余尔祖也。是以有国香,人服媚。"及文公见姞,赐兰而御之。姞言其梦,且曰:"妾不才,幸而有子,将不信,敢征兰乎?"公曰:"诺"。遂生穆公⑤。姞氏之别,有阚、尹、蔡、光、鲁、雍、断、密须氏。及汉,河东有郅都,汝南有郅君章,姓音与古"姞"同,而书其字异,二人皆著名当世。

[**注释**]①薛:古国名,今山东滕县南。 ②邳(pī):古地名,今江苏睢宁县古邳镇。 ③燕:此为姞姓的南燕国,在于河南延津县北。 ④伯鯈(chóu):南燕国的始祖。 ⑤穆公:春秋时郑国的国君。

少暤氏之世衰①,而九黎乱德,颛顼受之,乃命南正重司天以属神,命火正黎司地以属民,使复旧常,无相侵渎,是谓绝地天通。夫黎,颛顼氏裔子吴回也。为高辛氏火正,淳耀天明地德,光四海也,故名祝融。后三苗复九黎之德,尧继重、黎之后不忘旧者,羲伯复治之。故重黎氏世序天地,别其分主,以历三代,而封于程。其在周世,为宣王大司马,《诗》美②"王谓尹氏,命程伯休父"。其后失守,适晋为司马,迁③自谓其后。

[**注释**]①本段分别摘录《国语·楚语下》和《国语·郑语》而成。 ②引文见《诗经·大雅·常武》。 ③迁:指司马迁。

祝融之孙,分为八姓:己、秃、彭、姜、妘、曹、斯、芈。

己姓之嗣飂叔安①,其裔子曰董父,实甚好龙,能求其嗜欲以饮食之,龙多归焉。乃学扰龙②,以事帝舜。赐姓曰董,氏曰豢龙,封诸鬷川③。鬷夷、彭姓豕韦,皆能驯龙者也。豢龙逢以忠谏,桀杀之。凡因祝融之子孙,己姓之班,昆吾、籍、扈、温、董。

[**注释**]①此段采自《左传·昭公二十九年》。 ②扰:驯。 ③鬷(zōng)川:在今河南临颍县。或说在今山东定陶县北。

秃姓朕夷、豢龙,则夏灭之。彭姓彭祖、豕韦、诸稽,则商灭之。姜姓会人,则周灭之。

妘姓之后封于鄢、会、路、逼阳①。鄢取仲任为妻,贪冒爱吝,蔑贤简能,是用亡邦。会在河、伊之间,其君骄贪啬俭,减爵损禄,群臣卑让,上下不临。诗人忧之,故作《羔裘》②,闵其痛悼也;《匪风》③,冀君先教也。会仲不悟,重氏伐之,上下不能相使,禁罚不行,遂以见亡。路子婴儿,娶晋成公姊为夫人,鄷舒为政而虐之。晋伯宗怒,遂伐灭路。荀罃武子伐灭逼阳。

[**注释**]①鄢:西周封国,在今河南鄢陵县西北。会:又作邻(kuài),古国名,在今河南密县东。路:古国名,在今山西黎城县南。逼(bī)阳:古国名,在今山东枣庄东南。 ②《羔裘》:《诗经·桧风》中的一篇。 ③《匪风》:《诗经·桧风》中的一篇。

曹姓封于邾①;邾颜子之支,别为小邾,皆楚灭之。

[**注释**]①邾(zhū):古国名,在今山东济宁一带,建都于邾,今山东曲阜东南,后迁至绎,今山东邹城东南。

芈姓之裔熊严,成王封之于楚,是谓粥熊,又号粥子。生四人,伯霜、仲雪、叔熊、季紃。紃嗣为荆子,或封于夔①,或封于越②。夔子不祀祝融、粥熊,楚伐灭。公族有楚季氏、列宗氏、斗强氏、良臣氏、耆氏、门氏、侯氏、季融氏、仲熊氏、子季氏、阳氏、无钩氏、芍氏、善氏、阳氏、昭氏、景氏、严氏、婴齐氏、来氏、来纤氏、即氏、申氏、钩氏、沈氏、贺氏、咸氏、吉白氏、伍氏、沈瀸氏、余推氏、公建氏、子南氏、子庚氏、子午氏、子西氏、王孙、田公氏、舒坚氏、鲁阳氏、黑肱氏,皆芈姓也。

[注释]①夔(kuí):西周时国名,芈姓,在今湖北秭归。 ②越:指越章国,在今湖北汉口附近。

楚季者,王子敖之曾孙也。蚡冒生艻章者,王子无钩。令尹孙叔敖者,艻章之子也。左司马戌者,庄王之曾孙也。叶公诸梁者,戌之第三弟也。楚大夫申无畏者,又氏文氏。

初,纣伐有苏①,有苏氏以妲己女而亡殷。周武王时,有苏忿生为司寇而封温②。其后洛邑有苏秦。

[注释]①纣字后原无"伐有苏"三字,据《国语·晋语一》补。 ②温:西周时有苏氏国都于温,在今河南温县西南。

高阳氏之世有才子八人,苍舒、隤凯、梼戜、大临、尨降、庭坚、仲容、叔达,天下之人谓之"八凯"。

后嗣有皋陶,事舜。舜曰①:"皋陶!蛮夷滑②夏,寇贼奸宄,女作士。"其子伯翳,能议百物以佐舜、禹,扰驯鸟兽,舜赐姓嬴。

[注释]①舜语见《尚书·舜典》。 ②滑:乱。

后有仲衍,鸟体人言,为夏帝大戊御。嗣及费仲,生恶来、季胜。武王伐纣,并杀恶来。

季胜之后有造父,以善御事周穆王。穆王游西海忘归,于是徐偃作乱,造父御,一日千里,以征之。王封造父于赵城①,因以为氏。其后失守,至于赵夙,仕晋卿大夫,十一世而为列侯,五世而为武灵王,五世亡赵。恭叔氏、邯郸氏、訾辱氏、婴齐氏、楼季氏、卢氏、原氏,皆赵嬴姓也。

[**注释**]①赵城:今山西洪洞县北。

恶来后有非子,以善畜,周孝王封之于秦①,世地理以为西陲大夫,汧秦亭②是也。其后列于诸侯,世而称王③,六世而始皇生于邯郸,故曰赵政。及梁、葛、江、黄、徐、莒、蓼、六、英,皆皋陶之后也。钟离、运掩、菟裘、寻梁、修鱼、白冥、飞廉、密如、东灌、良、时、白、巴、公巴、剡、复、蒲,皆嬴姓也。

[**注释**]①秦:秦邑,在今甘肃张家川回族自治县。 ②汧:汧水,源出甘肃六盘山南麓。流经陇县注入为渭河。 ③世而称王:"世"字前脱漏"二十五"三字。

帝尧之后为陶唐氏。后有刘累,能畜龙,孔甲赐姓为御龙,以更①豕韦之后。至周为唐杜氏。周衰,有隰叔子违周难于晋国,生子舆,为李,以正于朝,朝无闲官,故氏为士氏;为司空,以正于国,国无败绩,故氏司空;食采随②,故氏随氏。士芳之孙会,佐文、襄,于诸侯无恶;为卿,以辅成、景,军无败政;为成率,居傅,端刑法,集训典,国无奸民,晋国之盗逃奔于秦。于是晋侯为请冕服于王,王命随会为卿,是以受范,卒谥武子。武子文,成晋、荆之盟,降③兄弟之国,使无闲隙,是以受郇、栎④。由此帝尧之后,有陶唐氏、刘氏、御龙氏、唐杜氏、隰氏、士氏、季氏、司空氏、随氏、范氏、郇氏、栎氏、戠氏、冀氏、彀氏、蓄氏、扰氏、狸氏、傅氏。楚令尹建尝问范武子之德于文子⑤，文子对曰："夫子之家事治，言于晋国，竭情无私，其祝史陈信不愧⑥，其家事无猜，其祝史不祈。"建归，以告，康王曰："神人无怨，宜夫子之股肱五君，以为诸侯主也。"故刘氏自唐以下汉以上，德著于世，莫若范会之最盛也，斯亦有修己以安人之功矣。武王克殷，而封帝尧之后于铸⑦也。

[注释]①更：代。 ②采：封地。随：在今山西介休县东南。 ③降：通"隆"，丰大。 ④郇(xún)栎(lì)：皆春秋时晋邑，前者在今山西临猗县西南，后者在今山西永济县西。 ⑤下文的对话，出自《左传·昭公二十年》。 ⑥"媿"，据《左传·昭公二十年》当为"愧"。 ⑦铸：通"祝"，在今山东肥城县东南。

帝舜姓虞，又为姚，居妫①。武王克殷，而封妫满于陈②，是为胡公。陈袁氏、咸氏、舀氏、庆氏、夏氏、宗氏、来氏、仪氏、司徒氏、司城氏，皆妫姓也。

[注释]①妫(guī)：妫水，源出今山西永济县东南，西南流入黄河。②陈：今河南淮阳。

厉公孺子完奔齐，桓公说之，以为工正。其子孙大得民心，遂夺君而自立，是谓威王，五世而亡。齐人谓陈田矣。汉高祖徙诸田关中，而有第一至第八氏。丞相田千秋、司直田仁，及杜阳田先、砀田先，皆陈后也。武帝赐千秋乘小车入殿，故世谓之"车丞相"。及莽自谓本田安之后，以王家故更氏云。莽之行诈，实以①田常之风。敬仲之支，有皮氏、占氏、沮氏、与氏、献氏、子氏、鞅氏、梧氏、坊氏、高氏、芒氏、禽氏。

[注释]①以:有。

帝乙元子微子开①,纣之庶兄也。武王封之于宋,今之睢阳②是也。宋孔氏、祝其氏、韩献氏、季老男氏、巨辰、经氏、事父氏、皇甫氏、华氏、鱼氏、而董氏、艾岁氏、鸠夷氏、中野氏、越椒氏、完氏、怀氏、不第氏、冀氏、牛氏、司城氏、冈氏、近氏、止氏、朝氏、勃氏、右归氏、三氏、王夫氏、宜氏、征氏、郑氏、目夷氏、鳞氏、臧氏、虺氏、沙氏、黑氏、围龟氏、既氏、据氏、砖氏、己氏、成氏、边氏、戎氏、买氏、尾氏、桓氏、戴氏、向氏、司马氏,皆子姓也。

[注释]①元子:长子。开,原名启,后世避汉武帝刘启之讳,改为开。②睢阳:秦汉县名,今河南商丘县南。

闵公子弗父何生宋父,宋父生世子,世子生正考父,正考父生孔父嘉,孔父嘉生子木金父;木金父降为士,故曰灭于宋。金父生祁父,祁父生防叔;防叔为华氏所偪,出奔鲁,为防大夫,故曰防叔。防叔生伯夏,伯夏生叔梁纥,为郰①大夫,故曰郰叔纥,生孔子。

[注释]①郰(zōu):春秋时鲁邑,孔子故乡,在今山东曲阜东南。

周灵王之太子晋,幼有成①德,聪明博达,温恭敦敏。谷、雒水斗,将毁王宫,王欲壅之。太子晋谏,以为不顺天心,不若修政。晋平公使叔誉聘于周,见太子,与之言,五称而三穷,逡巡②而退,归告平公曰:"太子晋行年十五,而誉弗能与言,君请事之。"平公遣师旷见太子晋。太子晋与语,师旷服德,深相结也。乃问旷曰:"吾闻太师能知人年之长短。"师旷对曰:"女③色赤白,女声清汗,火色不寿。"晋曰:"然。吾后三年将上宾于帝,女慎无言,殃将及女。"其后三年而太子死。孔子闻之曰:"惜夫!杀吾君也。"世人以其豫④自知去期,故传称王子乔仙。仙之后,其嗣避周难于晋,家于平阳⑤,因氏王氏。其后子孙世喜养性神仙之术。

[注释]①成:通"盛"。 ②逡(qún)巡:有顾虑而徘徊或退却。 ③女:汝。 ④豫:预。 ⑤平阳:在今山西临汾西南。

鲁之公族,有蟜氏、后氏、众氏、臧氏、施氏、孟氏、仲孙氏、服氏、公山氏、南宫氏、叔孙氏、叔仲氏、子我氏、子士氏、季氏、公鉏氏、公巫氏、公之氏、子干氏、华氏、子言氏、子驹氏、子雅氏、子阳氏、东门氏、公析氏、公石氏、叔氏、子家氏、荣氏、展氏、乙氏,皆鲁姬姓也。

卫之公族,石氏、世叔氏、孙氏、宁氏、子齐氏、司徒氏、公文氏、析龟氏、公叔氏、公南氏、公上氏、公孟氏、将军氏、子强氏、强梁氏、卷氏、会氏雅氏①、孔氏、赵阳氏、田章氏、孤氏、王孙氏、史龟氏、羌氏、羌宪氏、邃氏,皆卫姬姓也。

[注释]①会氏雅氏:当作"会雅氏"。

晋之公族郤氏,又班①为吕,郤芮又从邑氏为冀,后有吕锜,号驹伯。犨食采于苦②,号苦成叔;至食采于温,号曰温季,各以为氏。郤氏之班,有州氏、祁氏。伯宗以直见杀,其子州犁奔楚,又以郤宛直而和,故为子常所妒,受诛。其子豁奔吴为太宰,惩祖祢③之行仍正直遇祸也,乃为谄谀而亡吴。凡郤氏之班,有冀氏、吕氏、苦成氏、温氏、伯氏;靖侯之孙栾宾,及富氏、游氏、贾氏、狐氏、羊舌氏、季夙氏、籍氏,及襄公之孙孙厣,皆晋姬姓也。

[注释]①班:别。 ②苦:当为"苦成",春秋晋邑,在今山西运城东北。③祖祢(ní):祖指祖父。祢指死去的父亲。

晋穆侯生桓叔,桓叔生韩万,傅晋大夫,十世而为韩武侯,五世为韩惠王,五世而亡国。襄王之孽①孙信,俗人谓之韩信都。高祖以信为韩王孙,以信为韩王,后徙王代,为匈奴所攻,自②降之。汉遣柴将军击之,斩信于参合③,信妻子亡入匈奴中。至景帝,信子颓当及孙赤来降,汉封颓当为弓高侯,赤为襄城侯。及韩嫣,武帝时为侍中,贵幸无比。案道侯韩说,前将军韩曾,皆显于汉。子孙各随时帝分阳陵、茂陵、杜陵。及汉阳、金城④诸韩,皆其后也。信子孙余留匈奴中者,亦常在权宠,为贵臣。及留侯张良,韩公族姬姓也。秦始皇灭韩,良弟死不葬,良散家赀千万,为韩报雠,击始皇于博浪沙⑤中,误椎副车。秦索贼急,良乃变姓为张,匿于下邳⑥,遇神人黄石公,遗之兵法。及沛公之起也,良往属焉。沛公使与韩信略定韩地,立横阳君城为韩王,而拜良为韩信都。信都,司徒也。俗音不正,曰信都,或曰申徒,或胜屠,然其本共一司徒耳。后作传者不知"信都"何因,强妄生意,以为此乃代王为信都也。凡桓叔之后,有韩氏、言氏、婴氏、祸余氏、公族氏、张氏，此皆韩后姬姓也。昔周宣王亦有韩侯，其国也⁷近燕，故《诗》云⁸："普彼韩城，燕师所完⁹。"其后韩西⑩亦姓韩，为魏满所伐，迁居海中。

[注释]①孽(niè)：子孙的旁支。 ②自：当为"因"。 ③参合：西汉县名，在今山西阳高县南。 ④汉阳：郡名，东汉永平年间以天水郡改名。金城：郡名，西汉设置，治所在今甘肃永靖县西北。 ⑤博浪沙：地名，在今河南原阳县东南。 ⑥下邳：地名，今江苏睢宁县西北。 ⑦也：当为"地"。 ⑧见《诗经·大雅·韩奕》。 ⑨完：筑成。 ⑩韩西：即朝鲜。

毕公高与周同姓，封于毕①，因为氏。周公之薨②也，高继职焉。其后子孙失守，为庶世。及毕万佐晋献公，十六年使赵夙御戎，毕万为右，以灭耿灭魏③，封万，今之河北县是也。魏颗又氏令狐④。自万后九世为魏文侯。文侯孙䓰为魏惠王，五世而亡。毕阳之孙豫让，事智伯，智伯国士待之，豫让亦以见知之恩报智伯，天下纪其义。魏氏、令狐氏、不雨氏、叶大夫氏、伯夏氏、魏强氏、豫氏，皆毕氏，本姬姓也。

[注释]①毕：又称毕原、咸阳原，在今陕西咸阳西北。 ②薨(hōng)：帝王之死称薨。 ③耿：古国名，今山西河津县南。魏：西周分封的诸侯国，在今山西芮城县北。 ④令狐：春秋时晋邑，在今山西临猗县西南。

周厉王之子友封于郑①。郑恭叔之后，为公文氏。轩氏、驷氏、丰氏、游氏、国氏、然氏、孔氏、羽氏、良氏、大季氏。十族之祖，穆公之子也，各以字为姓。及伯有氏、马师氏、褚师氏，皆郑姬姓也。

[注释]①郑:地名,今陕西华县东。

太伯君吴,端垂①衣裳,以治周礼。仲雍嗣立,断发文身,倮以为饰。武王克殷,分封其后于吴,令大赐北吴。季札居延州来②,故氏延陵季子。阖闾之弟夫概王奔楚堂溪③,因以为氏。此皆姬姓也。

[注释]①端垂:端,端正。垂,当为"委"。 ②延州来:古地名,今江苏常州南淹城遗址。 ③堂溪:古地名,在今河南遂平县西北。

郑大夫有冯简子。后韩有冯亭,为上党守,嫁祸于赵,以致长平之变。秦有将军冯劫,与李斯俱诛。汉兴,有冯唐,与文帝论将帅。后有冯奉世,上党人也,位至将军,女为元帝昭仪①,因家于京师。其孙衍,字敬通,笃学重义,诸儒号之曰"德行雍雍冯敬通",著书数十篇,孝章皇帝②爱重其文。

[注释]①昭仪:汉代后宫嫔妃封号,位如丞相,爵比诸侯王。 ②孝章皇帝:指东汉章帝刘炟,公元76年至89年在位。

晋大夫郇息事献公,后世将中军,故氏中行,食采于智①。智果谏智伯而不见听,乃别族于太史为辅氏。

[注释]①智:春秋时晋邑,在今山西永济县北。

晋大夫孙伯黡实司典籍,故姓籍氏。辛有二子董①之,故氏董氏。

[注释]①董:管理。

《诗》颂宣王①,始有"张仲孝友"。至春秋时,宋有张白②,蔑矣。惟晋张侯、张老,实为大家。张孟谈相赵襄子以灭智伯,遂逃功赏,耕于肎山。后魏有张仪、张丑。至汉,张姓滋多。常山王张耳,梁人。丞相张苍,阳武人也。东阳侯张相如。御史大夫张汤,增定律令,以防奸恶,有利于民,又好荐贤达士,故受福佑。子安世为车骑将军,封富平侯,敦仁俭约,矜遂③权而好阴德,是以子孙昌炽,世有贤胤④,更封武始,遭王莽乱,享国不绝,家凡四公,世著忠孝行义。前有丞相张禹,御史大夫张忠;后有太尉张酺,汝南人,太傅张禹,赵国人。司邑闾里,无不有张者。河东解邑有张城,有西张城,岂晋张之祖所出邪?

[**注释**]①此指《诗经·小雅·六月》,歌颂了周宣王北伐的武功。②张白:当为"张匄"。 ③矜遂:当为"务远"。 ④胤:后代。

偃姓:舒庸、舒鸠、舒龙、舒共、止龙、郦、淫、参、会、六、院、蓼、高国。

庆姓:樊、尹、骆。

曼姓:邓、优。

归姓:胡、有何。

葴姓:滑、齐。

掎姓:栖、疏。

御姓:署、番、汤。

嵬姓:饶、攘、刹。

隗姓:赤狄。

姮姓:白狄。

此皆大吉之姓。

齐有鲍叔,世为卿大夫。晋有鲍癸。汉有鲍宣,累世忠直,汉名臣。汉郦生为使者,弟商为将军,今高阳诸郦为著姓。昔仲山甫亦姓樊,谥穆仲,封于南阳。南阳者,在今河内。后有樊倾子。曼姓封于邓,后因氏焉。南阳邓县上蔡北有古邓城,新蔡北有古邓城。春秋时,楚文王灭邓。至汉有邓通、邓广。后汉新野邓禹,以佐命元功封高密侯。孙太后①天性慈仁严明,约敕诸家莫得权,京师清净,若无贵戚;勤思忧民,昼夜不息。是以遭羌兵叛,大水饥馑,而能复之,整平丰穰。太后崩后,群奸相参,竞加谮润,破坏邓氏,天下痛之。鲁昭公母家姓归氏。汉有隗嚣季孟。短②即犬戎氏,其先本出黄帝。

[注释]①太后:指邓太后(公元81—121年),东汉和帝皇后。 ②短:当为"姮",即上文的姮姓白狄。

及徐氏、萧氏、索氏、长勺氏、陶氏、繁氏、骑氏、饥氏、樊氏、荼氏,皆殷氏旧姓也。汉兴,相国萧何封酂侯,本沛人,今长陵萧其后也。前将军萧望之,东海、杜陵萧其后也。御史大夫有繁延寿,南郡襄阳人也,杜陵、新丰繁,其后也。

周氏、邵氏、毕氏、荣氏、单氏、尹氏、镏氏、富氏、巩氏、苌氏,此皆周室之世公卿家也。周、召者,周公、召公之庶子,食二公之采,以为王吏,故世有周公、召公不绝也。尹者,本官名也,若宋有太师,楚有令尹、左尹矣。尹吉甫相宣王者大功绩,《诗》云①:"尹氏太师,维周之底②"也。

单穆公、襄公、顷公、靖公，世有明德，次圣之才，故叔向美之以后必繁昌。

[**注释**]①见《诗经·小雅·节南山》。 ②底：柱基。

苦成，城名也，在盐池东北。后人书之或为"枯"；齐人闻其音，则书之曰"库成"；炖煌见其字，呼之曰"车成"；其在汉阳者，不喜"枯"、"苦"之字，则更书之曰"古成氏"。堂溪，溪谷名也，在汝南西平。禹字子启者，启开之字也。前人书堂溪误作"启"，后人变之，则又作"开"。古漆雕开、公冶长，前人书"雕"从易，渻①作"周"，书"冶"复误作"蛊"，后人又传作"古"，或复分为古氏、成氏、堂氏、开氏、公氏、冶氏、漆氏、周氏。此数氏者，皆本同末异。凡姓之离合变分，固多此类，可以一况②，难胜载也。

[**注释**]①渻：减少。 ②况：比拟。

《易》曰："君子以类族辩物①。""多识前言往行以蓄其德②。""学以聚之，问以辩之③。"故略观世记，采经书，依国土，及有明文，以赞贤圣之，班④族类之祖，言氏姓之出，序此假意⑤二篇，以贻后贤今之焉也⑥。

[**注释**]①见《周易·同人·象传》。 ②见《周易·大畜·象传》。③见《周易·乾·文言》。 ④班：分别。 ⑤假：凭借，根据。意：意图。⑥今之焉也：当为"参之焉耳"。

叙录第三十六

夫生于当世,贵能成大功,太上有立德,其下有立言。阘茸①而不才,先②器能当官,未尝服斯役③,无所效其勋。中心时有感,援笔纪数文,字以缀愚情,财④令不忽忘。刍荛⑤虽微陋,先圣亦咨询。草创叙先贤,三十六篇,以继前训,左丘明五经⑥。

[注释]①阘茸:劣驽之才。　②先:当为"无"。　③斯役:厮役,引申指低级官吏。　④财:才。　⑤刍荛:樵夫,山野之人。　⑥五经:指代左氏所著《左传》、《国语》。

先圣遗业,莫大教训。博学多识,疑则思问。智明所成,德义所建。夫子好学,诲人不倦。故叙《赞学》第一。

凡士之学,贵本贱末。大人不华,君子务实。礼虽媒绍,必载于贽。时俗趋末,惧毁行术。故叙《务本》第二。

人皆智德,苦为利昏。行污求荣,戴盆望天。为仁不富,为富不仁。将修德行,必慎其原。故叙《遏利》第三。

世不识论,以士卒化①,弗问志行,官爵是纪。不义富贵,仲尼所耻。伤俗陵迟,遂远圣述。故叙《论荣》第四。

[**注释**]①卒化:当为"族位"。

惟①贤所苦,察妒所患,皆嫉过己,以为深怨。或因颣衅①,或空造端。痛君不察,而信谗言。故叙《贤难》第五。

[**注释**]①惟:思。 ②颣(lèi)衅:指缺点、过失。

原明所起,述暗所生,距①谏所败,祸乱所成。当涂之人,咸欲专君,壅蔽贤士,以擅主权。故叙《明暗》第六。

[**注释**]①距:同"拒"。

上览先王,所以致太平,考绩黜陟,著在五经。罚赏之实,不以虚名。明豫①德音,焉问扬庭②。故叙《考绩》第七。

[**注释**]①豫:当为"务"。 ②扬庭:举用于朝廷。

人君选士,咸求贤能。群司贡荐,竞进下材。憎是掊克①,何官能治?买药得鸧②,难以为医。故叙《思贤》第八。

[**注释**]①掊(pǒu)克:搜刮民财之人。 ②鸧:通"赝",伪品。

原本天人,参连相因,致和平机,述在于君,奉法选贤,国自我身。奸门窃位,将谁督察?故叙《本政》第九。

览观古今,爰暨书传,君皆欲治,臣恒乐乱。忠佞混淆,各以类进,常苦不明,而信奸论。故叙《潜叹》第十。

[注释]①爰暨:乃及。

夫位以德兴,德贵忠立,社稷所赖,安危是系。非夫谠直贞亮,仁慈惠和,事君如天,视民如子,则莫保爵位,而全令名。故叙《忠贵》第十一。

先王理财,禁民为非。《洪范》忧民,《诗》刺末资。浮伪者众,本农必衰。节以制度,如何弗议?故叙《浮侈》第十二。

积微伤行,怀安败名,明莫①恣欲,而无悛容。足以愎谏,闻善不从。微安召辱,终必有凶。故叙《慎微》第十三。

[注释]①明莫:即明暮,昼夜。

明主思良,劳精贤知。百寮阿党,不核真伪,苟崇虚誉,以相诳曜,居官任职,则无功效。故叙《实贡》第十四。

圣人养贤,以及万民。先王之制,皆足代耕。增爵损禄,必程以倾。先益吏俸,乃可致平。故叙《班禄》第十五。

君忧臣劳,古今通义。上思致平,下宜竭惠①。贞良信士,咸痛数赦。奸宄繁兴,但以赦故。乃叙《述赦》第十六。

[注释]①惠:当为"虑"。

先王御世,兼秉威德,赏有建侯,罚有刑渥。赏重禁严,臣乃敬职。将修太平,必循此法。故叙《三式》第十七。

民为国基,谷为民命。日力不暇,谷何由盛?公卿师尹,卒劳百姓,轻夺民时,诚可愤诤!故叙《爱日》第十八。

观吏所治,斗讼居多。原祸所起,诈欺所为。将绝其末,必塞其原。民无欺诒,世乃平安。故叙《断讼》第十九。

五帝三王,优劣有情。虽欲超皇,当先致平。必世后仁,仲尼之经。遭衰奸牧,得不用刑?故叙《衰制》第二十。

圣王忧勤,选练将帅,授以铁钺①,假以权贵。诚多蔽暗,不识变势,赏罚不明,安得不败?故叙《劝将》第二十一。

[**注释**]①铁:铁通"斧"。

蛮夷猾①夏,古今所患。尧、舜忧民,皋陶御②叛;宣王中兴,南仲③征边。今民日死,如何弗蕃④?故叙《救边》第二十二。

[**注释**]①猾:扰乱。　②御:抵御。　③南仲:周宣王时大臣,率兵靖边。④蕃:通"藩",护卫。

凡民之情,与君殊庚,不能远虑,各取一制,苟挟私议,以为国计。宜寻其言,以诘所谓。故叙《边议》第二十三。

边既远门①,太守擅权。台阁不察,信其奸言,令坏郡县,殴②民内迁。今又丘荒,虑必生心。故叙《实边》第二十四。

[注释]①门:当为"阙"。　②殴:同"驱"。

天生神物,圣人则之。蓍龟卜筮,以定嫌疑。俗工浅源①,莫尽其才。自大非贤②,何足信哉?故叙《卜列》第二十五。

[注释]①源:当为"顽"。　②当为"自非大贤"。

《易》有史巫,《诗》有工祝。圣人先成,民后致力。兆黎劝乐,神乃授福。孔子不祈,以明在德。故叙《巫列》第二十六。

五行八卦,阴阳所生,禀气薄厚,以著其形。天题①厥象,人实奉成。弗修其行,福禄不臻。故叙《相列》第二十七。

[注释]①题:建立。

《诗》称吉梦,书传亦多,观察行事,占验不虚。福从善来,祸由德痡①,吉凶之应,与行相须②。故叙《梦列》第二十八。

[注释]①痡(pū):欠缺。　②须:待。

论难横发,令道不通。后进疑惑,不知所从。自昔庚子①,而有责云。予岂好辩?将以明真。故叙《释难》第二十九。

[注释]①庚子:人名,事迹不可考。

朋友之际,义存六纪①,摄以威仪,讲习王道,善其久要,贵贱不改。今民迁久,莫之能奉。故叙《交际》第三十。

[注释]①六纪:六种人伦关系,指父辈、兄弟、族人、舅父、师长、朋友。

君有美称,臣有令名,二人同心,所愿乃成。宝权神术,勿示下情,治势一定,终莫能倾。故叙《明忠》第三十一。

人天情通,气感相和,善恶相征,异端变化。圣人运之,若御舟车,作民精神,莫能①含嘉。故叙《本训》第三十二。

[注释]①莫能:当为"莫不"。

明王统治,莫大身化,道德为本,仁义为佐。思心顺政,责民务广,四海治焉,何有消长?故叙《德化》第三十三。

上观太古,五行之运,咨之《诗》、《书》,考之前训。气终度尽,后代复进。虽未必正,可依传问①。故叙《五德志》第三十四。

[注释]①问:通"闻"。

君子多识,前言往行。类族变①物,古有斯姓。博见同□②,□□□□。□□□□,□□□□。故叙《志氏姓》第三十五。

［注释］①变:辨。 ②缺字疑为"异"字。

参 考 文 献

汪继培:《潜夫论笺》,上海古籍出版社,1978年版。
汪继培笺注,彭铎校正:《潜夫论笺校正》,中华书局,1979年版。
胡楚生:《〈潜夫论〉集释》,台北鼎文书局,1979年版。
胡大俊、李德奇、李仲立:《潜夫论译注》,甘肃人民出版社,1991年版。
张觉:《潜夫论全译》,贵州人民出版社,1999年版。
张广保:《潜夫论注》,华夏出版社,2002年版。
王柏栋:《潜夫论读本》,甘肃人民出版社,2004年版。
许嘉璐主编:《〈潜夫论〉译注》,香港新风出版社,2004年版。
刘纪华:《王符与潜夫论》,台北世纪书局,1977年版。
徐平章:《王符〈潜夫论〉思想探微》,台湾文津出版社,1982年版。
王步贵:《王符思想研究》,甘肃人民出版社,1987年版。
刘文英:《王符评传》,南京大学出版社,1993年版。
王步贵:《王符评传》,陕西人民教育出版社,1993年版。
常文昌、王斌学:《王符研究汇编》,兰州大学出版社,1998年版。
高新民:《王符哲学思想研究》,兰州大学出版社,2000年版。
许嘉璐主编:《〈潜夫论〉百家谈》,香港新风出版社,2004年版。

近期国学读物要目

国学新读本

诗经　梁锡锋　注说
论语　臧知非　注说
尚书　姜建设　注说
国语　曹建国　张玖青　注说
孔子家语　杨朝明　注说
山海经　郑慧生　注说
墨子　苏凤捷　程梅花　注说
孟子　何晓明　周春健　注说
庄子　曹础基　注说
荀子　杨朝明　注说
韩非子　赵沛　注说
孙子兵法　赵国华　注说
楚辞　李中华　邹福清　注说
潜夫论　王健　注说
文心雕龙　戚良德　注说
商君书　徐莹　注说
战国策　张彦修　注说
淮南子　杨有礼　注说
老子　曹峰　注说
礼记　杨天宇　注说
吕氏春秋　张福祥　注说
世说新语　赵成林　陈艳　注说
史通　李振宏　注说
春秋繁露　曾振宇　注说

百年河大国学旧著新刊

河洛方言诠诂　王广庆　著
三统历表　邵瑞彭　著
中国戏剧概论　卢前　著
晚明思想史论　嵇文甫　著
论语新探　赵纪彬　著

天问研究　孙作云　著
汉魏六朝文学史　李嘉言　著
金艺文志　金登科记考　万曼　著
唐集叙录　万曼　著
中国文学史新编　张长弓　著
汉碑集释　高文　著
袁中郎研究　任访秋　著
东夷杂考　李白凤　著
宋会要辑稿考校　王云海　著
长江集新校　李嘉言　著
高适岑参选集　高文　王刘纯　选著
花间集注　华锺彦　著
庆湖遗老诗集校注　王梦隐　著
曾瑞散曲集校注　李春祥　著
辛弃疾选集　佟培基　选著

于安澜书画学四种
画论丛刊
画史丛书
画品丛书
书学名著选

元典文化丛书
中华第一经——《周易》与中国文化　宋会群　苗雪兰　著
教化百科——《诗经》与中国文化　孙克强　张小平　著
经国治民之典——《周礼》与中国文化　郝铁川　著
哲人的智慧——《老子》与中国文化　高秀昌　龚力　著
圣人箴言录——《论语》与中国文化　李振宏　著
武学圣典——《孙子兵法》与中国文化　龚留柱　著
亚圣思辨录——《孟子》与中国文化　何晓明　著
逍遥之祖——《庄子》与中国文化　白本松　王利锁　著
外王之学——《荀子》与中国文化　张曙光　著
中国帝王术——《韩非子》与中国文化　王宏斌　著
史家绝唱——《史记》与中国文化　邓鸿光　著
诸经总龟——《春秋》与中国文化　涂文学　周德钧　著
管理宝典——《管子》与中国文化　袁闯　著
纵横家书——《战国策》与中国文化　张彦修　著
人仙之间——《抱朴子》与中国文化　徐仪明　冷天吉　著

医学圣典——《黄帝内经》与中国文化　王庆宪　梁晓珍　著
礼乐渊薮——《礼记》与中国文化　黄宛峰　著
词章之祖——《楚辞》与中国文化　李中华　著
星学宝典——《历书天官书》与中国文化　郑慧生　著
天人衡中——《春秋繁露》与中国文化　曾振宇　范学辉　著
王政全书——《吕氏春秋》与中国文化　张富祥　著
神话之源——《山海经》与中国文化　高有鹏　孟芳　著
新道鸿烈——《淮南子》与中国文化　杨有礼　著
史家龟鉴——《史通》与中国文化　曾凡英　著
政事纲纪——《尚书》与中国文化　姜建设　著
春秋弦歌——《左传》与中国文化　龚留柱　著
平民理想——《墨子》与中国文化　苏凤捷　程梅花　著
人伦本原——《孝经》与中国文化　臧知非　著
法典之王——《唐律疏议》与中国文化　徐永康　吉霁光　郑取　著
文论巨典——《文心雕龙》与中国文化　戚良德　著

宋代研究丛书

北宋诗学　张海鸥　著
宋代东京研究　周宝珠　著
宋代地域经济　程民生　著
宋代监察制度　贾玉英　著
宋代官员选任和管理制度　苗书梅　著
宋代地域文化　程民生　著
宋代文学通论　王水照　主编
宋代司法制度　王云海　主编
宋代教育　苗春德　主编
清明上河图与清明上河学　周宝珠　著
宋代文化史　姚瀛艇　主编
黄庭坚与宋代文化　杨庆存　著
宋代交通管理制度研究　曹家齐　著
岳飞和南宋前期政治与军事研究　王曾瑜　著
成圣之道——北宋二程修养工夫论之研究　温伟耀　著
宋代绘画研究　邓乔彬　著

汉语史专书语法研究丛书

《三朝北盟会编》语法研究　刁晏斌　著
《荀子》虚词研究　黄珊　著
《晏子春秋》词类研究　姚振武　著

《聊斋俚曲》语法研究　冯春田　著
《孟子》词类研究　崔立斌　著
《朱子语类辑略》语法研究　吴福祥　著
敦煌变文12种语法研究　吴福祥　著
《吕氏春秋》句法研究　殷国光　著
《尚书》语法论稿　钱宗武　著
《左传》语法研究　何乐士　著
《元典章·刑部》语法研究　李崇兴　祖生利　著
汉语语法史断代专书比较研究　何乐士　著

图书在版编目（CIP）数据

潜夫论/王符著；王健注说.—开封：河南大学出版社,2008.3(2015.1重印)
（国学新读本）
ISBN 978-7-81091-757-5

Ⅰ.潜… Ⅱ.①王… ②王… Ⅲ.①古典哲学－中国－东汉时代 ②政论－中国－东汉时代 ③潜夫论－注释 Ⅳ.B234.931

中国版本图书馆CIP数据核字（2008）第013436号

责任编辑	杨松岐
	赵丹珺
封面设计	马 龙

出版发行	河南大学出版社	
	地址：河南省开封市明伦街85号 邮编：475001	
	电话：0371－22825003（营销部） 网址：www.hupress.com	
排 版	河南第一新华印刷厂	
印 刷	开封智圣印务有限公司	
版 次	2008年3月第1版	印 次 2015年1月第2次印刷
开 本	650mm×960mm 1/16	印 张 18.5
字 数	232千字	印 数 2001—3000册
定 价	33.00元	

（本书如有印装质量问题请与河南大学出版社营销部联系调换）